高等院校应用型人才培养"十四五"规划旅游管理类系列教材

旅行社经营管理（第三版）

主　编 ◎ 陈建斌

Lüxingshe Jingying Guanli（Di-san Ban）

华中科技大学出版社
http://press.hust.edu.cn
中国·武汉

内 容 提 要

本书以市场经济条件下旅行社运行的基本流程与规律为骨架,从旅行社管理者的角度,对旅行社管理的理论与实践进行介绍,包括旅行社的经营环境分析、战略的确定与设立、市场定位与产品设计、市场推广、售后服务、质量管理、文化建设、财务管理与信息技术等内容。为了加强教学效果,本书加入了大量的案例及案例分析提示,可供教师在教学过程中参考。另外,本书把旅行社的相关法规与条例附在联系较为紧密的章节之后,便于使用者对相关内容进行研究与查阅。

为了研究与教学的方便,本书把质量理论的介绍、应用与旅行社接待服务、售后服务结合在一起;把旅行社人力资源管理、旅游服务中意外事故与变化的处理纳入旅行社企业文化建设的内容之中,有利于加强旅行社管理的质量意识与文化建设意识,有利于学生对有关内容之间的有机联系的把握。

本书既可供旅游管理专业本科生使用,也可供旅行社管理人员及其他对旅行社管理有兴趣的人士参考。

图书在版编目(CIP)数据

旅行社经营管理/陈建斌主编. —3 版. —武汉:华中科技大学出版社,2023.1(2025.1 重印)
ISBN 978-7-5680-8990-6

Ⅰ. ①旅… Ⅱ. ①陈… Ⅲ. ①旅行社-企业经营管理 Ⅳ. ①F590.654

中国国家版本馆 CIP 数据核字(2023)第 015982 号

旅行社经营管理(第三版) 陈建斌 主编
Lüxingshe Jingying Guanli(Di-san Ban)

策划编辑:李家乐
责任编辑:仇雨亭 李家乐
封面设计:原色设计
责任校对:张会军
责任监印:周治超

出版发行:华中科技大学出版社(中国•武汉) 电话:(027)81321913
 武汉市东湖新技术开发区华工科技园 邮编:430223
录 排:华中科技大学惠友文印中心
印 刷:武汉市籍缘印刷厂
开 本:787mm×1092mm 1/16
印 张:14.25
字 数:338 千字
版 次:2025 年 1 月第 3 版第 3 次印刷
定 价:49.90 元

本书若有印装质量问题,请向出版社营销中心调换
全国免费服务热线:400-6679-118 竭诚为您服务
版权所有 侵权必究

出版说明

党的十九届五中全会确立了到2035年建成文化强国的远景目标,明确提出发展文化事业和文化产业。"十四五"期间,我国将继续推进文旅融合、实施创新发展,不断推动文化和旅游发展迈上新台阶。国家于2019年和2021年先后颁布的《关于深化本科教育教学改革 全面提高人才培养质量的意见》《国家职业教育改革实施方案》《本科层次职业教育专业设置管理办法(试行)》,强调进一步推动高等教育应用型人才培养模式改革,对接产业需求,服务经济社会发展。

基于此,建设高水平的旅游管理类专业应用型人才培养教材,将助力旅游高等教育结构优化,促进旅游类应用型人才的能力培养与素质提升,进而为中国旅游业在"十四五"期间深化文旅融合、持续迈向高质量发展提供有力支撑。

华中科技大学出版社一向以服务高校教学、科研为己任,重视高品质专业教材出版,"十三五"期间,在教育部高等学校旅游管理类专业教学指导委员会和全国高校旅游应用型本科院校联盟的大力支持和指导下,在全国范围内特邀中组部国家"万人计划"教学名师、近百所应用型院校旅游管理专业学科带头人、一线骨干"双师双能型"教师,以及旅游行业界精英等担任顾问和编者,组织编纂出版"高等院校应用型人才培养'十三五'规划旅游管理类系列教材"。该系列教材自出版发行以来,被全国近百所开设旅游管理类专业的院校选用,并多次再版。

为积极响应"十四五"期间我国文旅行业发展及旅游高等教育发展的新趋势,"高等院校应用型人才培养'十四五'规划旅游管理类系列教材"项目应运而生。本项目依据文旅行业最新发展和学术研究最新进展,立足旅游管理应用型人才培养特征进行整体规划,将高水平的"十三五"规划教材修订、丰富、再版,同时开发出一批教学紧缺、业界急需的教材。本项目在以下三个方面做出了创新:

一是紧扣旅游学科特色,创新教材编写理念。本套教材基于旅游高等教育发展新形势,结合新版旅游管理专业人才培养方案,遵循应用型人才培养的内在逻辑,在编写团队、编写内容与编写体例上充分彰显旅游管理应用型专业的学科优势,全面提升旅游管理专业学生的实践能力与创新能力。

二是遵循理实并重原则,构建多元化知识结构。在产教融合思想的指导下,坚持以案例为引领,同步案例与知识链接贯穿全书,增设学习目标、实训项目、本章小结、关键概念、案例解析、实训操练和相关链接等个性化模块。

三是依托资源服务平台,打造新形态立体教材。华中科技大学出版社紧抓"互联网+"时代教育需求,自主研发并上线的华中出版资源服务平台,可为本套系教材作立体化教学配套服务,既为教师教学提供教学计划书、教学课件、习题库、案例库、参考答案、教学视频等系列配套教学

资源,又为教学管理提供便利,构建课程开发、习题管理、学生评论、班级管理等于一体的教学生态链,真正打造了线上线下、课堂课外的新形态立体化互动教材。

  本项目编委会力求通过出版一套兼具理论与实践、传承与创新、基础与前沿的精品教材,为我国加快实现旅游高等教育内涵式发展、建成世界旅游强国贡献一份力量,并诚挚邀请更多致力于中国旅游高等教育的专家学者加入我们!

前言

五年来，在党的统一领导下，我国旅游业贯彻新发展理念、坚持高质量发展，坚持走中国式现代化道路，经历了新冠肺炎疫情等国际国内急剧变化的重大事件的考验，在践行"绿水青山就是金山银山"理念、打赢脱贫攻坚战、助力乡村振兴、全面建成小康社会等方面发挥了重要的作用，做出了不可替代的贡献。

新时代十年来，经济发展水平跨越式提升，旅游业快速高质量发展壮大，旅游产品提质升级、跨界融合、协同发展，旅游业务成为带动消费增长的重要支柱产业。

我国政府曾秉承"人民至上，生命至上"的理念，坚持"外防输入、内防反弹"，成为全球抗疫防疫的典范。虽然2020年，旅游收入急剧下降，出境、入境旅游市场急剧萎缩，但是2021年，旅游业逆势上扬，旅行社数量持续增加，广东旅行社数量遥遥领先，为提升人民幸福感、获得感、安全感做出了表率，鼓舞了全国人民在党的领导下实现中华民族伟大复兴的信心。

随着脱贫攻坚战的胜利和全面小康社会的建成，我国大众化旅游市场的基础更加坚实。我国新时代十年的高质量发展，特别是新基础设施建设的飞速进展，为旅行社的技术转型提供更多的选择和服务、产品创新的可能。为了适应新时代旅行社业发展的要求，本版教材在前两版的基础上，主要进行了以下修订：

（1）适应我国主要矛盾变化，主动积极把人民日益增长的美好生活需要和不平衡不充分的发展之间的矛盾所表现的理论与实践现象引入教材。

（2）国家文化和旅游部成立后，大刀阔斧地进行改革，本教材根据新修订的行业标准等进行了修订。

（3）积极融入新时代高质量发展的背景，吸收新的成功案例，如乡村振兴优秀干部、伊犁哈萨克自治州昭苏县副县长贺娇龙利用自媒体推动昭苏县旅游业发展的案例。

（4）继续上一版的优势，把行业协会、出版社案例库、行业实践的案例与理论充分结合起来，有利于实践与理论的结合。

在华中科技大学出版社和马勇教授组织领导下，特别是李家乐编辑、仇雨亭编辑等的共同努力下，本次修订工作顺利完成，希望能对我国新时代旅游高等教育事业有所助益。

由于个人精力有限，本书肯定还存在不完善之处，热忱欢迎各位读者提出宝贵意见，以利本教材的完善与提高（联系邮箱：chenjianbin@gdufe.edu.cn）。

陈建斌

2023年1月

目 录

01 第一章　旅行社与现代旅游业
　　第一节　旅行社发展简史　　　　　　　　　　　　　　/1
　　第二节　旅行社的性质、职能、分类制度和基本业务　　/5
　　第三节　旅行社在现代旅游业发展中的作用　　　　　　/10

12 第二章　旅行社经营环境分析
　　第一节　影响旅行社产业竞争的外部因素分析　　　　　/13
　　第二节　旅行社内部环境　　　　　　　　　　　　　　/20

31 第三章　旅行社的设立
　　第一节　影响旅行社设立的因素　　　　　　　　　　　/32
　　第二节　旅行社的产权管理　　　　　　　　　　　　　/33
　　第三节　旅行社的组织设计与组织管理　　　　　　　　/36
　　第四节　旅行社行业组织　　　　　　　　　　　　　　/42

46 第四章　旅行社战略与风险管理
　　第一节　旅行社的战略管理　　　　　　　　　　　　　/47
　　第二节　旅行社的经营风险及其识别　　　　　　　　　/55
　　第三节　旅行社的风险管理　　　　　　　　　　　　　/57

62 第五章　旅行社市场定位及产品策略
　　第一节　旅行社的市场定位　　　　　　　　　　　　　/63
　　第二节　旅行社的产品策略　　　　　　　　　　　　　/72

第六章 旅行社市场推广策略 /90

第一节 旅行社的销售策略 /91
第二节 旅行社的促销策略 /103

第七章 旅行社全面质量管理 /113

第一节 旅行社的品牌管理 /114
第二节 旅行社的接待管理 /117
第三节 旅行社的质量管理 /138

第八章 旅行社企业文化建设及其制度保障 /149

第一节 旅行社企业文化建设 /150
第二节 旅行社员工绩效的考评 /154
第三节 旅行社旅游服务意外与突发事件的处理 /157

第九章 旅行社财务管理 /172

第一节 旅行社资产管理 /173
第二节 旅行社成本费用管理 /175
第三节 旅行社营业收入和利润管理 /178
第四节 旅行社结算管理 /181
第五节 旅行社财务分析 /184
第六节 旅行社经营方案财务风险分析 /195

第十章 旅行社与信息技术 /198

第一节 旅游信息化发展对旅游业的影响 /199
第二节 旅游电子商务 /201
第三节 旅行社的信息化发展 /203
第四节 旅行社信息化的安全保障 /205
第五节 发展我国旅游信息化的应对策略 /206
第六节 旅行社信息化的未来发展 /207

参考文献 /211

第一章

旅行社与现代旅游业

学习目标

通过本章的学习,使学生掌握旅行社的性质与职能,了解旅行社的分类制度,了解旅行社在现代旅游业的作用与地位。

案例引导

文化和旅游部2020年度全国旅行社统计调查报告

思考题:
简要评述2020年中国旅游业总体特征及发展趋势。

第一节 旅行社发展简史

旅行社是一个什么样的组织?根据中华人民共和国《旅行社条例》的定义,旅行社是指从事招徕、组织、接待旅游者等活动,为旅游者提供相关旅游服务,开展国内旅游业务、入境

旅游业务或者出境旅游业务的企业法人。那么,旅行社是什么时候出现的?它在我国的发展情况如何?它在现代旅游业中的地位如何?

一、世界旅行社的产生和发展

世界上第一家旅行社产生于英国,它就是托马斯·库克于1845年创立的托马斯·库克旅行社(也称通济隆旅行社)。

英国产生了世界上第一家旅行社是毫不奇怪的。英国是世界上最早修建铁路的国家,又是工业革命的发源国。工业革命大大提高了社会生产力水平,在全球范围内揭开了现代城市化的序幕。工业革命及其所引发的社会经济巨变促进了世界范围内旅游业的发展,改变了世界旅游业的发展方向。因此可以说,旅行社在英国的出现是历史的必然。

工业革命所引发的生产力水平的极大提高,促进了社会财富的急剧增加,人们的可支配收入日益增多,有旅游经济能力的人数规模急剧扩大。

铁路技术水平的提高保证了旅游者长距离旅行时间的缩短、旅行的舒适及旅行的低成本。1830年,世界上第一条铁路线开通,到1841年,英国铁路的年客运量达到了200万人次,其中就包括托马斯·库克所组织的参加禁酒大会的五百多人。此外,铁路的出现,使沿铁路线的各种服务设施逐渐完备并带动了铁路沿线城市的发展,虽然这些设施并非专门为旅游者提供服务,但客观上大大方便了旅游者,从而促进了旅游业的发展。

工业革命加速了现代城市化的进程,为现代旅游业的发展提供了恒久的动力。这主要表现在两个方面:一是城市远离大自然,使城市居民具有对自由、宁静的大自然的持久不衰的追求;二是城市化的生活节奏及竞争所带来的高度紧张,使度假旅游成为城市居民的内在需求。因此,旅游目的地的优美环境和城市生活的压力形成了对城市居民度假旅游的推力及引力,形成了现代旅游业的动力机制。

在这样的历史背景下,托马斯·库克作为世界上第一位专职的旅行代理商,出现在世界旅游史的舞台上。

在托马斯·库克之前,中世纪的马赛商人以及14、15世纪的威尼斯教会曾组织朝圣旅行;德国出版商卡尔·贝德克尔(Karl Baedeker)曾编写并出版了《贝德克尔旅游指南》;英国人托马斯·贝纳特(Thomas Bennett)组织了个人包价旅游。上述个人及组织虽然组织了旅行社的某些业务,但是托马斯·库克的独特之处在于他是世界上第一个将旅行社作为自己职业的人,他是世界上第一位专职旅行代理商。

托马斯·库克的贡献在于他组织了旅游的全过程,在这个过程中旅游者获得了"满意的感觉",这就是真正的旅游产品。他创造了包价旅游,他的旅行社的经营实践改变了人们的旅游观念,旅游从一种必要的教育或艰巨的任务、无趣的活动变成了一种休闲和娱乐,"度假"的观念逐渐深入人心。

托马斯·库克对于旅游业发展的贡献还在于他面向大众,薄利多销,推动了现代旅游的大众化,促进了旅游业的迅速发展。

托马斯·库克旅行社成功的经营实践,很快引起了其他人的效仿,世界其他国家纷纷出现了类似的旅游企业。1850年,美国运通公司成立;1857年和1885年,英国先后成立了登山俱乐部和帐篷俱乐部;1893年,日本设立了喜宾会(该组织1926年更名为东亚交通公社)。

这些组织,既有大型旅游批发商,也有小型旅游零售商,规模及经营范围不尽相同,但对旅游业的大众化、社会化及旅行社在世界的发展都起到了促进作用。

第二次世界大战后,世界出现长期的"全球和平,局部战争"局面,世界经济迅速发展,个人收入增加、闲暇时间增多,特别是西方发达国家带薪假期增多,交通条件不断改善,加之飞机喷气式推进技术应用于民航等,有力地促进了世界旅行社的发展;各国政府也出于争取外汇、促进经济发展、提高就业水平等原因出台各种支持旅行社发展的政策,推动了大众化旅游业的发展。

二、中国旅行社的产生和发展

1923年以前,托马斯·库克旅行社、美国运通公司、日本的国家观光局等已经进入中国旅行社市场,这些旅行社主要以在华的外国人为服务对象。1923年8月1日,陈光甫先生在上海商业银行内部办起了旅行部,开创了中国人办旅行社的历史。该旅行部于1928年独立并更名为香港中国旅行社,为香港中国旅行社有限公司的前身。

中华人民共和国成立后,中国旅行社、中国国际旅行社、中国青年旅行社分别成立,构成了影响深远的三大旅行社系统。改革开放后,中国旅游业发展迅速,旅行社如雨后春笋般出现,蔚为大观。概括地讲,中华人民共和国成立后的旅游业以1984年为界分为两个大的阶段。

同步思考

访问国家统计局网站(https://data.stats.gov.cn/easyquery.htm?cn=C01),搜集统计数据,绘制近十年国家旅游业发展、国内游、入境游数据折线图,讨论国家旅游业发展的基本趋势。

(一)第一个发展阶段(1949—1983年)

这个阶段的中国旅行社属国家事业单位,在计划经济体制下运行,旅行社行业规模不大。

中华人民共和国成立后,厦门华侨服务社(即后来的厦门中国旅行社)于1949年11月成立,1957年,各地华侨服务社组建成立华侨旅行社,1974年更名为中国旅行社,中国旅行社主要为回国观光旅游的华侨提供旅游服务。1954年,为了进一步加强与世界各国的交流与合作,做好接待服务工作,国务院决定成立两个旅行社系统,即中国国际旅行社系统和中国旅行社系统。中国国际旅行社总社及上海、杭州等分社于1954年4月15日正式成立。1980年,中国青年旅行社成立。中国旅行社系统、中国国际旅行社系统、中国青年旅行社系统构成了中华人民共和国三大旅行社系统。

三大旅行社系统自成立之日起,为中国旅游业的发展做出了巨大的贡献:三大旅行社系

统长期是中国旅行社业的主力,特别是中国国际旅游业的主力;三大旅行社系统为中国旅行社业的发展培养了大量的管理人才和服务人才;三大旅行社系统为中国旅行社的经营管理理论做出了可贵的探索。

改革开放前,三大旅行社系统属于事业单位。中国国际旅行社由国务院及各地方政府的外事办公室领导,主要接待外国来华者;中国旅行社由国务院及各地方政府的侨务办公室领导,主要负责接待归国、来华或回内地的海外华侨、外籍华人、港澳台同胞;中国青年旅行社由中国共产主义青年团中央委员会领导,主要负责接待来华的青年人。1984年前,三大旅行社系统业务以政治接待为主,注重政治效果而非经济效益,因此虽然三大旅行社系统处于垄断地位,但这个时期中国的旅行社业规模较小。创历史最高纪录的1965年全国接待外国游客也仅为12877人;而1966年上半年中国旅行社只接待500多人,1968年仅接待303人。

(二)第二个阶段(1984年至今)

中国旅行社行业管理引入市场经济的体制,其中有几个标志性的事件。

1984年,国务院就我国旅行社的体制做出两项重大改革:一是将旅游外联权下放,允许更多旅行社经营国际旅游业务,打破了旅行社行业的垄断状况;二是规定旅行社由行政事业单位转化为企业单位。1985年5月,国务院颁布《旅行社管理暂行条例》,从法律上确立了旅行社的企业地位,标志着旅行社行业管理体制从计划体制向市场体制的转变。《旅行社管理暂行条例》规定:"旅行社是指依法设立并具有法人资格,从事招徕、接待旅行者,组织旅游活动,实行独立核算的企业。"同时按业务范围将旅行社划分为三类,其中一、二类社为从事国际入境旅游接待与服务的旅行社,而一类社具有对外招徕国际旅游者的权利,二类社只负责接待国际旅游者;三类社则为经营国内旅游业务的旅行社。此外,《旅行社管理暂行条例》还规定,只要符合规定条件并经旅游主管部门批准,中央和地方各部门均可办旅行社。这一规定有力地刺激了旅行社数量的增加及旅游业务的开展。1988年年底,我国旅行社数量为1573家,其中一类旅行社44家、二类旅行社811家、三类旅行社718家。旅行社业务也由原来以入境旅游业务为主发展到入境旅游与国内旅游业务并举。

本阶段还发生了两个全国性的事件,导致中国旅行社行业出现了负增长。1989年的一场风波使中国旅游业受到了巨大的冲击,国际旅游入境人数及旅游外汇收入大幅度减少,该年度的旅行社行业出现了自1984年来的第一次负增长。中国旅行社行业的经营者们第一次强烈地感受到旅行社行业的易受影响性和经营的风险性。

2003年"非典"事件暴发,中国旅行社行业经历了全国范围内的旅游危机。"非典"危机事件使中国旅行社行业又一次经历了低谷。

2001年11月10日,中国加入世界贸易组织,这是中国旅行社行业管理体制从计划体制向市场体制过渡的必然的后续事件。早在1993年10月,国家旅游局(现文化和旅游部)就颁布了《关于在国家旅游度假区内开办中外合资经营的第一类旅行社的审批管理暂行办法》,允许外资旅行社在12个国家级旅游度假区内开办中外合资旅行社,但经营区域仅限于本度假区内。中瑞合资的云南力天旅游有限公司就是在这个管理办法颁布后成立的中国第一家中外合资旅行社。1999年1月24日,国家旅游局与对外贸易经济合作部(现并入商务部)联合推出了《中外合资旅行社试点暂行办法》,标志着中国旅行社行业的进一步开放。

2001年12月11日,《国务院关于修改〈旅行社管理条例〉的决定》对外商在华投资旅行社做出了进一步明确的规定,允许外商投资旅行社经营入境旅游、国内旅游,但禁止其经营出境旅游及港澳游,标志着中国对外商投资旅行社的管理进入了一个新的阶段。

在国家文化和旅游部的领导下,中国旅行社行业规模不断扩大,实力不断增强。中国旅行社行业在入境旅游业务、国内旅游业务、出境旅游业务三个方面都有长足的发展。目前,中国旅行社行业形成了国内游、出境游、入境游均衡发展的局面。

第二节 旅行社的性质、职能、分类制度和基本业务

一、旅行社的性质

虽然不同的国家和地区对旅行社有不同的理解,有些国家和地区还以法律的形式对旅行社的性质做出了明确的规定,但是对旅行社达成共识的一点是,旅行社是有偿地为人们提供旅行服务的专门机构。

欧美地区的旅行社分为旅游经营商(tour operator)和旅行代理商(travel agent)两类。在欧美地区,一般认为,旅游经营商是一种销售企业,即一种通过为旅游者提供旅游产品,即安排旅游活动和度假地,组织旅行交流,预订旅游目的地的各类客房,安排旅游期间的游览、娱乐活动,提供整套服务(包价旅游),事先确定价格及出发和回归日期,然后由自己下属的销售处或旅行代理商将产品销售给团体或个人消费者来营利的企业。

而旅行代理商是服务性企业,它的职能包括:①向潜在旅游者提供旅游产品信息并出售旅游产品;②接受交通运输、饭店、餐馆等旅游供应商的委托,以合同规定的价格向旅游者出售其产品;③以佣金的形式从旅游供应商那里获得报酬。

在日本,人们习惯上称旅行社为旅行业。日本《旅行业法》规定,旅行业指收取报酬并经营下列业务之一者(专门提供运输服务者除外):①为旅客提供运输或住宿服务,代理签约、介绍之行为;②代理提供运输或住宿之服务业与旅客签约,提供服务或从事媒介之行为;③利用他人经营之运输机构或住宿设备,为旅客提供运输或住宿服务;④附随于第一款至第三款之行为,代理提供运输及住宿以外之旅行有关服务,代理签约、媒介或介绍之行为;⑤附随于第一款至第三款之行为,代理提供运输及住宿以外的有关服务业,为旅客提供服务而代理签约或媒介之行为;⑥附随于第一款至第三款之行为,引导旅客代办申领护照及其他手续,以及其他为旅客提供服务之行为;⑦有关旅行一切的咨询行为;⑧对于第一款至第六款所列之行为代理签约之行为。

中国台湾地区《发展观光条例》第二条第八项规定:"旅行业是指为旅客代办出国及签证手续,或安排观光旅游、食宿及提供有关服务而收取报酬的事业。"

国务院2009年2月颁布的《旅行社条例》规定:"本条例所称旅行社,是指从事招徕、组织、接待旅游者等活动,为旅游者提供相关旅游服务,开展国内旅游业务、入境旅游业务或者出境旅游业务的企业法人。"

由此可以看出,不同国家和地区对旅行社性质的认识有两个共同点:①提供与旅行有关

的服务是旅行社的主要职能;②旅行社的企业性质决定其以营利为目的。

二、旅行社的职能

作为为旅游者提供旅行服务的专门机构,旅行社一般都具有以下五种基本职能。

(一) 生产职能

作为为旅游者提供旅游中介服务的企业,旅行社的生产职能表现在通过市场调查掌握目标市场的需求特点后,以低于市场的价格向酒店、旅游交通和其他相关部门批量购买不同目标市场旅游者所需的各种服务项目,然后进行主题设计与组装加工,并融入旅行社自身的服务内容,进而形成具有自己特色的旅游产品。

旅行社在生产其自身产品的过程中,利用了相关旅游企业包括酒店、景点、交通公司、旅游目的地旅行社及娱乐企业等的产品与服务,但并不是将这些产品简单相加,而是由导游"导演"旅游过程。就这种意义而言,旅行社具有和制造业类似的生产职能。旅行社的生产职能体现在其生产的流程中,旅行社完整的生产流程包括市场调查、市场细分、目标市场的确定、市场定位、产品设计、服务采购、接待服务、售后服务。

(二) 销售与促销职能

和平的国际环境为旅游业特别是国际旅游业的发展提供了良好的条件,旅游供给与旅游消费大规模持续增长。全球范围内旅游产品的极大丰富为旅游者提供了更多的选择,也为其决策前旅游信息的收集与选择制造了巨大的障碍,这些障碍既包括因信息的庞大繁杂而带来的障碍,也包括因语言、民族、环境等因素而带来的跨文化障碍,还包括政策、国别等形成的外交障碍。这些障碍在长距离旅游,如国际旅游、团体包价旅游中更为明显。旅行社通过其中介作用与专业技能,在旅游目的地与旅游市场之间建设了良好的销售渠道,对旅游目的地产品有独特的、不可替代的促销作用。

(三) 组织协调职能

旅行社的产品具有综合性。旅行社在其生产过程中,与酒店、交通公司、景点景区、旅游纪念品商店、娱乐企业等存在密切的合作关系。在许多国家和地区,旅行社还要与当地的旅行社进行合作,共同完成对旅游者的服务工作。这些企业与旅行社之间的关系是一种在市场经济条件下平等互利的合作关系。旅游产品的生产与消费具有同一性,又具有异质性,为了保证旅游者的体验质量,旅行社需要通过经济合同、商业信用、公共关系等手段进行大量的组织协调工作,确保合作各方能通过提高旅游者的满意程度实现各自利益。这就需要旅行社协同旅游业各有关部门和其他相关企业,保障旅游者在旅游活动过程中各个环节的衔接与落实。组织协调职能于是成为旅行社的又一基本职能。

(四) 分配职能

旅行社作为旅游者的代理,通过旅游产品的销售实现对酒店、交通公司、景点景区、旅游纪念品商店、娱乐企业等产品的销售。同时旅行社又作为酒店、交通公司、景点景区、旅游纪念品商店、娱乐企业等的代理,通过旅游产品销售实现对旅游者旅游需求的满足。对参与旅游产品生产与销售的酒店、交通公司、景点景区、旅游纪念品商店、娱乐企业等,旅行社要分配旅游产品销售所得的利润。对旅游者来说,旅行社要把有限的时间资源、物质资源合理地分配,以最大限度地满足旅游者,使旅游者得到最大程度的满意。因此,旅行社具有分配职能。

(五)提供专业信息职能

旅行社在酒店、交通公司、景点景区、旅游纪念品商店、娱乐企业等与旅游者之间充当代理与中介的角色,因此对双方都有提供专业信息的职能。对酒店、交通公司、景点景区、旅游纪念品商店、娱乐企业等来说,旅行社是一种特殊的消费者,为这些企业提供了特定旅游细分市场的最新信息,由于其直接和旅游者接触,是这些企业的一条重要的销售与促销渠道,为其提供重要的市场变化信息。另外,当今世界,旅游市场竞争激烈,市场需求广泛,信息产业高度发达,旅行社通过其专业化的旅游信息加工与创新能力,为旅游者提供了专业的咨询与选择。

三、旅行社的分类制度

旅行社的分类制度是不同国家、不同地区旅行社分工体系的具体体现。

(一)西方旅行社的分类制度

由于以欧美为代表的西方发达国家的旅行社大都采用垂直分工体系,因此按照业务范围,旅行社可以划分为旅游经营商(tour operator)、旅游批发商(tour wholesaler)和旅游零售商(tour retailer)三类;也有国家把旅行社分为旅游批发经营商(tour wholesale operator)和旅游零售商(tour retailer)两类,忽略了旅游经营商和旅游批发商之间的差别。

旅行社三分法与两分法的区别在于:①旅游批发商一般不从事零售,没有自己的零售机构,而旅游经营商则经常通过其零售机构从事零售;②旅游批发商通常通过购买并组合现成的服务形成新的包价,而旅游经营商通常设计新产品;③旅游批发商一般不经营实地接待业务,而旅游经营商则有自己的旅游接待业务。

旅游零售商的主体是旅行代理商,即获得授权向公众销售旅游、游船舱位、交通服务、酒店住宿、餐食、接送服务、观光和其他所有与旅行有关要素的个人、商社或公司。

不同职能旅行社之间的关系如图1-1所示。

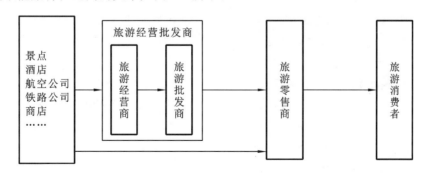

图1-1 不同职能旅行社之间的关系

由图1-1可以看出,在西方国家,旅游经营商和旅游批发商一般不面向公众直接销售其设计或组装的旅游产品,而是通过旅游零售商进行销售。直接面对旅游者并向旅游者销售旅游产品的,是为数众多的旅游零售商。旅游零售商既可以代其顾客直接向酒店和航空公

司等旅游服务供应商预订零散服务项目,也可以代理旅游批发商或旅游经营商的包价旅游产品,但无论是哪种情况,旅游零售商的收入都来自销售佣金。

西方旅游零售商销售佣金的标准不尽相同,受到相关行业市场竞争激烈程度的影响,产品的畅销程度和销售佣金的高低已经成为旅游零售商选择合作伙伴的重要标准。

近年来,随着航空业自身竞争的不断加剧,以德尔塔航空(Delta Air Lines)为代表的美国航空公司不堪传统销售佣金的重负,于1951年1月率先提出对旅行代理商的销售佣金实行最高限制,即将国内航线往返票价和单程票价分别在500美元以上和250美元以上机票的销售佣金,限制在50美元和25美元。此举得到众多航空公司的响应,从而打破了航空代理10%标准销售佣金的惯例。

需要引起我们注意的是,西方国家的旅游零售商,特别是旅行代理商分布极为广泛。他们直接面对广大旅游者,对旅游者的旅游决策,特别是对旅游者目的地的选择影响巨大。曾经美国《旅行周刊》的一项调查表明,45%的旅游者旅行前没有明确的旅行目的地,36%的人只是大概了解了自己想去的地方但仍然要指导,19%的人则完全依靠旅行代理商推荐目的地,甚至40%的商务旅游者也需要旅行代理商的建议。调查结论认为,旅行代理商已成为强大的旅游销售大军,并将不断扩大对旅游者的影响,甚至左右世界旅游市场份额的划分。

(二)日本旅行业的分类制度

1996年4月1日以前,日本的旅行业采取的是一般旅行业、国内旅行业和旅行业代理店的混合分工体系。1996年4月1日,日本的旅行业有了新的分类办法,但依然保留了传统的混合分工体系。

根据日本《旅行业法》的界定,主催旅行相当于我们所说的包价旅游。它是指"旅行业者事先确定旅游目的地及日程、旅游者能够获得的运送及住宿服务内容、旅游者应对旅行业者支付的代价等有关事项的旅游计划,通过广告或其他方法募集旅游者而实施的旅行"。

日本《旅行业法》将日本的旅行业重新划分为第Ⅰ种旅行业、第Ⅱ种旅行业和第Ⅲ种旅行业,从而不实施主催旅行业务。

(三)中国台湾地区旅行业的分类制度

中国台湾地区《发展观光条例》将台湾的旅行业划分为综合旅行业、甲种旅行业和乙种旅行业三种类型。这种分类制度从总体上来看是旅行社水平分工体系的产物。

第一种类型:综合旅行业。①接受委托代售岛内外海、陆、空运输事业之客票,或代旅客购买岛内外客票、托运行李。②接受旅客委托,代办出入境及签证手续。③接待岛内外观光旅客并安排旅游、住宿及导游。④以包办旅游方式,自行组团,安排旅客岛内外观光旅游、食宿及提供有关服务。⑤委托甲种旅行业代理招揽前款业务。⑥委托乙种旅行业代为招揽第四款岛内团体旅游业务。⑦代理外国旅行业办理联络、推广、报价等业务。⑧办理经主管机关核定与岛内外旅游有关之其他事项。

第二种类型:甲种旅行业。①接受委托代售岛内外海、陆、空运输事业之客票,或代旅客购买岛内外客票、托运行李。②接受旅客委托,代办出入境及签证手续。③接待岛内外观光旅客并安排旅游、食宿及导游。④自行组团,安排旅客出岛观光旅游、食宿及提供有关服务。⑤代理综合旅行业招揽第五款所定之业务。⑥办理经主管机关核定与岛内外旅游有关之其他事项。

第三种类型：乙种旅行业。①接受委托代售岛内海、陆、空运输事业之客票，或代旅客购买岛内客票、托运行李。②接待本岛观光旅客岛内旅游、食宿及提供有关服务。③代理综合旅行业招揽第六款所定岛内团体旅游业务。④办理经主管机关核定与国内旅游有关之其他事项。

（四）中国旅行社的分类制度

中国旅行社分为国际旅行社和国内旅行社两种类型，属于典型的水平分工。

第一种类型：国际旅行社。国际旅行社的经营范围包括入境旅游业务、出境旅游业务和国内旅游业务。

第二种类型：国内旅行社。国内旅行社的经营范围限于国内旅游业务。

四、旅行社的基本业务

按照旅行社的业务流程，旅行社的基本业务可分为市场调查、产品开发、服务采购、产品销售、接待服务业务等，而质量管理、风险控制、人事管理及战略制定等都是旅行社涉及每个业务环节的基本任务。

（一）市场调查业务

市场调查是市场经济条件下任何企业开展业务的基础性工作，旅行社业务也不例外。旅行社需在市场调查的基础上，根据自身的战略目标、竞争态势及本企业可利用的资源，做好市场细分、目标市场确定、市场定位等工作，为旅行社开发恰当的旅游产品做好准备工作。

（二）产品开发业务

产品开发业务包括产品设计、产品试产与试销、产品投放市场和产品效果检测评价四个环节。旅行社的产品设计是在市场调查的基础上进行的，在综合考虑旅行社战略、市场需求与竞争对手产品状况等因素的前提下开发出相应的旅游产品。产品试产与试销是指先在市场上对刚设计出的新产品进行小批量投放。产品投放市场是把经过试产试销的旅行社产品大规模投放市场。产品效果检测评价指的是在产品服务的过程中及结束后，对产品质量的各个环节进行调查、跟踪并不断改进质量的过程。

（三）服务采购业务

产品设计出来以后，旅行社要向上游旅游服务企业，如航空、铁路、酒店、景点、娱乐、商店企业等采购旅游产品，同时也要向旅游线路沿途的各地接待旅行社采购当地的旅游接待服务。

（四）产品销售业务

在设计好产品、完成旅游服务采购后，旅行社紧接着就要开展旅游产品的销售业务，这部分业务包括产品价格的制定、销售战略与渠道的选择、旅游产品的促销等，其根本任务是促进更多旅游者对旅行社产品的购买与消费。

（五）接待服务业务

接待服务业务是旅行社产品的最终实现，包括团体旅游接待服务和散客旅游接待服务。

团体旅游接待服务包括旅途生活服务与导游讲解服务。散客旅游接待服务包括单项代理服务、旅游咨询服务和选择性旅游服务等。

第三节　旅行社在现代旅游业发展中的作用

世界旅游业理事会(WTTC)1992年发布的年度报告表明,旅游业已经成为世界上最大的产业。至此,旅游业在世界产业中的霸主地位在世界范围内得到承认。

世界旅游业理事会的结论主要基于以下论据：①1990年,世界国际旅游和国内旅游的总收入达29000亿美元,占当年全世界商品与劳务总消费额的12.3%；②1990年,旅游业提供的就业岗位达1.27亿个,占世界总数的6.7%；③1990年,旅游业成为创造高附加值的产业,其增值额已到达14490亿美元,占世界净产值或毛利总额的5.9%；④1990年,世界旅游业提供企业税收2510亿美元,占全世界直接和间接税收的5.6%,此外,还从11800万从业人员的个人收入中提供了1820亿美元的税收；⑤1990年,世界旅游业共投资3510亿美元,占全世界投资总额的6.7%。

毫无疑问,旅游业的发展与繁荣,同整个世界的经济与科学技术发展密切相关,同时也离不开和平的世界环境。就旅游业内部而言,旅游业的发展依赖于酒店、旅游交通和旅行社等构成要素的共同发展,但作为旅游业的重要纽带和旅游客源的组织者,旅行社在促进现代旅游业发展中的作用是毋庸置疑的。这主要表现在以下两个方面。

第一,旅行社具有纽带作用。旅行社通过其中间服务,将与旅游者的旅游需求密切相关的各个组成部分组合加工成相对完整的旅游产品,然后销售给旅游者。在这里,旅行社的纽带作用集中表现在两个方面:其一,旅行社的存在使原本相对松散、繁杂的旅游服务供应部门以旅行社为中心变得紧密有序;其二,旅行社同时还是连接旅游服务供应部门和旅游消费者的纽带,是旅游客源的组织者。

第二,旅行社能为旅游者提供专业化的旅游信息,帮助旅游者做出正确的选择,满足旅游者的安全需要,为旅游者购买旅游产品创造条件。此外,通过旅行社,旅游者可以丰富旅游经历。所有这些,都为大众化旅游活动的发展提供了便利条件。

本章小结

本章对旅行社的发展简史进行了回顾,对旅行社产生的历史条件进行了简要分析。在回顾中国旅行社发展史时,对三大旅行社系统的贡献做了简要的评价。

本章根据旅行社在现代产业中的地位与作用及中华人民共和国《旅行社条例》,对旅行社的性质与职能进行了分析。接着,本章分别对西方、日本、我国台湾地区的旅行社分类制度进行了介绍。最后简要分析了旅行社在现代旅游业中的地位与作用。

关键概念

托马斯·库克　旅行社的性质与职能　三大旅行社系统

复习思考题

□讨论题
1. 近代旅行社业产生的历史条件是什么？
2. 旅行社的性质是什么？有什么职能？
3. 中国三大旅行社系统对中国旅行社业有什么贡献？
4. 西方旅行社系统的三分法与二分法有什么区别？
5. 旅行社在现代旅游业中处于什么样的地位？
6. 旅行社的基本业务包括哪些方面？

案例分析

携程营销转变

【问题】
试评述携程战略的合理性。
分析提示：
1. 携程在旅行社界的业绩与地位。
2. OTA的市场环境要求、企业自身的条件要求。

第二章

旅行社经营环境分析

学习目标

通过本章的学习,使学生掌握影响旅行社经营环境的主要因素,熟悉各因素影响旅行社经营绩效的形式与范围,能对旅行社经营环境进行SWOT分析、对旅行社的内部环境进行分析。

案例引导

携程集团概况

思考题:

阅读上述案例,如果你是携程集团决策者,你会从哪些方面进行战略思考和决策?

旅行社经营环境是指旅行社在经营过程中与之发生作用的外部因素的总和。旅行社是一个开放的经济系统,其经营和管理必然受到来自旅行社外部的客观环境的影响,同时旅行社的经营行为也会对其经营环境产生一定的影响。作为其所依存的社会、政治、经济、文化大系统中的一个组成因子或者一个小系统,旅行社和其他小系统或大系统之间的影响是相互的,但是它和大系统的影响是不对称的。相对而言,旅行社这个小系统对其所依存的社会、政治、经济、文化大系统的作用较小,即使在产业中处于垄断地位的旅行社对诸如政治、法律环境的影响也是微不足道的。因此,旅行社所处的经营环境多指旅行社不可控制的一些因素或力量,在竞争激烈的旅行社业中尤为如此。

由于研究市场经营环境的目的、任务和要求各不相同,因此对环境的分类也不尽相同。旅行社所处的环境分为宏观环境和微观环境。前者指与竞争市场有关的政治、法律、社会、文化环境,在一个稳定的社会中,这些环境因素可以看成是外生变量,其变化是不明显的;后者指产业环境,即生产同一类商品的生产者之间的相互关系及结构所构成的客观环境。

第一节 影响旅行社产业竞争的外部因素分析

制定竞争战略的前提在于把某家旅行社与其所处的经营环境联系起来。虽然旅游市场经营环境的内容非常广泛(包括社会、经济、政治各方面的因素),但旅行社经营环境最关键的部分就是旅行社投入竞争的产业环境。产业结构强烈地影响着竞争规律的确立以及相应的公司战略的形成。同时,产业外部的一些相关的势力也影响着产业内部的竞争,这些势力是与旅行社密切相关的。波特将这些势力称为影响一个产业竞争状态的"五种基本竞争力量"——潜在行业进入者的威胁、被替代的威胁、买方的议价能力、供方的议价能力、现有竞争对手的竞争。其反映出的事实是,一个产业的竞争大大超过了现有竞争对手的范围(见图2-1)。这里的"现有竞争对手"就是指旅行社产业结构内的竞争。以下就先介绍产业外部的四种势力对产业竞争激烈程度的影响。

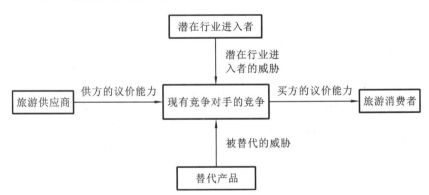

图 2-1 旅行社及其产品主要的外部影响因素

一、潜在行业进入者的威胁

新进入的旅行社都有获取市场份额的欲望,同时也常常带有充裕的资源,因而使原有的市场进一步被分割,产品价格可能被买方压低或因供方提价导致原材料成本上升,从而使整个行业的利润率下降。旅行社行业所发生的激烈的价格竞争就是由于新进入者的迅速扩张而导致的,造成行业的平均利润逐年下降。

潜在进入者的威胁对一个行业的竞争程度和利润率的影响是巨大的。同时,潜在进入者的威胁的大小又取决于产业本身的结构和产业内现有旅行社的反击程度。产业结构本身的特点对潜在的行业进入者(即新进入者)形成了进入壁垒(行业进入障碍),这些壁垒包括规范经济、产品差异性、资金需求、转行成本、销售渠道以及政府政策。

潜在的行业进入者对产业中现有竞争对手的反击预想也将影响对行业进入策略的选择。如果行业进入者认为产业中现有竞争对手会有力地反击从而使之在产业中处于不能令人满意的境地,那么行业进入极可能受到威胁。在旅行社行业中,对新进入的旅行社来说,现有竞争对手的反击可能表现在:在旅游市场上签订长期交易合同,防止新进入者进入;动用其他未使用的资源,如剩余现金、未用满的借贷能力等。总的来说,我国旅行社行业的进入壁垒是较低的。

同步练习

在文化和旅游部官网,查找最近完整年度的第一季度和第四季度的全国旅行社统计调查报告,简要分析该年度国内旅行社业的主要变化。

二、被替代的威胁

一个行业的所有公司(企业)都与生产其替代产品的行业进行竞争,替代产品不断影响行业中企业产品的价格水平,从而限制了一个行业的潜在收益。

如果我们把一个市场(或行业)分成多个细分市场,这些细分市场之间就存在着相互替代的竞争关系,如旅行社行业中的度假观光市场、特种旅游市场、会议旅游市场、休学旅游市场等。由于存在着替代关系,每一个细分市场的产品和服务的价格不但受到这一细分市场内企业的数量和规模的影响,还要受到与该细分市场相似的那个市场中企业的数量和规模的影响,因此,考虑经营环境时必须考虑可替代细分市场的影响。

旅行社产品的替代者包括:①向相同目标市场提供类似产品的其他旅行社;②提供同样产品或同类产品的其他旅行社;③所有提供相同服务的旅游公司;④向同一目标市场提供其他产品或服务的公司。

三、买方的议价能力

对旅行社来说,买方是零售旅游代理商或最终旅游消费者。买方参与旅行社竞争的手法是压低价格、要求较高的产品质量或索取更多的服务项目,并且置卖方于彼此对立的状态,所有这些都是以旅行社利润作为代价的。旅行社每一个主要买方集团的上述能力的强弱取决于众多市场的情况及特点,同时取决于这种购买对买主整个业务的重要性。对于以服务为主的旅行社业来说,旅行社最终的购买者当然是旅游消费者,但就产品的营销链中的每一个环节来说,下一个环节就是上一个环节的买方。以国际旅游产品为例,其营销链如图2-2所示。

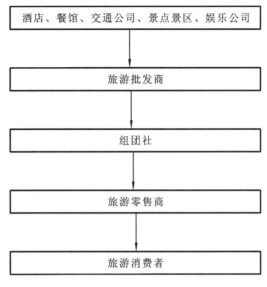

图 2-2 旅游产品的营销链

营销链中有四种不同职能的旅行社,即接待社、组团社、批发商、零售商。它们在各自的环节上与其他旅行社展开竞争,这种竞争是横向的。而在纵向上,它们则承受着来自买方和供方的压力。在下列情况下,来自买方集团的压力表现得较强。

(1) 游客集中来源于买方。如果销售量的很大一部分是由某一个特定顾客带来的,则这一卖方业务对旅行社的经营结果很重要。如图 2-2 所示的营销链中,若批发商的购买量是大量的,则它的议价能力就较强。旅行社从其供应商那里购买房间、车船机票、餐饮、娱乐所获得的折扣也是批量购买的结果。

(2) 购买者从旅行社购买的产品占其成本或购买额的相当大一部分。在这种情况下,购买者总是不惜为获得一个优惠价格而耗费大量精力;如果购买者这时的利润也很低,那么这种压价便会更加不遗余力。这时,买方对价格的敏感程度很大,即很有弹性。相反,如果产品占其成本的比重小,或者企业赢利,那么他们对价格就不甚敏感。

(3) 旅行社产品没有差异性。按照波特的竞争理论,价格就是主要的竞争力,旅行社以无差异的产品进行竞争,只能在价格上取得竞争优势,实际上增强了买方的议价能力。从旅行社购买标准的或无差异产品,买方显然可以找到多个可供选择的供应商,因为这时买方的信息是较全的。同时,买方掌握了更多的关于卖方的信息,也就掌握了更多讨价还价的筹码。旅游产品如果在线路上、服务上、项目安排上都是无差异的,无疑只能在价格上占据优势。

(4) 买方面临的转换成本很少。转换成本是指买方由原供应商供应产品转换到由另一供应商供应产品所遇到的一次性成本。而在旅行社行业充分竞争的条件下,买方的转移成本最低可能只是一个电话或一纸合同。

(5) 买方所处的行业利润低。由于其所处的行业利润低,只能通过采购旅行社产品时压低价格使其所得货品物有所值。

(6) 最终消费者更容易安排旅游。目前中国旅游市场一个明显的现象就是,与出境游

相比,国内游价格低、利润低,其中一个重要的原因就是游客很容易安排自己的国内游。

四、供方的议价能力

供应商可以通过提价或降低产品或服务的质量,来向某个旅行社从业者施加压力。供应商施加的压力可以迫使一个旅行社因无法使价格跟上成本的增长而失去利润。旅行社是一个中介性的组织,其销售的产品几乎全部来源于供应商,其本身只起到组合、挑选的作用,在销售过程中加入了导游、咨询等服务,因而供应商对旅行社的压力是不容忽视的。一般来说,供方压力的强弱是与买方压力相互消长的。

在下列情况下,供方可能向买方(旅行社)施加较强压力。

(1) 供方行业集中度高,也就是说,供方所在行业由一个或几个公司支配,且其集中化的程度比它们从事销售的产业高时。集中度高的供方在向较为分散的买主销售产品时,往往能够在价格、质量及交货期上施加相当的压力。在旅游市场中,处于垄断地位的客车、飞机等交通公司在提供交通服务时,往往凭借其无法被轻易替代的地位向旅行社施加压力。这种情况在旺季更是显而易见。同时,由于旅行社的规模相对较小,在与这些较大的供方讨价还价时就处于相对不利的地位。

(2) 旅行社采购的商品几乎没有替代产品时。例如,广州高星级酒店市场在广交会期间几乎没有替代性产品,这个时期旅行社与广州高星级酒店的议价能力下降,即广州高星级酒店的议价能力增强。

(3) 一个旅行社并非供方集团的重要客户时。如果供应商在向众多旅行社销售产品,而某一具体旅行社在其销售额中未占相当大的比重,则供方往往要显示其压力。比如,一个以商务旅游接待为主的饭店可能并不在乎旅行社介绍来的团队客人,因而在给予折扣方面显得更加缺乏灵活性。相反,如果该旅行社属于供方的重要客户,则供方的命运与该旅行社密切相关,因而他们乐意通过合理的定价来保护该旅行社。如那些以接待观光度假旅游者为主的饭店和景点,就更愿意给旅行社更大的折扣,以争取更多的客源。

(4) 食、住、行、游、购、娱等作为旅行社供方的行业提供的产品对游客来说非常重要时。对于一个已经选择了接待酒店的旅行社来说,该酒店所投入的产品和服务就构成了旅游产品的一个重要组成部分,这时酒店具有很大的影响力。

(5) 食、住、行、游、购、娱等行业提供的产品是非标准化时。由于其所具有的独特性是无法替代的,因此其议价能力增强。

(6) 食、住、行、游、购、娱等行业表现出前向联合(前向一体化)的现实威胁时。如当酒店集团、铁路集团、航空集团等有自己的旅行社时,在外部旅行社面前,其议价能力增强。

(7) 供方集团的产品是有差别的或买方对其产品信息的了解显然不充分时。这种产品的差异性和信息分布的不对称性常使供方处于非常有利的位置。

以上我们介绍了与旅行社有关的各种外部竞争势力和因素。这些势力和因素对旅行社的作用又与旅行社业本身的结构和竞争状况有着密切的关系。下面我们来介绍旅行社业结构,这是我们理解旅行社经营环境的关键。

五、旅行社业结构分析

旅行社业结构是指市场主体的构成、市场主体间的相互作用及规模比例关系。某一市场中的企业在交易、利益分配等方面，无不处于市场结构的制约中。旅行社业结构是决定旅行社业和其垄断程度的基本因素。决定旅行社业结构的主要因素有旅行社业集中度、产品差异性和进入壁垒。

(一) 旅行社业集中度

旅行社业集中度是指旅行社业内少数几个较大旅行社所占的市场份额，是测定旅行社业集中度的最基本的指标，通常用旅行社业内最大的前 N 位旅行社的生产值、销售额、员工人数、资产总额等指标累计数占整个旅行社业相应指标总数的比例来表示，如式(2-1)所示：

$$CN = \frac{\sum_{i=1}^{N} X_i}{\sum_{i=1}^{n} X_i} (i = 1,2,3,\cdots,n) \tag{2-1}$$

式中，X_i 表示居于旅行社业内第 i 位的旅行社的生产值、销售额、员工人数或资产总额等指标。在测算旅行社业集中度时还可以增加接待人数或外联人数等指标。这一指标形象地反映了旅行社业的集中状况，计算也比较方便。当然还有其他的测算指标，如洛伦茨曲线、基尼系数等相对集中度指标。

从市场结构上看，从20世纪80年代开始，以三大社为代表的中国旅行社产业集中度在不断下降。1980年三大社的市场份额为79.6%，1993年首次下降到25%，现在已不到15%。2005年，百强国内社数量占国内旅行社总数的0.66%，百强国内社旅游业务营业收入占国内旅行社旅游业务营业收入的15.47%；百强国际社数量占国际旅行社总数的6.29%，百强国际社旅游业务营业收入占国际旅行社旅游业务营业收入的46.59%。这说明，虽然三大旅行社系统的业务在全国旅行社行业中占的比例在下降，但改革开放后崛起的一些优秀旅行社的不断壮大，又在一定程度上增加了旅行社业的集中度。在此过程中，市场结构先后经历了寡头垄断和垄断竞争阶段，现在从总体上看已处于比较完全的竞争态势。随着越来越多的投资主体的进入，这种产业态势的分散化仍然在进行中。值得注意的是，市场竞争的结果使得一些大型旅行社，特别是大都市和沿海经济发达地区位居"双百强"前列的一些大型旅行社，重新呈现规模化发展态势。

(二) 产品差异性

产品差异性是指旅行社业内相互竞争的旅行社所提供的产品之间具有的不完全替代性。具体地说，产品差异性是指旅行社向市场提供的产品，与同行业内的其他旅行社提供的产品相比较，具有可以区别的特点。在现实的市场中，完全竞争的模式是不存在的。由于旅游者的偏好不同、市场信息的不完全、产品和服务的专业化，旅行社所销售的产品总是表现出诸多差异。而以下因素都会影响产品的差异性。

1. 旅行社产品要素、功能方面的差异

旅行社的产品虽然在满足旅游者的旅游需求方面是一致的，但各个旅游者的旅游偏好

是不一致的,因而对产品的要素组合的要求是不同的,旅游市场的细分市场就形成了。各个细分市场对旅行社产品和服务的要求不尽相同,对旅游的各个环节的安排是不同。这种差异性使得这一市场的旅游者愿意付出更高的价格来购买这一产品以满足其特殊的偏好,从而缓解了由于无差别和完全可替代性竞争所带来价格方面的压力。

2. 旅行社的广告宣传和其他促销手段的差异

旅游者在进行购买决策前,要收集旅游产品的信息,旅游者掌握的信息越全,所做的决策就越合理。而旅行社品牌、旅行社信誉、旅行社形象等都会影响旅游者对旅行社产品信息的收集。广告和品牌在提供产品信息方面有着重要的影响力。在旅游市场中,由于一般的旅游者对于产品和服务的质量、功能和内容所造成的差别的评价能力是有限的,更多的是由于广告等促销手段对旅行社产品属性的宣传,使旅行社产品的某些特征进入购买者的潜意识,从而左右着消费者的购买意向。另外,旅行社做广告宣传和创立名牌必须投入大量的资源,特别是那些在市场中不可自由转让的专用资本,因此就必须要求其产品和服务在市场上有一个高于竞争市场的均衡价格,这就是我们通常所说的"优质优价"。我国旅行社的三大系统——国旅、中旅、青旅,就是在长期的市场竞争中,分别形成了国旅、中旅和青旅三大名优品牌,并在消费者和交易者中有较高的信誉。

3. 产品与旅游者的差异

由于旅游产品生产与消费的同一性,旅游者总是到旅游目的地进行旅游消费,因此距离衰减规律对旅游者的选择有很强的制约。旅游目的地与旅游市场空间距离远的旅游产品,其销售量就少。而心理距离的影响因素中,文化素养、个人经历、职业特点、年龄等因素都能对旅游市场和旅游目的地的感知产生深刻的影响。时间距离与经济距离大的旅游产品,在旅游者进行购买决策时都处于不利地位。

(三) 进入壁垒

旅行社业进入壁垒是指新的潜在的旅行社进入现有旅行社业的困难程度。旅行社业的进入壁垒越强,潜在的进入者进入现有旅行社市场就越困难,对现有旅行社也就越有利,因此旅行社有必要构筑进入壁垒。按波特的竞争理论,旅行社可以在以下几个方面构筑旅行社业进入壁垒。

1. 规模经济

旅行社任何一种产品只要获得了规模经济,它必然具备成本上的竞争优势。这是因为任何一种产品在特定时间内,绝对产量的增加必然带来单位产品成本的降低。如果某旅行社的某一类产品实现了规模经济,那么其他旅行社试图在同一产品方面与该旅行社竞争,就至少必须达到该产品实现规模经济的平衡点的销售量,这无疑是困难的。同时,由于该产品已经有实现了规模经济的旅行社的存在,后来者若想跟进,还要承担经营风险。

2. 产品差异性

如前所述,产品的差异性意味着现有的旅行社可通过广告、售后服务、产品特点而获得旅行社品牌、信誉及产品质量等方面的优势。差异化建立了进入壁垒,它迫使行业新进入者耗费大量资金来动摇顾客对原有旅行社品牌的忠诚度。这种努力常造成新加入的旅行社在初始阶段的亏损,并且常常要经历一个延续阶段,其中存在较大的风险。

3. 投资的要求

竞争会导致大量资金的投入。在客源渠道、协作网络、注册等方面都需要大量的资金，特别是当旅行社上游资金回报率高而旅行社主业回报率低时，更需要大量的投资，这会对旅行社业新进入者形成壁垒。

4. 政府政策

政府制定的法律、制度、政策在客观上会造成一个产业的进入壁垒。如中国对外资旅行社的政策等都会对外资进入中国旅行社业形成行业壁垒。在市场经济条件下，管制会越来越少，但仍然存在。

5. 转移成本

当旅游者对某些旅行社形成品牌忠诚时，新进入者要想动摇这些旅游者对原旅行社品牌的忠诚，必须投入大量的促销资金。同时，旅行社新进入者在动摇某一目标市场的旅游者对原有旅行社品牌的忠诚时，必然会受到相关旅行社的反击。

6. 分销渠道

某些旅行社目标市场对销售渠道有偏好，因此，先进入的旅行社可能对其形成控制，这样就提高了新进入者进入的困难。

7. 专业技能

旅行社对整个行业熟悉，对旅行社业务流程熟悉，特别是对关键性竞争资源熟悉，如拥有高素质的管理人员、外联人员、高级或特级导游人员等，对新进入者会形成壁垒。而旅行社产品的单位成本随着公司的经验和技术的增加而下降，常常是先进入者已将某些关键资源掌握在手，这对后进入者形成了进入壁垒。

旅行社业结构分析的方法，不仅是旅行社业内竞争者分析其所处的经营环境、指导其制定竞争策略的有力武器，也为与旅行社业有关的各种企业制定各自的策略提供了依据，同时还是管理部门对旅行社业进行政策制定和调查的出发点。

同步思考

2020年发布的《中国出入境旅游发展报告2020》做出了哪些判断？

《中国出入境旅游发展报告2020》的判断

（资料来源：中国旅行社协会官网。）

六、旅行社行业市场进入不利形势的特征

（一）行业内有大量实力相当的竞争者

在行业内有大量实力相当的竞争者的情况下，产品设计、创新、质量等方面均难分伯仲，因此价格竞争是可以运用的主要选择，很容易发生价格战。如果价格成为主要的竞争方式，这种竞争方式很容易波及整个旅行社行业，影响旅行社经营的各个环节。一旦价格战发动，往往在很长一个时期内很难停下来。

（二）行业增长缓慢

如果整个旅行社行业增长缓慢的话，就说明整个行业的利润水平下降，企业生存机会不多，必然会加剧现有旅行社之间的竞争，不利于旅行社市场中新进入企业的发展。

（三）现有旅行社固定成本高

现有旅行社固定成本高，会影响到旅行社的资产结构，影响到旅行社的速动比率，提高其产品中折旧的比重，不利于旅行社的竞争。由于固定成本高，整个旅行社要达到的盈亏平衡点比较高，扩大销售量会成为旅行社的基本经营目标，而且由于停产后发生的财务费用大，即使亏损也要销售，只要有边际贡献，旅行社的竞争就会进行下去。

（四）库存成本高

库存成本高，不利于旅行社竞争，这些成本最终会转嫁到旅游消费者身上去。

（五）竞争者经营目的多种多样

如果行业内竞争者的目的多种多样，便不利于战略资源的分配，特别是旅行社奉行竞争导向的战略时，更会使旅行社捉襟见肘，限制了旅行社的战略选择与发展。

（六）退出成本高

旅行社的有些设备过于专业，退出后固定成本过高；对于一些旅行社员工，特别是个人职业成长、情感成长、社会成长与旅行社密切联系的员工，退出的感情障碍高；由于就业、公共政策等，旅行社退出受到政府或者社区限制；由于旅行社有一个利益相关者集团，受到战略关系的限制或者支持，等等，都会影响到旅行社的退出成本。

第二节　旅行社内部环境

作为企业，旅行社要在对外部环境正确判断的基础上，对自身的资源与内部环境同样有正确的判断，才能做出合理的决策，使企业立于不败之地。旅行社的内部环境指旅行社可以支配的、有利于旅行社绩效增长的各种因素和条件，既包括旅行社拥有的各种物力资源、财力资源，也包括由于旅行社人力资源开发及多年经营积淀的企业管理文化与积累的经验。旅行社资源中满足价值性、稀缺性、不可模仿或替代性标准的旅行社资源被称为关键资源，只有基于这些关键资源建立起的竞争优势才是持久的竞争优势。

一、旅行社资源分析

旅行社资源分为有形资源、无形资源和人力资源。旅行社有形资源是指一般在旅行社财务报表上能够查到的比较容易确认和评估的一类资产,包括旅行社财力资源、物力资源、市场资源和环境资源等;旅行社无形资源是指旅行社不能从市场上直接获得,不能用货币直接度量,也不能直接转化为货币的那一类经营资产,包括技术资源、信誉资源、文化资源和商标等;旅行社人力资源是指组织成员向组织提供的技能、知识以及推理和决策能力,又称人力资本。

旅行社资源形成旅行社的经营结构,是构成旅行社实力的物质基础。旅行社能投入到经营活动中的资源是有限的。旅行社资源分析要从全局来分析、把握旅行社各种资源的数量、质量和配置等的现状、未来需求以及与理想的差距。旅行社资源的现状和变化趋势是旅行社制定总体战略和进行经营领域选择时最根本的制约条件。

表 2-1 提供了一种旅行社资源分析的框架和思路。表中的"未来需求",既可以是战略期末的需求,也可以是一年末、两年末、三年末的需求。

表 2-1 旅行社资源分析

资　　源	旅行社资源数量、质量、说明		
	现　　状	未　来　需　求	差　　距
财力资源			
物力资源			
市场资源			
环境资源			
技术资源			
人力资源			

旅行社的竞争力在很大程度上取决于以上资源。在进行旅行社资源分析的时候,还需要特别注意旅行社的无形资源,如技术资源、信誉资源、文化资源和商标等。另外,在进行旅行社资源分析时,除了要对各种资源要素进行分析外,还应考察各种资源的组合与配置情况、各种资源与目标的差距和利用潜力等内容。

二、旅行社能力分析

旅行社能力分析主要包括以下内容。

(一)旅行社资源能力分析

旅行社资源能力包括旅行社从外部获取资源的能力和从内部积蓄资源的能力。它的强弱将影响旅行社的发展方向、速度,甚至旅行社的生存,同时直接决定旅行社战略的制定和实施。

旅行社从外部获取资源的能力取决于以下要素:①旅行社所处的地理位置;②旅行社与资源供应者(包括供应商、金融等利益相关者)的关系;③资源供应者与旅行社讨价还价的能力;④资源供应者前向一体化趋势;⑤旅行社供应部门的人员素质和效率等。旅行社内部资

源包括有形资源、无形资源和人力资源。旅行社积蓄资源的能力涉及旅行社的整体能力和绩效,形成旅行社的经营结构。旅行社经营结构必须保证在竞争市场上形成战略优势。

分析旅行社内部资源的蓄积能力可以从以下6个方面入手:①投入产出比率分析(包括各经营领域);②净现金流量分析;③规模增长分析;④旅行社后向一体化的能力和必要性分析;⑤商标、专利、商誉分析;⑥员工的忠诚度分析。

(二) 旅行社生产能力分析

生产是旅行社进行资源转换的中心环节,它必须在数量、质量、成本和时间等方面符合要求的条件下形成有竞争性的生产能力。主要包括以下几个方面。

1. 生产流程

此要素主要涉及决定整个生产系统的设计,主要包括营业地点场所的选择与设计、质量控制等。具体问题包括:①旅行社生产设施和设备的安排是否合理?②旅行社是否应该进行某种程度的前向和后向一体化?③旅行社购货和发货的定额成本是否过高?④旅行社整个生产流程的设计是否有效和高效率?

2. 生产能力

此要素主要涉及决定旅行社的最佳生产能力。内容包括接待量预测、旅行社设施设备的计划安排等。具体问题包括:①对旅游需求是否有有效的预测?②旅行社是否达到了合理的经济规模?③旅行社的总部及营业处的位置、数量和规模是否合适?④旅行社是否有全面的计划生产成本?是否合理?⑤旅行社是否有处理突发事件的应急计划?⑥旅行社是否有有效的质量控制体系?

3. 旅行社员工

旅行社员工决策主要涉及工作的设计、绩效测定、工作的丰富化、工作标准和激励方法等内容。具体问题包括:①旅行社是否对所有岗位进行了研究?②生产岗位是否高效率?③生产管理人员是否称职并具有较高的积极性?④员工的缺勤率和离职率是否低于可以接受的水平?⑤旅行社员工的士气如何?

4. 质量

质量决策是要确保旅行社生产并提供高质量的产品和服务。具体问题包括:①旅行社是否具有有效的质量控制体系?②是否计算和评价过下列方面的质量控制成本?第一,预防性质量控制成本;第二,检验性质量控制成本;第三,处理性质量控制成本。

以上四个方面的优劣势可以决定旅行社的成败,因此旅行社生产流程的设计和管理必须与旅行社的战略相适应。并且,旅行社战略管理者在着手制定新的旅行社战略的时候,要对现在的生产能力进行认真的分析。

(三) 旅行社营销能力分析

从战略角度考虑,旅行社的营销能力主要包括以下三种。

1. 市场定位的能力

它直接表现为旅行社的生产定位的准确性,而这又取决于旅行社以下四个方面的能力:①市场调查和研究的能力;②评价和确定目标市场的能力;③把握市场细分标准的能力;④占据和保持市场位置的能力。

2. 市场营销组合的有效性

评价市场营销组合的有效性主要把握两个方面:①是否与目标市场中的有效需求一致?②是否与目标市场产品寿命周期一致?

3. 营销管理能力

营销管理能力主要是指旅行社对营销各项工作管理的能力,具体包括营销队伍的建设与培训、营销人员的考核与激励、应收账款管理等一系列工作。

(四)旅行社产品开发能力分析

产品开发能力是旅行社的一项十分重要的能力,旅行社产品开发能力分析主要包括以下三个方面。

1. 产品开发能力分析

产品开发能力是指旅行社根据旅行社的发展需要开发和研制新产品的能力。旅行社的产品开发能力和水平由旅行社产品开发队伍的现状和变化趋势来决定。如果没有合适的队伍和人员,旅行社能否在短期内找到合适的人才?如果不能,旅行社就要考虑和高等院校或科研单位合作,或者从竞争对手那里引进人才,以解决技术开发和技术改造的问题。

2. 产品开发组合分析

旅行社的产品开发在科学技术水平方面有三个层次,即新产品的开发、老产品的改进、生产接待技术的改造。一个旅行社的产品开发水平处于哪个层次或哪个层次的组合,由旅行社的产品开发能力决定。旅行社的产品开发能力决定着旅行社开发的方向。一个好的产品开发战略,应该能够根据旅行社的战略要求和自身研发实力决定选择一个或几个层次的有效组合。

3. 产品开发成果分析

旅行社已有的产品开发成果是其能力的具体体现,如技术改造、新技术、新产品、专利给旅行社带来的经济效益等。

三、旅行社核心能力分析

旅行社核心能力是决定旅行社生存和发展的最根本因素,它是旅行社持久竞争优势的源泉。积累、保持、运用核心能力是旅行社生存和发展的根本战略,也是旅行社经营管理的永恒目标,计划、组织、协调、控制等各类管理职能都应该围绕旅行社核心能力而展开,生产、营销、财务等各个管理领域都应该以旅行社核心能力为中心。

(一)旅行社核心能力分析的运作

旅行社核心能力分析是从旅行社组织的本质和目标出发,从不同角度对核心能力进行层次分解,将核心能力落实到旅行社各个管理职能领域和经营管理业务活动中,进行旅行社核心能力分析。

1. 建立旅行社核心能力的识别体系与旅行社绩效的评价指标

这涉及相互关联的两个方面指标体系内容的建立:

(1)评价旅行社核心能力的指标体系。如何识别、评价旅行社的核心能力,需要有一套全面、科学的指标,没有这套指标,就不能判断旅行社核心能力的差异,基于核心能力制定的经营战略便无法操作。

(2) 衡量旅行社绩效的指标体系。这套指标用于测度运用核心能力理论制定和选择旅行社战略行为的结果。现在财务管理中逐渐重视关于可持续竞争优势的衡量、知识管理的衡量、无形资产的测量等,基本上都反映了这种研究和发展的趋势。

2. 发展战略分析框架

单纯从战略管理领域角度看,需要发展一个关于旅行社核心能力的类似于波特建立的"五种力量分析模式"那样的操作性强的战略分析框架,使得旅行社核心能力分析有一套科学的程序。

3. 探讨产业特性与旅行社核心能力的关系

分析旅行社所处的产业差异对旅行社核心能力所具有的重大影响,分析产业规模、产品特点、技术进步、市场结构、竞争程度、进入和退出壁垒等对旅行社核心能力的培养和形成的影响,寻求规律性,可以指导旅行社根据所处的产业特性辨识和培育核心竞争力,寻求经营战略的正确基点。

4. 从旅行社核心能力角度解释现代旅行社的战略行为

现代旅行社的战略选择,如跨国经营战略、战略联盟、兼并战略、多元化经营战略、差异化战略等,都可以从旅行社核心能力角度进行评定。对这些旅行社日常采用的战略行为进行分析,一方面可以归纳出这些战略的适用条件,从而指导旅行社进行科学的战略选择;另一方面也可以为旅行社已有的战略选择提供新的评价和判断标准。

(二) 培育旅行社核心能力

一般认为,旅行社培育核心能力的途径主要有两类,即传统途径和现代途径。传统途径就是产品经营,指旅行社为了实现内部资源的最优配置而采取的一系列管理行为,包括接待管理、供应管理、技术创新管理、市场营销管理、财务管理、人力资源管理等。现代途径就是资本运营,指旅行社为了有效整合外部资源而采取的更为复杂的管理行为,包括兼并、收购、分拆、上市、联营、破产等。因而核心能力的培育涉及旅行社经营管理的各种活动。

四、旅行社的价值系统分析

价值链的分析方法是根据旅行社活动的连续过程来分析旅行社的能力的,它是由美国哈佛商学院著名战略管理学家波特提出来的。波特认为,旅行社每项生产经营活动都是其创造价值的经济活动,旅行社所有的互不相同但又相互联系的生产经营活动,便构成了创造价值的一个动态过程,即价值链。

为了评价旅行社的能力,波特把旅行社的生产经营活动分成基本活动和支持性活动两大类。基本活动主要涉及如何将输入有效地转化为输出,它直接和顾客产生各种各样的联系。支持性活动主要体现为内部过程包括计划、财务、管理信息系统、法律服务、战略规划、产品的研究与开发、流程的改进、人力资源的开发与管理、旅行社企业文化的建设等。图2-3是旅行社基本活动的主要内容,是以旅游者为中心构建的旅行社外部价值链。

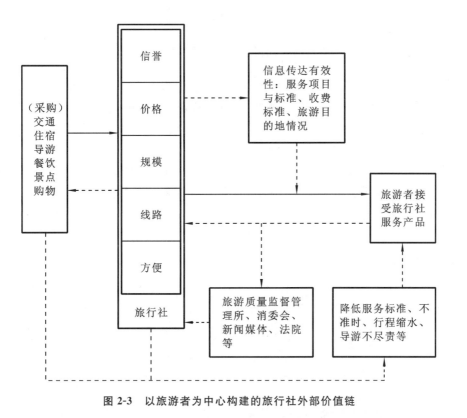

图 2-3　以旅游者为中心构建的旅行社外部价值链

（一）基本活动和支持性活动

1. 基本活动

基本活动是指生产经营的实质性活动。一般旅行社的基本活动可分为销售促销、接待服务与售后服务。在不同的市场环境与竞争条件下，每一项基本活动体现出来的竞争优势也有所不同，即任何旅行社的基本活动者都是创造产品和服务的价值系统的一部分。各类基本功能都会在不同程度上体现出旅行社的竞争力。

2. 支持性活动

支持性活动是指用以支持基本活动且内部之间又相互支持的活动，一般可细分为三种活动，即旅行社基础性活动、技术性活动、人力资源开发与管理。支持性活动既支持整个价值链的功能，又分别与每项具体活动的基本功能密切联系。旅行社的基本功能支持整个价值链的运行。旅行社要分析自己的内部条件，判断由此产生的竞争优势，首先要确定自己的价值功能，然后识别价值功能的类型，最后形成具有自身特色的价值链。

1）基础性活动

基础性活动是指旅行社的组织结构、控制系统以及文化等相关活动。旅行社的基础性活动与其他的支持性活动不同，一般用来支持整个价值链的运行。在一般旅行社里，公司总部和经营单位各有自己的基础结构。由于旅行社高层管理人员能在这些方面发挥重要影响，因此旅行社高层管理人员也往往被视为基础结构的一部分。基础性活动主要包括计划、财务、质量控制、法律服务等。

2）技术性活动

技术性活动又称技术研发和设计，是指可以改进旅行社产品和工序的一系列技术活动。这是一个广义的概念，既包括生产性技术，也包括非生产性技术。旅行社每项生产经营活动中都包含着技术，它关系到产品的功能强弱、质量高低，以及资源的利用效率。这些技术开发活动不仅仅与旅行社最终产品直接相关，而且支持着旅行社的全部活动，成为判断旅行社实力的一个重要标志。

3）人力资源开发与管理

人力资源开发与管理是指旅行社员工的招聘、选拔、雇用、培训、提拔、考核、激励和退休等各项管理活动。这些活动支持着旅行社的每项主体活动和支持活动，以及整个价值链。因为所有的活动都是由人来完成的，因此人力资源开发与管理在调动员工生产积极性上起着重要作用，影响着旅行社的竞争力。

（二）价值活动的类型

每个旅行社的每类基本活动和支持性活动，都由三种活动类型组成，即直接活动、间接活动和质量保证活动。它们在增加旅行社价值、提高旅行社竞争力的过程中起着不同的作用，是判断旅行社竞争实力的重要手段之一。

1．直接活动

直接活动是指直接创造价值的活动，如产品设计、销售、促销与接待等。

2．间接活动

间接活动是指作用在直接活动之上，使之继续进行的活动，如客户服务部、计调部等。间接活动通过直接活动发生作用，在总成本中占有很大的比重，它也在产品差别化上起着重要作用。

3．质量保证活动

质量保证活动是指确保其他活动质量的活动，如人力资源开发与管理、服务监督、售后服务等。质量保证活动在旅行社的每项活动中都发生作用，影响着其他活动的成本或效能。

（三）价值链构造

价值链分析是旅行社具有自己特色的价值链的基础和前提。旅行社要根据价值链的基本模型构造旅行社的价值链体系，以提高旅行社的竞争力。在构造价值链时，旅行社首先应根据价值链分析的内容以及生产经营活动的经济性，将每一项活动进一步分解。分解后的每一项子活动具有高度差别化的潜力或在成本中占有不同的比例。旅行社可以将说明旅行社竞争力的优势或劣势的子活动单独列出来，以供分析使用。那些不重要的子活动可以归纳在一起进行分析。活动的顺序应该按照工艺流程进行，但也可以根据需要进行安排，目的是使旅行社的管理人员能从价值链中得到直观的判断。

旅行社管理者必须认识到价值链不是一些独立活动的集合，而是相互依存的活动构成的一个系统。在这个系统中，各项活动之间存在着一定的联系。这些联系体现在某一价值活动进行的方式与成本之间的关系中，或者与另一活动的关系中。旅行社的竞争优势既可以来自旅行社单独活动本身，也可以来自各项活动之间的联系。

1. 价值链活动的基本原因

价值链活动的基本原因可以作为旅行社构造价值链的依据。价值链活动间的联系很多,最常见的是价值链中基本活动与支持性活动间的各种联系。这些联系形成的基本原因包括:

第一,同一功能可以用不同的方式去实现。游客对质量的良好感受,一方面可以通过与高质量的供应商合作来实现,另一方面也可以通过降低游客的期望值来实现。

第二,通过间接活动保证直接活动的成本或效益。例如,通过优化时间安排(间接活动),旅行社可以减少质检人员的出差时间(直接活动),提高直接活动的效益。

第三,以不同的方式去实现质量保证功能。例如,旅行社可以通过游客意见表,部分或全部代替旅行社质量检查。

2. 形成竞争优势的方式

认清了价值链活动联系形成的基本原因之后,旅行社应该认识并选择内在联系形成竞争优势的方式。一般来说,旅行社价值链活动间的内在联系形成竞争优势有两种方式,即最优化决策与协调决策。

(1) 最优化决策。旅行社为了实现其总体目标,往往在各价值活动间的联系上执行最优化的决策,以获得竞争优势。例如,旅行社为了获得低成本优势,既可以考虑降低人工成本,又可以降低机器成本以减少服务成本。

(2) 协调决策。在协调方面,旅行社通过协调各活动之间的联系,来增加产品的差别化或降低成本。例如,旅行社要按时发货,则需要协调旅行社内部的生产加工、成品储运和售后服务之间的联系。

与此同时,旅行社管理者应该认识到,价值链活动的联系不仅仅存在于旅行社内部,而且存在于旅行社与旅行社之间。其中最典型的是纵向的联系,即旅行社价值链与供应商和销售渠道价值链之间的联系,这往往影响旅行社活动的成本与效益,反之亦然。

旅行社价值链与供应商价值链之间的各种联系为增强旅行社竞争优势提供了机会。通过影响供应商价值链的结构,或者通过改善旅行社与供应商价值链之间的关系,旅行社和供应商常常会双方受益。例如,供应商的讨价还价能力,决定了旅行社采购原材料的价格,影响旅行社利润,对旅行社的价值提升起着重要的作用。

销售渠道管理在构建旅行社价值链方面也起着重要的作用,它能增加销售量、降低旅行社的成本、产生旅行社的现金流。同时,销售活动进行的各种促销活动还可以提高旅行社的品牌形象、知名度和差别化。

五、旅行社的核心驱动力分析

旅行社的核心驱动力的概念是任何一个成功的旅行社总经理必须理解的最基本的概念。它使得公司能够形成鲜明的特色和连续的战略,从而占据竞争优势。公司业务的某个部分是公司战略的驱动力,该驱动力反过来影响管理人员在考虑公司产品的结构、客户、行业细分和市场的地理位置时所作的决定。一般来说,旅行社的核心驱动力分为以下几种:产品导向的驱动力、客户导向的驱动力、市场导向的驱动力、技术导向的驱动力、生产能力导向的驱动力、销售或营销方式导向的驱动力、自然资源导向的驱动力、规模或增长导向的驱动力、回报或利润导向的驱动力等。

根据公司自身的优劣势,各个公司强调将公司业务的不同部分作为自己的战略发动机。国际著名旅行社顾问米歇尔·罗伯特就认为,旅行社可根据自己的产品类型、所在的市场特点、旅行社资源状况等,选择某一种驱动力作为导向,指导旅行社资源的投放,并经过长期培植,打造出超越对手的竞争力。各种导向都有成功的范例,下面我们将详细分析各种旅行社驱动力形成的战略。

（一）产品导向的驱动力

产品导向战略是指,一个追求产品导向战略的公司有目的地把它的战略限制在某个单一产品系列上,不断克隆第一代产品。所有将来的产品都是目前产品的改良和延伸。旅行社主要注重产品的便利功能与辅助功能的增加,目的是使产品越来越好,比竞争对手做得更好,走在竞争对手的前面。

（二）客户导向的驱动力

所谓客户导向战略,就是一个追求客户导向战略的旅行社有目的地把自己的战略限定在预期的客户群上。

由于世界范围内旅行社数量的增加,旅游大众在基本需求方面的要求越来越高,旅行社要保持自身优势,必须最大限度地满足客户需要。同时旅行社的使命就是为客户创造价值,拥有客户就意味着旅行社拥有了在市场中继续生存的理由,而想办法留住客户是旅行社获得可持续发展的动力源泉。

客户的需求和期望会长期影响旅行社总体战略的制定、实施、评价等战略管理的整个过程。客户发展战略是旅行社为合理制定面向客户的长期决策,实现和坚持以客户为中心的经营模式、旅行社企业文化和以客户为导向的营销策略必须参照的指导思想。

客户导向战略是对旅行社战略最具影响力的战略思想,它能让旅行社比竞争对手更了解用户,把客户置于价值链的顶端,以个性化客户为中心,围绕客户的需求生产产品或服务,满足客户的最终需求。

客户导向战略的方向是建立服务型模式的旅行社,以便获取客户的信任,积累客户的忠诚度。这一战略强调的是客户利益,而旅行社的利益和战略优势存在于客户之中。

（三）市场导向的驱动力

所谓市场导向战略,就是旅行社把自己的战略有目的地限定在希望的市场份额或销售方式上。公司制定的以市场为导向的战略计划是在组织目标、能力、资源和它所面临的各种变化的市场机会之间建立与保持一种可行的适应性管理过程,其目标就是塑造和持续调整公司业务和产品,以期获得目标利润和发展。公司要认清该市场的需求,然后提供许多不同的产品满足市场需求。

（四）技术导向的驱动力

技术导向战略扎根于一些基础的、艰深的技术,例如化学、物理或其他软件技能或专业知识,并寻求技术与专才的应用。公司以核心技术为杠杆带动其他产品。公司要注重基础或应用技术的研究,通过提高专业知识来推出新产品。一旦找到了技术的用途,公司就开发适用这个技术的产品,并给客户提供类似的产品。这方面业务增长后,公司还可以用同一方法寻求另一用途。美国运通的VISA卡业务在中国的开展就是一个例子。对于中国旅行社而言,要认清自己的能力所在。研究开发能力较强、能够持续不断地进行技术创新的旅行社应当以技术为战略导向,抓住技术突破的战略机会,倡导主流技术标准。当然,这样的旅行社并不多,盲目采用技术导向必然导致失败。

（五）生产能力导向的驱动力

以生产能力为导向的旅行社在其产品开发与设备方面投入了大量的资金,关心的重点是大量的销售与接待,这类旅行社关心的重点是如何保证尽量多的销售与接待,以降低成本。当旅行社寻求机会时,它们只寻求那些能充分扩大现有产品销售量的机会。

（六）销售或营销方式导向的驱动力

以销售或营销方式为导向的旅行社拥有一个鲜明的销售方式,即所追求的所有机会必须充分利用这个销售方式开展业务。这类旅行社关键是要找到适合旅行社及其业务的销售人员,同时注重销售网络的可靠性、覆盖区域和效率。

（七）自然资源导向的驱动力

随着旅行社供应商利润的增大,一些旅行社尝试购买垄断性景区的经营权,以此保证旅行社经营的成功。

（八）规模或增长导向的驱动力

以规模或增长为导向的旅行社通常是各种不同业务的组合体,它们唯一的目标是追求规模和增长,所以往往采用低成本战略。

（九）回报或利润导向的驱动力

重视回报和利润的旅行社关注各种不同业务组合体的回报和利润。这些业务都保持独立,当其中任何一项业务连续一段时间未达到利润目标时,它就会在旅行社的经营部门中消失。

本章小结

本章对旅行社经营的外部环境与内部环境进行了分析。旅行社的外部环境包括波特概括的影响一个产业竞争状态的五种基本竞争力量——潜在行业进入者的威胁、被替代的威胁、买方的议价能力、供方的议价能力、现有竞争对手的竞争,也就是说旅行社产业的竞争大大超过了现有竞争对手的范围。本章对五种基本竞争力量对旅行社经营的影响分别进行了讨论。旅行社经营的内部环境包括旅行社可以支配的资源及具备的能力,本章对旅行社的能力、核心能力、价值链进行了分析,对旅行社的核心驱动力进行了分析与介绍。

关键概念

旅行社产业的五种基本竞争力量　旅行社核心能力　旅行社价值链

复习思考题

☐ 讨论题

1. 旅行社产品的替代者主要包括哪些？
2. 哪些因素能提高旅行社供应商的议价能力？
3. 哪些因素能降低旅行社产品消费者的议价能力？
4. 旅行社的核心能力具有什么特点？如何开发与保持旅行社的核心能力？
5. 旅行社核心驱动力主要有哪几种类型？

案例分析

《中国入境旅游发展报告2020》

【问题】

中国出境旅游有哪些趋势？

分析提示：

1. 中国出境旅游者的行为特征。
2. 中国出境旅游者的空间特征。
3. 中国出境旅游目的地选择的特征。

第三章

旅行社的设立

学习目标

通过本章的学习,使学生掌握影响旅行社设立的各种外部因素、内部因素,掌握旅行社选址的一般原则,熟悉旅行社设立的法律要求、旅行社组织设计的一般原则,了解旅行社的行业组织。

案例引导

《2021年中国在线旅游行业研究报告》

思考题:

OTA时代,旅行社还需要开设实体店吗?

第一节　影响旅行社设立的因素

一、影响旅行社设立的外部因素

影响旅行社设立的外部因素,主要指旅行社自身无法控制而又必然受其制约的那些因素,主要是前一章所分析的环境因素。影响旅行社设立的外部因素主要有以下两种。

(一)旅游业发展状况

旅行社设立筹备时期的世界旅游业的发展水平和发展趋势,特别是旅行社所在国旅游业的发展水平与发展趋势,为旅行社经营管理提供了一个大的背景,也对该地区旅行社的设立产生了至关重要的影响。如果旅游业发展水平高,社会稳定,经济繁荣、稳定发展且有不断增长的趋势,那么旅行社无论是在客源还是供给方面,都会获得良好的保障。在稳定繁荣的经济条件下,旅游业会稳步发展,这样为旅游者提供服务的各部门、各行业也会得到发展,这就为旅行社建立旅游服务协作网络提供了保证。相反,如果旅行社筹备地所在国旅游业发展水平低,或者有不断衰退的趋势,那么设立旅行社的外部环境便极为不利,即使勉强设立,也会因客源、协作网络等因素限制而无利可图,从而丧失在其他行业投资的机会,增大经营旅行社的机会成本。

(二)国家有关政策和法律规定

任何一个企业都不能孤立于特定的社会环境之外,它会受到国家和地方有关法律规定的限制,任何超越国家和地方政策及法律规定的行为都将受到制裁,旅行社也不例外。因此,任何人或任何单位在设立旅行社之前,都要仔细研究与旅行社的设立密切相关的政策和法律规定,在法律许可的范围内行事。由于国情各不相同,不同国家对旅行社的设立都有不同的规定,综合起来,主要包括申办者的从业经验、法定的注册资本、营业保证金和旅行社业务经营许可制度等管理制度。

二、影响旅行社设立的内部因素

内部因素是旅行社自身可以施加较大影响或加以控制的因素,相较于外部因素,内部因素是旅行社可以在较短时期内通过经营要素的调整影响的那些因素。

(一)资金的筹措

在旅行社环境条件良好的前提下,资金是旅行社成立的首要因素与条件。我国《旅行社条例》对各类旅行社的注册资本提出了具体的要求,这是国家对各类旅行社注册资本的最低限额。在许多情况下,这一数额未必能满足旅行社业务发展的需要,这就要求各旅行社根据自己的实际情况确定自己的资金需要,并通过多种渠道筹措资金。资金类型主要有自有资金、合股资金和银行贷款三种。

(二)营业场所

营业场所作为可控因素,主要是指旅行社的创办者应拥有符合法律规定的营业场所,或者能以预期成本范围内的租金租到理想的营业场所。总之旅行社的营业场所必须符合旅行社业务经营的要求。

旅行社经营场所的大小要根据业务的性质及业务的规模来决定。而旅行社经营场所的选址,首要原则是租金适当,这是由旅行社的企业性质决定的。租金适当指的是旅行社在该处设立的预期销售额和成本费用之差大于零。当然,旅行社的场所选择,必须和旅行社的总体战略目标相一致,必须综合考虑旅行社的战略目标、行业平均利润、目标市场的潜力、竞争对手、聚集与分散等因素的影响。

(三) 协作网络

在旅游业发展水平较高的情况下,旅行社要能够联络各有关部门、行业,形成为旅游者提供相关服务的网络,既包括旅游供应商,如酒店、景区、交通公司、娱乐企业等,也包括面向目标市场的销售网络。旅行社能否保证旅游产品的质量,主要取决于旅行社自身的努力。所以,我们也将协作网络归为内部条件的构成因素。至于协作网络应当有怎样的组织形式和规模,则取决于旅行社的性质、战略目标、业务范围和组织能力。

(四) 客源渠道

客源是旅行社的生命线,在外部条件具备之后,旅行社能否通过建立行之有效的销售网络,保证旅行社客源的稳定性,凭旅行社的主观努力是可以决定的。客源组织情况将最终决定旅行社的经营状况。

除上述条件外,旅行社管理人员及其他员工的录用等也是旅行社在某种程度上可以控制的因素,并会对旅行社的正常发展产生重大的影响。

知识拓展

阅读《旅行社条例》(http://zwgk.mct.gov.cn/zfxxgkml/zcfg/xzfg/202012/t20201204_905508.html)、《旅行社条例实施细则》(http://zwgk.mct.gov.cn/zfxxgkml/202012/t20201204_925443.html),了解我国旅行社设立时需满足的要求。

第二节 旅行社的产权管理

一、旅行社的产权及其构成要素

目前在世界范围内普遍存在的产权制度主要有三种,即共有产权制度、私有产权制度和集体产权制度。这三种产权制度的差异是显而易见的,但其基本的要素却是相同的,均包括所有权、使用权、收益权和转让权。由此处和前面的论述我们可知,旅行社的产权指旅行社资产的拥有者对旅行社资产所拥有的排他的使用权、独享的收益权和自由的转让权。旅行社产权的基本构成要素包括旅行社资产的所有权、使用权、收益权和转让权。

二、我国旅行社的产权形式与产权管理

目前,可供我国旅行社选择的产权形式是多种多样的,但旅行社无论采取何种产权形式,都应力求做到产权明晰。这既是我国旅行社产权制度改革的目标,也是旅行社产权管理的重要内容。因为产权是否明晰,直接关系到旅行社经营的绩效。那么,旅行社的产权怎样才算明晰呢?"对于任何一种稀缺资源,如果该资源的收益权和控制权在法律形式上或在实际习惯中归属不同的个人,有收益权而无控制权的人,在追求其收益时就不会考虑资源消耗的代价;有控制权而无收益权的人,就不会认真去改进控制方法而提高收益。"

我国的旅行社行业经过多年的不断改革,现已形成了国有独资公司、股份有限公司、有限责任公司、股份合作公司和中外合资公司五种产权形式并存的格局。这五种旅行社产权形式的共同特征是,全部实行有限责任制度,但五种产权形式的差别也是很明显的。

(一)国有独资公司

《中华人民共和国公司法》规定,国有独资公司是指国家单独出资、由国务院或地方人民政府授权本级人民政府国有资产监督管理机构履行出资人职责的有限责任公司。因此一般都是所有权和经营权相分离的企业。我国现有的国际旅行社很多都采取了这种产权形式。国有独资旅行社在产权形态方面具有如下特征。

(1) 公司的全部资产均为国家所有。其资产的委托代理关系为:全民→全国人大→国家各部门→旅行社领导集体→旅行社总经理。

(2) 公司不设股东;公司设董事会,总经理由主管部门任命。

(3) 公司所有权与经营权分离后,经营权包括使用权、收益权和转让权。

(4) 公司的产权在个人之间是完全不可分的,或者说是完全重合的。每个人都拥有公司的产权,但又不可能真正实现个人所有。这种状况造成许多消极的后果,一方面,公司产权活动的全部成本不是由某个人来承担,因而每个人在公司的经营中都有可能产生机会主义的倾向;另一方面,公司产权的全体所有者均能分享大家的劳动成果,所以在公司资产不断增值的情况下,很容易出现"搭便车"的问题。

在传统的计划经济体制下,国有独资公司得以较好地生存和发展。但在社会主义市场经济条件下,国有独资公司遇到来自市场的巨大挑战。由于国有独资公司在资金、人才、规模和管理经验等方面具有优势,其发展潜力是巨大的,问题的关键在于如何适应新的市场形势。

(二)股份有限公司

股份有限公司是《中华人民共和国公司法》确定的基本的公司形式。它将全部资本划分为等额股份,并通过股票的形式上市自由交易。采取这种产权形态的公司,可以通过发起设立和募集设立的方式组建公司。所谓发起设立,是指由发起人认购公司应发行的全部股份

而设立公司。而募集设立是指由发起人认购公司应发行股票的一部分,然后通过向社会公开发行股票募集其余部分资金的方式设立公司。

股份有限公司的股东可以是自然人,也可以是法人,数量不限。代表等额股份财产的股票是一种有价债券,具有可自由认购、自由转让的特征。股东一旦认购了股票,就不能向公司退股,但可以通过股票市场出售股票。股东入股对公司负有有限责任,但上市公司必须依法向公众公开财务状况。

股份有限公司创办和歇业的程序比较复杂,公司股权和法人财产权的分离程度较高,股东和法人代表之间的协调比较困难,公司的业务和财务状况难以保密。但是,股份有限公司可以大规模地向社会筹集资金,并能为社会公众提供投资的机会,而且由于公司的经营状况在社会公众的监督之下,公司法人代表要承受来自政治、经济、道德和行为方面的压力和约束。

股份有限公司根据其上市情况,可以划分为国内上市公司、国外上市公司、国内外上市公司、未上市公司四种。未上市公司的股票原则上可以在公司内部有规则地进行交易。股份有限公司的产权形态具有以下特征。

(1) 公司价值形态的资产为股东所有(国家可以看作一个大股东),实物形态的资产为产权运行主体所有。

(2) 资产的委托代理关系为股东→董事会→总经理。总经理由董事会聘任,员工为旅行社聘用的工作人员。

(3) 股权和法人财产权分离后,法人的责、权、利等全部到位,经营管理上实现了独立自主。

(4) 一般实行董事会领导下的总经理负责制,总经理通过董事会对全体股东负资本经营的有限责任,并对聘用的所有员工的劳动、管理和各类报酬负责。

(5) 股份有限公司产权的最重要的特点是股权在个人(自然人和法人)之间是可分的、不重合的;而公司的法人财产权是不可分的运作整体。这种状况的社会成本较小,行为主体的自我干预较为有效。

(三) 有限责任公司

有限责任公司是指不通过发行股票而是由为数不多的股东集资组建的公司。有限责任公司的资本无须划分为等额的股份,也不发行股票。股东确定出资金额并交付资金后即由公司出具股权证明,作为股东在公司享有权益的凭证。股东的股权证明不能自由买卖,如有股东欲出让股权,一般应得到其他股东的同意并受到一定的限制。股权转让时,公司的股东具有优先购买权。如果股东转让给非公司内的其他人员,则需要征得全体股东的同意。股东依照出资的多寡对公司承担有限责任。股东入股的资产可以是货币,也可以是实物、知识产权和其他无形资产等。

在有限责任公司中,董事会成员和高层经理人员往往具有股东身份。大股东一般亲自经营和管理公司,降低公司股权和法人财产权的分离程度。此外,有限责任公司的财务状况不必向社会公开;公司成立、歇业和解散的程序比较简单,管理机构也不复杂。一般来说,有限责任公司由于不能向社会公开募集资金,其产权规模较股份有限公司要小得多。

(四) 股份合作公司

采取股份合作制产权形态的旅行社,大都是由原来的集体所有制旅行社转化而来的。其产权规模一般较小,从业人员也比较少。股份合作旅行社的产权形态具有以下特征。

(1) 旅行社全部资产归股权持有者所有,股权持有者一般既是股东又是员工,其收益包括工资和分红两个部分。

(2) 资产委托代理关系为股份持有者→总经理。

(3) 公司有股权但无股票,一般也不开股权证明,财产关系由合同规定。总经理由股权持有者选聘或自任,员工由公司聘任。

(4) 资产表现为价值形态和实物形态,产权构成要素较为统一。

(五) 中外合资公司

中外合资旅行社的产权形态及特点与股份有限公司和有限责任公司相同。股份有限公司和有限责任公司只要吸收外资入股即成为中外合资公司。

第三节　旅行社的组织设计与组织管理

一、影响旅行社组织设计的因素

任何一个组织的管理都有一个共同点,即一旦该组织成立而且其目标得以确立,就要通过设计任务结构和权力关系来协调各方面人员的行动,以确保组织目标的实现,这就是组织设计。组织设计属于管理中的组织职能,一般来说,组织职能就是把总任务分解成具体任务,然后再把它们组合起来分配给各单位或部门,同时把权力分授予每个部门的管理人员。旅行社的组织设计也是基于这一思想进行的。影响旅行社组织设计的因素是多方面的,但主要包括以下几个方面。

(一) 旅行社业务的特点与生产的专业化程度

科学管理的思想认为,生产的专业化就是一个人或组织减少其生产活动中不同职能的操作的种类,或者说,将生产活动集中于较少的不同职能的操作上以提高效率;而分工作为专业化生产的基础,则是指 2 个或 2 个以上的个人或组织,将原来一个人或组织的生产活动中包含的不同职能的操作分开进行。

专业化和分工越是发展,一个人或组织的生产活动越集中于更少的、不同职能的操作上。生产专业化可以使复杂的工作变得简单,使每一个具体操作环节易于掌握,有助于操作精度与速度的提高,便于对从事每一具体环节的人进行工作考核与指导。科学管理思想所体现的生产专业化也存在不足之处,一是生产专业化后,工作变成了简单机械的重复,容易使人产生厌烦情绪,此外,从事具体环节工作的人,难以看到自己工作的完整意义,无法体验成就感。

在市场调查的基础上,旅行社通常以低于市场的价格,向住宿、交通和参观游览点等旅游服务供应商,批量购买目标市场旅游者在旅行过程中所需的服务要素,并经过自己的组合加工,形成自己的最终产品,销售给旅游者。旅行社并不是其产品各主要"零部件"的生产者,而是采购者,是实现重新组合的"组装者"。这样,旅行社生产的产品就与旅游产品供应商所提供的产品具有不同的特色,即具有不可感知性、不可储存性、异质性、不可分离性、综合性、易受影响等特点。

在旅行社规模很小或者产品较单一的情况下,由一个人扮演采购者、组装者和销售者三种角色是可能的。更直接地说,在旅行社工作中,一个人或一个部门负责对外销售、采购和接待等旅行社产品的整个生产和销售过程是可能的。这就要求旅行社在进行生产专业化分工时,必须充分考虑旅行社业务的特点,综合考虑旅行社资源条件、战略目标、市场环境及竞争对手情况,恰当地选择旅行社生产专业化程度,既要避免人为地将旅行社的专业化分工过度细化,造成旅行社部门间不必要的协调障碍,增加经营成本,也要避免一个人一个旅行社或一个人一个部门的现象,产生规模不经济现象,不利于旅行社的发展。

此外,旅行社工作的繁杂性和联系的广泛性,使得旅行社始终处于与其他部门错综复杂的关系之中。为保证合作关系的稳定与巩固,旅行社采取专人协调的做法显然具有很大的优势。

(二)部门化的基础

部门化是对细分工作按照某种需要进行组织。在古典管理理论中,部门化具有以产业为中心的三种形式,即产品导向的部门化、顾客导向的部门化和地理位置导向的部门化。同时,部门化还具有以内部作业为基础的两种主要形式,即职能导向的部门化和生产过程导向的部门化。

1. 以产业为中心的部门化

1)产品导向的部门化

产品导向的部门化是将企业生产的产品划分为几大类别而独立分部的做法,其特点是便于在工艺、组织和销售等方面发挥专业化优势。

2)顾客导向的部门化

顾客导向的部门化是以其服务的顾客为基础进行部门划分,这样做便于企业对生产、需求和相应的配套服务实行有针对性的管理。

3)地理位置导向的部门化

地理位置导向的部门化是按其业务涉及的地点进行部门划分,这使得每一部门能对每一地区全面负责,便于活动的组织和区域市场的巩固与发展,有利于部门业务的总体策划,同时,也有利于部门发掘潜力,增强责任观念,并便于上级部门对该部门实施业务考核与管理,减少内部恶性竞争,降低管理、协调的难度。

2. 以内部作业为基础的部门化

1)职能导向的部门化

职能导向的部门化是以每个单位所进行的作业为设计基础,将某一大项工作中有关联的几大环节分解的结果。

2)生产过程导向的部门化

生产过程导向的部门化是根据技术作业将工作进行分组。

在工业企业中,这两种部门化的运作方法是有明显区别的,这主要是因为在工业企业中,技术与作业有较明显的区别。

我国旅行社传统的部门化方法既含有职能导向的成分,也包括了生产过程导向的成分,但基本都属于以内部作业为基础的部门化。

（三）管理跨度

管理跨度和与之相关的权力分配,也是影响旅行社组织设计的因素之一。管理跨度通常是指一个管理人员所拥有的直接下属的数量。跨度小意味着直接下属人数少,也意味着管理工作负荷量较小;跨度大,则相反。旅行社在组织设计中,需要明确的关键是如何确定恰当的管理跨度。这里所说的"恰当",是指既能使管理工作易于进行,又利于专业化分工优势的发挥。要确定这样一个合适的标准,就要考虑不同组织的具体情况。

(1) 管理人员的能力。若管理人员的管理能力较强,其控制跨度便可以适当扩大;相反,则应适当缩小。

(2) 任务性质。一般而言,任务本身需要的协调与统筹工作量的大小,与控制跨度成反比关系。任务越复杂,管理跨度越小;任务越简单,管理跨度越大。

(3) 人员素质。其主要的影响因素是员工的素质高低。员工的素质包括两个方面:一方面是文化素质;另一方面是专业素质,特别是对本旅行社企业文化熟悉及认可的程度。一般而言,员工的文化素质高,旅行社企业文化就属强势文化,管理跨度就大;反之,则相反。企业依照一定的管理跨度和特定的部门化基础做出部门划分之后,权力分配或授权便成为不可避免的问题。

旅行社授权时应遵循的主要原则包括:第一,授权适度原则,即所授予的权力是下属完成任务必需的,避免授权过度和授权不充分;第二,授权时要考虑授权对象行使不同程度或类型权力的能力,避免盲目授权;第三,授权问题的关键是"权、责、利"三位一体,避免出现"有权无责""有责无利"和"有责无权"等不合理现象。

（四）社会适应性

社会适应性,是指旅行社的组织设计应与当地的政治、经济及社会制度保持同步,同时,为便于业务联系,旅行社的组织设计应与其他相关旅行社具有一定的相似性。

二、我国旅行社的组织设置

（一）我国旅行社组织设置的演变

如前所述,我国旅行社传统的组织设置,大都是以内部作业为基础的部门化。其业务经营部门主要包括外联部、计调部、接待部和综合业务部等,并在此基础上根据职能和自身的规模等因素,设置办公室、财务部和人事部等管理部门。其具体的组织设置情况如图3-1所示。

上述旅行社的组织设置方式,形成实业界所谓"外联买菜、计调做菜、接待吃菜、总经理洗碗筷"的格局。其弊端主要表现在以下两个方面:①在机构设置方面,人为地将相对简单的工作复杂化,增加了管理中协调的难度;②最终的结果是各部门利益不均,反过来利益小的部门又以自己所控制的职能控制利益大的部门,组织内冲突增加。

上述现象的存在引起了国内学者和从业者共同的注意。国内的一些旅行社开始采取措

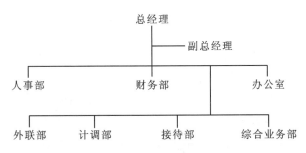

图 3-1　我国旅行社传统的组织设置

施解决上述问题。如外联部的人员自己承担外联、计调和接待。其他部门人员也作出了类似选择。这种情况的出现绝非偶然,它是旅行社业务中的自然规律作用的结果,并促使我国旅行社的组织设置方式发生一系列的变化。

国家文化和旅游部旅行社内部管理制度调研组调查的结果显示,我国旅行社业务经营部门的组织设置方式正在悄然变化,目前主要包括以下两种模式。

1. 按照业务运营环节设置

传统的外联、计调和接待的组织设置方式,多见于外联人数在 5 万人次以上的大旅行社,如国旅总社和上海国旅等。即使在这些旅行社中,传统的组织设置的内涵和分工也有了很大的变化。

1) 外联部门的变化

旅行社的业务重心和利润指标的重点逐步由接待部门转移到外联部门。与此同时,外联部门本身也按照市场情况划分为数个专业外联部门,如日本部、欧美部和东南亚部等,并以此与接待部门相呼应。

2) 接待部门的变化

接待部门依然是旅行社的利润中心,与外联部对应设部,专事接待。有的旅行社接待部门因自身业务较少而加强地联业务,具有接待和地联两种职能;有的旅行社接待部门按照团体和散客设部。

3) 计调部的变化

计调部的主要业务很多都已经转移到外联部门,因此多数旅行社不再设专门的计调部。现有的计调部门主要负责统一调控、统一谈价,以争取批量优惠,并以此约束外联和导游的行为。另外,许多大中型旅行社还设立了票务部门,用来保证团队票务,开展对外营业,扩大服务范围。

2. "一条龙"的组织设置

许多中小型旅行社都采取"一条龙"的组织设置方式,即各部门独立负责从产品设计、外联组团、对外采购和旅游接待的全过程,部门内部人员也是全能式的。"一条龙"的组织设置又包括以下两种子模式。

1) 按市场设置

一些历史相对悠久的旅行社拥有不同语种的业务人员,同时拥有一些相当固定的客户,因此,它们采取按照市场设部的做法。这种方法使得本旅行社内部各部门间业务相对独立,互不交叉,从而有效避免了旅行社内部各部门间的直接竞争。

2)混合设置

一些历史相对较短的旅行社,尤其是正处于起步阶段的旅行社,由于没有明确的目标市场,因而采取混合设部的模式。各部门内部采取"一条龙"的运作方式,部门之间没有业务界限,甚至存在直接的竞争关系。这种方式显然不利于旅行社内部资源的优化配置。

(二)我国旅行社组织的再造

通过上述分析可以看到,旅行社组织设置存在的问题还很多,当然,十全十美的组织结构是不存在的。但是旅行社的组织设置必须不断改进,很多旅行社已认识到这一点,且我国旅行社的组织设置也一直在改革、探索。旅行社理想的流程应该具备以下几个特点。

(1)再造后的流程应缩短不同部门信息传递与决策的时间,几乎所有的工作都可以在互动的前提下同步进行,各项工作之间可以随时交流,提高流程运行效率,缩短运行周期。

(2)以"一体化"信息处理系统代替"一对一"的信息处理系统,各部门可随时共享信息,以减少出错率,同时也可避免准备合同副本的重复性劳动和冗长的公文旅行。

(3)扁平化的组织机构,一人为某个旅游团提供从报价、设计路线、预订到售后服务的"一条龙"式的服务。

(4)对旅游服务中出现的意外变化与事故,根据环境变化、问题的复杂与难易程度备用不同的处理方案,简化个别流程,缩减处理问题的周期。

(5)同时享有集权与分权的好处,压缩平行工作程序,精减人员,降低成本,组织扁平化,减少审核与监督工作,增加组织的凝聚力。管理人员可通过信息技术与信息系统随时掌握业务流程运行情况,对业务运行进行监控。

同步案例

广东省中国旅行社集团流程再造

三、我国旅行社的组织管理

组织的部门化,是将为实现组织目标而要求完成的各项工作任务进行划分,并分配给组织各成员承担的过程。因为组织的各项工作任务不是一个人能够完成的,所以必然要求分配给组织各成员承担。但是,各成员分别承担的任务最后组合起来必须能够实现组织的目标。将组织因分化而形成的各项任务组合成一个整体的过程称为整合。旅行社组织管理的主要任务,就是借助职权关系和纵向、横向的沟通,把各部门联系在一起,即整合各部门的工作,确保组织目标的实现。

目前,我国旅行社行业较为流行的组织管理模式主要包括岗位责任制、目标责任制、承包责任制三种。

(一)岗位责任制

岗位责任制是针对我国旅行社传统的经验管理与低效率"大锅饭"提出的一种组织管理模式。该模式的基本内容可以概括为,旅行社将上级主管部门下达的任务,分解落实到每个业务经营部门与岗位,部门与员工的工作在一定程度上与工资和奖金直接联系(见图3-2)。

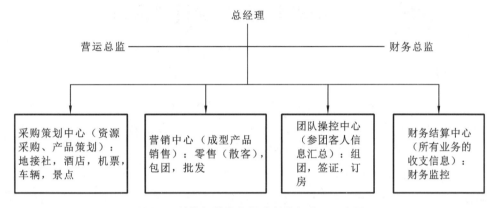

图 3-2 某旅行社流程再造新流程分工示意图

岗位责任制的最大优点是可以根据科学的方法确定各个部门和每个员工的工作数量与质量。岗位责任制实施的效果也主要取决于任务量化的科学程度。尽管岗位责任制的实施在不同程度上增强了旅行社内部各个岗位的责任感,但我国旅行社推行岗位责任制的总体效果并不理想。这主要是因为旅游需求的脆弱性和旅游产品的不可储存性使得业务量和工作负荷难以确定,与此同时,旅游服务的个性化又使得质量标准难以确定。

此外,岗位责任制自身也存在明显的弊端:①管理只是管理者的管理,人为地增加了少数管理者与多数被管理者之间的隔阂,使管理者陷入孤立和矛盾的漩涡;②岗位责任制的中心是岗位责任,分配制度的相对脱节使其难以真正调动员工的积极性。

(二)目标责任制

目标责任制与岗位责任制相比具有明显的进步,这主要表现在,部门成为利润中心而不再是单纯的责任中心,利润指标被分解落实到各个部门,而且与分配之间的联系更为密切。企业部分经营管理权相应下放到部门,部门内部的失衡因此减少。

但是,目标责任制也造成许多新的问题:①部门之间关系紧张,特别是职能部门员工的积极性遭到打击;②部门条件之间的差异掩盖了部门分配的不平等;③对部门的放权与控制成为企业突出的矛盾。

(三)承包责任制

承包责任制是在目标责任制的基础上发展起来的旅行社组织管理模式。在承包责任制的条件下,旅行社将业务经营特许权全部或部分租赁给一个或多个人员。承包者拥有极大的经营管理权,包括独立的财务管理权;同一旅行社中的不同承包者之间存在相互竞争关系;承包期限一般较短。承包责任制的上述特点使承包责任制产生了许多问题,具体表现为承包者短期行为严重,大都存在严重的财务问题,且助长了行业的不正之风。承包责任制因此遭到许多业内人士的批判。

从以上的分析中我们可以看出,旅行社的组织管理是一个极为复杂的问题,虽然正在积极探索中,但目前尚无令人满意的结论,而且这也是我国旅行社行业提高整体素质和竞争力的主要障碍之一,尚需我们在进一步的研究和实践中去探索和解决。

第四节　旅行社行业组织

一、旅行社行业组织的性质和功能

对于任何一个行业来说,行业组织都是一种不可忽视的力量。它会对特定行业内企业的发展产生极为重要的影响。因此,旅行社经营管理人员应具备有关行业组织的基本知识,并在旅行社获准营业后,就是否申请加入某个行业组织做出决策。

（一）旅行社行业组织的性质

旅行社的行业组织又称行业协会,是指旅行社为实现本行业的共同利益和目标,在自愿基础上组成的民间组织。它具有以下几个方面的特征:①旅行社行业协会是民间组织,而非官方机构或行政组织;②旅行社行业协会是旅行社为实现单个企业无力达到的目标而组成的共同利益集团;③旅行社是否加入行业协会完全出于自愿,而且可以随时自愿退出。

（二）旅行社行业组织的功能

旅行社行业协会具有服务和管理两种功能。

1. 服务功能

旅行社行业协会的服务功能表现在,行业协会可以作为协会成员的代表人,与政府机构或其他行业组织商谈有关事宜;加强协会成员间的信息沟通,定期发布统计分析资料;调查研究协会成员感兴趣的问题,向协会成员提交研究报告;定期出版刊物,向协会成员提供有效信息;开展联合推销和联合培训等活动。

2. 管理功能

旅行社行业协会的管理功能,是指拟定协会成员共同遵循的经营标准、制定行规会约、进行仲裁与调解。但需要指出的是,行业协会的管理功能不同于政府旅游管理机构的功能,它不带有任何行政指令性与法规性,其有效性取决于协会本身的权威性和凝聚力;其次,旅行社行业协会管理的范围,取决于自愿加入该协会的旅行社数量,只要有一家旅行社不愿入会,行业协会便不可能实现全行业管理,而政府旅游管理机构始终具有全行业管理的功能。

二、旅行社行业组织的组织形式

旅行社行业协会一般采取直线职能式的组织结构形式,具体结构设置如图3-3所示。

图 3-3　旅行社行业协会组织结构图

作为民间团体,旅行社行业协会的经费主要来自成员的会费,政府拨款或各种捐助不是协会经常性的经费来源。旅行社行业协会的章程应符合国家有关的法律和政策,其解释权在协会理事会。

旅行社的国际性行业组织有世界旅行社协会、世界旅行社协会联合会。

(一) 世界旅行社协会(WATA)

世界旅行社协会(World Association of Travel Agencies)经瑞士法律批准,于 1949 年正式成立,总部设在日内瓦。

世界旅行社协会是一个由私人旅行社组织而成的世界性非营利组织,其宗旨是将各国可靠的旅行社建成一个世界性的协作网络。

全体会员大会是其最高权力机构,下设执行委员会、管理委员会和总裁委员会。执行委员会负责实施大会的决议,管理委员会主持处理日常工作,总裁委员会由各地选举出来的总裁组成,负责各地会员与日内瓦总部之间的联系,每年召开一次地区性会议,讨论地区问题、协调地区活动。世界旅行社协会在一个或两个同一语种国家内任命一名副总裁,负责协调各会员国的活动,包括组团、合作促销、各国文件的提供等。设在日内瓦的常设秘书处向会员提供各种帮助和一些服务性项目,如提供旅游信息、文件和统计资料等。

(二) 世界旅行社协会联合会(UFTAA)

世界旅行社协会联合会(United Federation of Travel Agents' Associations)于 1966 年 11 月 22 日在意大利的罗马成立。它由国际旅行社联合会(FIAV)和旅行社协会联合组织(UOTAA)合并而成。世界旅行社协会联合会(以下简称联合会)是一个专业性和技术性组织,其会员是世界各国的全国性旅行社协会。每个国家只能有一个全国性的旅行社协会代表该国参加联合会。其宗旨包括以下几个方面:①团结和加强各国全国性的旅行社协会和组织,并协助解决会员在专业问题上可能发生的纠纷;②在国际上代表旅行社会员同旅游业有关的各种组织与企业建立联系,进行合作;③确保旅行社业务在经济、法律和社会领域内最大限度地得到协调、赢得信誉、受到保护并得到发展;④向会员提供必要的物质,提供业务、技术的指导和帮助,使其能在世界旅游业中占据适当的地位。

联合会的组织机构包括全体大会、理事会、执行委员会和总秘书处。主要活动为每年一次的全球旅行代理商大会,并出版月刊《世界旅行社协会联合会信使报》。

此外,还有许多区域性的旅行社行业组织,如加勒比地区旅游经营商协会,以及国家间的旅行社行业组织,如波兰美国旅行代理商联合会等。

本章小结

本章对旅行社设立的有关内容进行了介绍,主要包括影响旅行社设立的因素、旅行社的产权管理、旅行社的组织设计与组织管理以及旅行社的行业组织。

影响旅行社设立的因素包括外部因素与内部因素,外部因素包括旅游业发展状况、国家有关政策和法律规定;内部因素包括资金的筹措、营业场所、协作网络、客源渠道。

我国的旅行社行业经过多年的不断改革,现已形成了国有独资公司、股份有限公司、有限责任公司、股份合作公司和中外合资公司五种产权形式并存的格局。

影响旅行社组织设计的因素是多方面的,但主要包括旅行社业务的特点与生产的专业化程度、部门化的基础以及管理跨度三个方面。

旅行社的国际性组织有世界旅行社协会(WATA)、世界旅行社协会联合会(UFTAA)。

关键概念

旅行社资金的筹措　旅行社选址　旅行社组织设置

复习思考题

□讨论题
1. 旅行社筹措资金的渠道有哪些?
2. 旅行社选址应该考虑哪些主要因素?
3. 旅行社组织设置应遵循哪些主要原则?
4. 试对你所在城市的一家旅行社的选址进行调查评价。

案例分析

广东国旅营业厅选址调查

【问题】

广东国旅假期在其营业厅选址方面有哪些特点？

分析提示：

1. 聚集效应（如火车站、时代广场、道路等）。
2. 分散效应。
3. 可达性。
4. 与目标市场、市场定位的关系。
5. 微观选址（大楼首层等）。

第四章

旅行社战略与风险管理

学习目标

通过本章的学习,使学生掌握旅行社战略的含义、影响战略决策的主要因素,掌握并熟练运用战略评价工具,了解旅行社开展新业务的不同方向的适用性条件,掌握旅行社风险的含义、特征,能够对不同类别的旅行社经营风险进行识别并采取适当的对策进行防范与控制。

案例引导

我国银发游市场画像

思考题:

阅读上述案例,试述如果你是管理者,如何从战略层面对银发游市场进行评估。

第一节　旅行社的战略管理

旅行社经营战略管理的全过程包括对旅行社战略的把握、确定使命、划分经营战略单位、规划投资组合和确定新业务发展战略等内容。

一、旅行社战略概述

（一）旅行社战略的不同组织层次

战略是有层次性的，某一层次的战略对其上一层次的组织来说只是策略；而上一层次的策略可能是下一组织层次的战略。旅行社有四种主要的组织层次，最高层次是旅行社层次，其战略决策的主要任务是决定部门间的资源分配、新业务的开拓与旧业务的淘汰；第二个层次是部门层次，其战略决策的主要任务是决定资金在部门内部的分配；第三个层次是业务层次，其目标就是盈利；第四个层次是产品层次，其目标就是实现产品开发。

（二）业绩良好的旅行社的特点

业绩良好的旅行社满足了其各个利益集团的最低期望，有交叉职能小组对其核心职能进行管理，对其核心职能有清醒的认识和把握，对非关键的资源可能采取外购的策略，其组织结构、政策、企业文化和战略目标密切相关。

（三）旅行社的战略

旅行社的战略概括起来有三种，即成本领先战略、产品差异化战略和集中化战略。

1. 成本领先战略

成本领先战略是指以降低经营成本在行业内取得竞争优势的战略。许多旅行社采取这种战略，以较低的经营成本和其他旅行社竞争，取得竞争优势。成本领先战略主导的旅行社成本低，选择多，拥有竞争优势，能实现规模经济，在采购时处于有利地位，形成市场壁垒。但是，成本领先战略主导的旅行社对细分市场差异化的需求注意不够、满足不够，因此，在市场需求差异越来越大，且需求差异明显的市场规模足够大时，还实行成本领先战略，可能会丧失这类新增长的市场。

2. 产品差异化战略

产品差异化战略是旅行社能够采用的第二种基本战略选择，其基本目标是通过在某一方面设计、生产与竞争对手有明显区别的旅游者接受的产品来获得竞争优势。选择产品差异化作为基本战略目标的旅行社，以市场细分为基础，把旅行社市场分成许多个细分市场，并对专门的细分市场设计针对性产品，从而获得竞争优势。

以产品差异化为基本战略的旅行社，通过产品的差异化获得旅游消费市场的认同，从而以优质获优价，取得竞争优势。具体来说，此战略有四大优点。其一，能满足旅游者的个性需求，提高旅游者对旅行社的忠诚度。以产品差异化为基本战略的旅行社，以旅游者的需求变化为导向，量身定做旅游产品，增强了旅游产品的针对性，通过满足旅游者个性化的需求获得旅游者的认可，最终提高了游客的满意度。游客满意度的提高及口碑作用，使得越来越

多的旅游者成为旅行社的义务宣传员,忠诚于旅行社,为旅行社市场份额的扩大及营业绩效的提高作出贡献。其二,有利于提高产品质量。实行产品差异化战略的旅行社,以旅游消费者的需求为导向设计产品,容易提高旅游消费者的忠诚度、降低转移率,虽然绝对成本高,但是由于酒店、交通公司、景点景区、导游服务、娱乐部门等各环节的高质量的服务,旅游消费者对差异化产品的感知度不高。其三,由于上述理由,实行产品差异化战略的旅行社会培养良好的旅行社品牌,形成良好的品牌效应,从而有利于旅行社的采购与销售。其四,产品差异化形成品牌后,形成了市场进入壁垒,旅行社市场后来进入者,要想实行产品差异化战略并达到同样的绩效,成本大,且风险大,即使付出努力也并不容易成功,特别是将更难获得产品差异化方向的市场领导地位。

产品差异化战略也有其缺点,主要是其优势难以长期保持。由于市场需求在不断变化,旅行社产品容易被模仿,因此一种具有特色的差异化产品推出市场后,很快就会有模仿者推出同样的产品,虽然难以撼动首创者的市场领导地位,但是打破了首创者在旅游市场上的唯一占有者的状态。如果没有后续的创新,价格就会成为吸引旅游消费者的差异,从而促使旅游消费者接受低价产品。和成本领先战略的旅行社相比,实行产品差异化战略的旅行社成本高。因为实行产品差异化战略的旅行社要为各个目标市场的细分市场开发有针对性的产品,相比实行成本领先战略的旅行社,要付出更多的人力、物力和财力资源。

3. 集中化战略

集中化战略指旅行社把旅行社的资源集中于一个或少数几个细分市场,开发有针对性的产品,为旅游消费者提供旅游服务。如只为某个社区提供旅游服务的旅行社,或只为旅游消费者提供代理的旅行社等,都属于集中化战略。

集中化战略的优势有四个,一是旅游产品针对性极强,使竞争对手难以模仿,从而提高了竞争优势;二是市场反应速度快,由于采取集中化战略,对目标市场需求的变化掌握准,产品开发及更新换代快,提高了竞争力;三是有利于保持旅游消费者的忠诚度,由于集中化战略执行者从市场调研、产品开发、接待服务、售后服务方面更贴近目标市场旅游者的需要,可以提高目标市场旅游者的满意度,从而提高了目标市场旅游者的忠诚度;四是集中化战略形成了市场进入壁垒。

实行集中化战略的旅行社也有劣势。第一,由于细分市场规模小,难以形成规模经济,实行此战略的旅行社在向供应商采购时议价能力低,同时由于其品牌知名度一般难以和实行产品差异化战略的旅行社竞争,因此采购时的品牌效应也难以发挥。第二,和其他两种战略相比,集中化战略风险较高,如果对目标市场需求变化不够敏感,没有及时适应目标市场的需求变化,执行集中化战略可能会丧失部分市场。如果实行成本领先战略或产品差异化战略的旅行社进入实行集中化战略的旅行社的目标市场,或者如果实行集中化战略的旅行社在市场调研、产品开发方面稍有落后,就会使旅行社陷入危机。

二、旅行社使命的确定

(一)旅行社使命的确定须考虑的因素

旅行社使命反映旅行社的目的、特征和性质。旅行社使命实质上是两个问题:一是本旅行社是干什么的;二是本旅行社应该怎么干。一般来说,旅行社使命的确定要考虑以下几个因素。

1. 旅行社的历史

每一个旅行社都有自己的过去,包括过去的经营目的、政策、经营成就和市场形象。在制定旅行社经营战略的过程中,应重新明确旅行社使命,不能否定过去的历史。

2. 旅行社所有者的意图

在现实经营活动中,旅行社所有者的经营意图会影响旅行社对其使命的确定。

3. 市场环境的变化

在一个特定的时期内,市场环境会出现由量到质的变化,市场环境质的变化会给旅行社的发展提供一定的市场机遇或带来危机。

4. 旅行社的优势与劣势

旅行社经营活动中,有许多业务可以选择,但只有当旅行社的特色业务优于竞争者的业务时,旅行社才具有竞争与发展的优势。

(二)旅行社使命说明书

旅行社使命是通过旅行社使命说明书加以规定的,旅行社使命说明书主要包括以下三个方面的内容。

1. 界定旅行社的活动领域

旅行社的活动领域一般可以从以下四个角度说明:①行业范围,即旅行社在什么行业里经营,是跨行业经营,还是单一行业经营;②市场范围,即旅行社在怎样的客源市场上经营,为哪些类型的旅游者服务;③纵向范围,即旅行社内部服务自给的程度;④经营地理范围,即旅行社经营的空间区域。

2. 阐述旅行社的主要政策

旅行社使命说明书应阐明旅行社在一个特定的活动领域里,准备实施或已经实施的主要政策和经营方针,以此作为员工对待顾客、供应商、经销商、竞争者和一般公众的行动准则。经营政策与经营方针是建立经营目标、选择经营战略和实施战略的基本理论框架,其目的是使旅行社的各个部门和各项业务在重大问题或原则问题上步调一致。

3. 提出旅行社远景发展方向

旅行社使命说明书要提出旅行社未来若干年的远景发展方向。从原则上讲,旅行社使命既是全局性的,又是长远性的。因此,在确定旅行社远景发展方向时,不但要有一定的预见性,还要有一定的弹性,一经确定则不能随意修改。当然,当市场环境发生重大变化,原旅行社使命与其不相称时,就要重新研究或修订旅行社的远景发展方向。

三、划分战略经营单位

旅行社总体经营战略是通过各项经营业务来实现的,因此,划分战略经营单位是实现旅行社经营战略的重要一环。大多数旅行社,包括较小的旅行社,都同时经营或准备经营若干项旅游业务。每项业务都有自己的经营特点,都面对着特定的市场环境、客源市场以及竞争态势。旅行社活动领域的界定,只是从旅行社总体上、原则上说明了旅行社的经营范围,对于每项具体的旅游业务并没有详细界定。因此,为了便于从战略上进行管理,旅行社有必要将组成其活动领域的各项经营业务,划分成若干个战略经营单位,且战略经营单位必须具备以下几个特征。

(一)独立的业务

旅行社的每个战略经营单位必须具有独立的业务,这可能是一项业务,也可能是一组相互联系的业务。不论是哪一类,其在性质和业务内容上应与旅行社的其他业务具有明显的区别。

(二)相同的特点

旅行社如果经营一组业务,则这些业务必须具有共同的经营特点和经营要求。

(三)特定的竞争者

旅行社战略经营单位必须有特定的竞争对手,这样的战略单位才有其存在的经济意义。旅行社划分战略经营单位的主要依据,是各项旅游业务是否具有共同的经营主线。一般来讲,共同的经营主线是目前的旅游产品、客源市场与未来的旅游产品、客源市场存在的一种内在联系。例如,有的旅行社按照旅游业务的性质将其划分为出境游业务、入境游业务和国内游业务等;有的旅行社则按旅游业务的类型将其划分为观光游业务、商务游业务和会议游业务等。

四、规划投资组合

旅行社在经营战略管理的过程中,一个重要的决策是如何将旅行社的资源合理地分配给不同的战略经营单位。由于市场环境的影响以及业务生命周期的阶段性不同,各个战略经营单位所产生的经营绩效,以及对旅行社经营的贡献有所不同。在资源有限的情况下,旅行社资源在各个战略经营单位的分配比例便成为旅行社战略发展的关键。因此,要合理分配旅行社资源,就必须对各个战略经营单位及其所从事的业务进行科学的评估与分类,以确定业务潜在的经营能力和盈利水平。评估方法主要有波士顿咨询集团模型(四象限法)和通用电气模型(九象限法)两种。

(一)波士顿咨询集团模型

波士顿咨询集团在对企业(产品)竞争地位进行评价时总结出一个模型,利用市场增长率和相对市场占有率两个因素对企业(产品)的竞争地位进行分析,其基本思想如图4-1所示。

在图4-1中,纵坐标表示市场增长率,以年增长率为单位,并将年增长率10%确定为界限,高于10%为高增长率,低于10%为低增长率。横坐标为相对市场占有率,表示旅行社各战略经营单位与市场上最具实力的竞争者在客源市场占有率之间的比率。如果旅行社某一战略经营单位的相对市场占有率是0.6,表明它的市场占有率为最具实力的竞争者的60%。相对市场占有率以1为界限,高于1时为高市场占有率,低于1时为低市场占有率。这样就形成4个象限,然后对各个战略经营单位业务的市场增长率和市场占有率两项指标进行评估,看它落在哪个象限。

1. 明星类产品

这是具有较高市场增长率和较高市场占有率的战略经营单位或者经营业务,属于"双

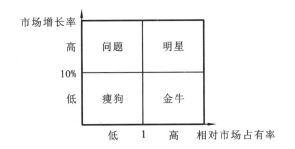

图 4-1 波士顿咨询集团模型示意图

高"业务。对于这类业务,旅行社应采取发展策略,加大对其的资源投入,以保证市场的扩张及抵抗竞争者的进攻。

2. 问题类产品

这是具有较高市场增长率和较低市场占有率的战略经营单位或者经营业务。从理论上讲,这类业务需要较多的资源投入,以扩大市场占有率,提高市场的竞争力。但是由于对市场难以预测,特别是对市场占有率难以估计,旅行社要考虑是继续增加资源的投入,还是维持现状,或是减少投入。

3. 金牛类产品

这是具有较低市场增长率和较高市场占有率的战略经营单位或者经营业务。这类业务由于市场增长率低,业务的生命周期已经进入成熟期,不需要较多资源的投入,且因市场占有率较高,可以产生较高的经营收益。因此,旅行社对这类业务的资源投入应采取保持策略。

4. 瘦狗类产品

这是具有较低市场增长率和较低市场占有率的战略经营单位或者经营业务,属于"双低"业务。由于这类业务不能给旅行社带来利润,应采取放弃策略。

(二)通用电气模型

由爱迪生所创立的通用电气公司是世界上最成功的企业。该企业所总结的企业(产品)竞争模型认为,评价企业(产品)竞争力的主要因素为市场吸引力和市场竞争力,而影响市场吸引力和市场竞争力的因素又有很多。经过长期经营实践的验证,通用电气对这些影响因素赋予不同的权重,形成了通用电气竞争地位评价模型。此模型影响巨大,基本思想如图4-2所示。

根据这种方法,旅行社对经营战略单位的评估,是从市场吸引力和市场竞争力两个方面进行的。一般来讲,市场吸引力的状况受市场规模、需求年增长率、行业利润率等一系列因素的影响,市场竞争力是由市场占有率、产品质量、旅行社形象、网络化经营能力等一系列因素决定的。

对涉及市场吸引力与市场竞争力的每项因素,分别依据其重要程度,按照一定的权数和分数级别评分,将加权值相加,便可得出该战略经营单位的市场吸引力和市场竞争力的总分(见表4-1)。

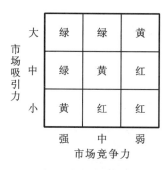

图 4-2 通用电气模型示意图

表 4-1 旅行社经营战略单位评估一览表

	因 素	权 数	评分(1—5)	加 权 值
市场吸引力	市场规模	0.25	3	0.75
	需求年增长率	0.20	4	0.80
	行业利润率	0.25	3	0.75
	竞争强度	0.15	5	0.75
	社会环境影响	0.05	5	0.25
	法律环境影响	0.05	3	0.15
	市场可进入性	0.05	2	0.10
	合 计	1.00		3.55
市场竞争力	市场占有率	0.15	4	0.60
	产品质量	0.15	5	0.75
	企业形象	0.10	3	0.30
	品牌声誉	0.10	5	0.50
	成本与费用	0.10	3	0.30
	产品开发	0.15	4	0.60
	管理能力	0.10	2	0.20
	网络化	0.15	4	0.60
	合 计	1.00		3.85

通用电气模型将市场吸引力分成大、中、小三个级别,将市场竞争力分成强、中、弱三个级别,其中加权分值在 1.00—2.33 则为小或弱;在 2.33—3.67 则为中;在 3.67—5.00 则为大或强。这样就形成 9 个象限,组成 3 个战略区。

绿色区由左上角的大强、大中、中强三个象限组成。这个区域内的旅行社战略经营单位及业务,具有较优的市场吸引力和较优的市场竞争力。因此,对于落入这个区域的战略经营单位,旅行社要采取增加资源投入的经营战略,即大力发展战略。

黄色区由左下角至右上角对角线的小强、中中、大弱三个象限组成。这个区域内的旅行社战略经营单位及业务,具有中等水平的市场吸引力和中等水平的市场竞争力。因此,对于落入这个区域的战略经营单位,旅行社要采取维持资源投入的经营战略,即维持发展战略。

红色区由右下角的小弱、小中和中弱三个象限组成。这个区域内的旅行社战略经营单位及业务的市场吸引力和市场竞争力都较弱。因此,对于落入这个区域的战略经营单位,旅行社要采取收缩或放弃的经营战略。

五、确定新业务发展战略

在规划投资组合后,旅行社必须考虑业务的发展问题。属于应发展的战略经营单位该如何发展,必然涉及新业务的发展战略问题。根据旅行社的特点,旅行社新业务的发展战略主要有密集型发展战略、一体化发展战略、多角化发展战略三种。

（一）密集型发展战略

密集型发展战略是在原有产品与客源市场的框架内,考虑旅行社战略经营单位的发展问题。密集型发展战略可以通过市场深入、市场开发和产品开发的形式来实现。

1. 市场深入

市场深入是指不改变产品的形式和客源市场的类型来实现其发展目标,其主要措施是促使现有客人增加旅游天数或提高重游率;争取竞争对手的客源市场;吸引新的旅游者,特别是潜在旅游需求者。

2. 市场开发

市场开发是指不改变现有的旅游产品形式,而将现有的旅游产品推向新的客源市场,其主要措施是在现有客源市场区域内发展新的细分市场,或者开发新的客源市场。

3. 产品开发

产品开发是指不改变现有的客源市场,而向现有的客源市场提供新的产品或经过改进的产品。

（二）一体化发展战略

如果旅行社战略经营单位所在的基本行业具有良好的发展前景,特别是当各种形式的联合与合并可以使旅游产品产、供、销的一体化经营取得更好的效益时,旅行社便可采用一体化发展战略。旅行社战略经营单位一体化发展战略,主要有后向一体化、前向一体化和水平一体化三种不同的形式。

1. 后向一体化

后向一体化是通过收购或兼并旅游饭店、旅游车队、旅游景点、旅游餐馆和各种娱乐场所等,拥有或控制旅游产品要素的供应系统,形成旅游产品的供产一体化。适于发展后向一体化的条件是,旅行社经营的上链盈利水平较高,发展空间与时机较好。通过后向一体化可以减少旅行社在服务质量、经营成本方面受制于旅游供应商的危险,使交易成本降低。

2. 前向一体化

前向一体化是旅行社谋求对旅游产品销售网络的控制,是通过收购或兼并旅游客源地的旅游零售商、中间商等形式来实现的。前向一体化是通过使其产品向旅游客源地延伸,增加销售力量来求发展的。

3. 水平一体化

水平一体化是旅行社通过争取对其他同类型旅行社的所有权或业务控制权，或者通过某种形式的联合经营实现的。旅行社的网络化经营是水平一体化最常见的一种形式。旅行社采取水平一体化发展战略，不仅可以扩大服务规模与市场规模，增强经营实力，同时还可以避免与实力相当的旅行社竞争，变竞争对手为合作伙伴，取长补短，更好地共同利用市场经营机会。

（三）多角化发展战略

当旅行社的各个战略经营单位在原有的市场经营领域无法发展时，当原有的市场经营领域盈利水平大幅度降低时，或者当原有的市场经营领域之外具有较好的市场机会时，旅行社便可采取多角化发展战略。旅行社的多角化发展战略有同心多角化、水平多角化和综合多角化三种形式。

1. 同心多角化

同心多角化是指旅行社对新市场、新顾客以原有的技术、特长和经验为基础或圆心，开发与原产品服务技术相似且用途相同的服务产品。例如，旅行社经营票务代理、信息传播、对外翻译服务和咨询服务等业务。由于同心多角化是从一个圆心逐渐向外扩展其经营范围，因此没有脱离原来的经营主线，经营风险较小，有利于旅行社发挥资源优势。

2. 水平多角化

水平多角化是指旅行社针对现有的市场和顾客，采用不同的专业技术增加新业务。例如，旅行社经营餐馆、饭店、旅游车队、商场和娱乐场所等。

3. 综合多角化

综合多角化是指旅行社以新的业务进入新的市场，新业务与现有的旅行社技术和市场没有任何关系。例如，旅行社经营出租汽车业务、房地产业务等。

同步思考

阅读文化和旅游部发布的最新年度全国旅行社统计调查报告，分析所在地省、市旅行社经营的战略地位。

文化和旅游部2020年度全国旅行社统计调查报告

（资料来源：中华人民共和国文化和旅游部官网。）

【问题】 你所在省、市旅行社经营的战略地位是什么？

分析提示：

1. 旅行社数量。
2. 所在地旅行社接待国内游、入境游、出境游情况。
3. 所在地旅行社经济指标竞争力。

第二节　旅行社的经营风险及其识别

一、旅行社经营风险的含义

到目前为止，理论界和实业界对于风险这一概念尚没有一个统一的认识。美国学者海尼斯认为，"在经济学和其他学术领域中，风险一词并无任何技术上的内容，它意指损害的可能性"。因此，"某种行为能否产生有害的后果应以其不确定性界定，如果某种行为具有不确定性，其行为就反映了风险的负担"。这是对风险的早期定义，它强调损害发生的可能性。威廉姆斯和海因斯则从预期与实际结果的变化来考察风险。他们认为，"风险是在一定条件下和一定时期内可能产生的结果的变化。如果结果只有一种可能，不会发生任何变化，那么风险为零；如果可能产生的结果有几种，则存在风险"。而罗森布朗则把风险概括为"损失的不确定性"。

上述对风险的不同解释实际上并没有本质的区别，概念的差异仅反映了不同学者研究的角度或出发点不同。由此，我们可以将旅行社的经营风险界定为旅行社在经营过程中发生某种不利事件或损失的各种可能情况的总和。旅行社的经营风险一般具有以下四种特征：①旅行社经营风险的存在是客观的，经营风险的大小是可以估测或度量的；②旅行社经营风险的存在与一定的时空条件相联系；③旅行社的经营风险是可以防范的；④旅行社经营风险的发生会影响旅行社的利益。

二、旅行社经营风险的类型

根据不同标准，我们可以将旅行社的经营风险划分为不同的类别。

（一）根据人的认知程度划分

根据人们对风险的认识程度不同，旅行社经营风险可以分为主观风险和客观风险。主观风险是人们对某种经营活动产生风险的心理反应。客观风险是在特定的经营环境中，某种活动的实际绩效与预期绩效相比的变动程度。

（二）根据损失的性质划分

根据损失的性质的不同，旅行社经营风险可以分为纯粹风险和投机风险。一般来讲，纯粹风险是指只有损失机会而没有获利机会的风险;投机风险是指既有损失机会也有获利机会的风险。

(三)根据损失环境划分

根据损失环境的不同,旅行社经营风险可以分为静态风险与动态风险。静态风险是指旅行社在常规环境下,由于自然环境的变化或者人们的经营行为失误所产生的风险。动态风险是由于社会经济环境的变动而产生的风险,它是由旅游市场需求的变化,以及旅行社组织结构、技术结构和国家对旅行社经营政策的变动引起的。在一般情况下,静态风险所造成的损失影响面小,旅行社容易对其进行控制,而动态风险造成的损失影响面大,旅行社难以对其进行控制。

(四)根据旅行社管理内容划分

根据旅行社管理内容的不同,旅行社经营风险可以分为市场风险、投资风险、财务风险和人事风险。

三、旅行社经营风险的识别

(一)旅行社经营风险识别的界定

经营风险识别是旅行社经营风险管理的重要内容。由于经营风险是旅行社经营活动中可能发生的某种损失,因此,旅行社经营风险识别应从损失的对象、损失的原因、损失的数量和损失的单位四个方面入手。

1. 损失的对象

损失的对象是旅行社经营风险识别界定的首要内容,它主要解决旅行社经营风险是什么的问题。一般来讲,旅行社损失的对象主要有财产损失、净收入损失和承担法律责任损失三种。

旅行社外汇风险的规避

1)旅行社财产损失

旅行社财产损失包括有形财产损失和无形财产损失两大类。有形财产是由动产和不动产两部分组成的;无形财产是旅行社信息、版权、专利权、许可证权、租赁权等由所有者独占的财产。有形财产会因物质损坏或不正当使用给旅行社带来损失;无形财产则会因非法使用而让旅行社受到损失。

2) 旅行社净收入损失

旅行社净收入损失是指旅行社销售收入减少或销售费用增加,或两者同时发生变化而形成的损失。在旅行社经营活动中,销售收入的减少是形成旅行社净收入损失的一个主要因素,较为常见的原因是意外事故造成旅行社经营的中断,或者因不能如期收回应收账款,使得旅行社收入减少。如果旅行社的经营成本不变,销售收入减少,就意味着净收入减少,当意外事故发生后,旅行社或许倒闭,或许部分经营,无论哪一种情况出现,都会增加旅行社的经营费用,造成净收入的损失。

3) 旅行社承担法律责任损失

旅行社承担法律责任损失是指旅行社在经营过程中,由于意外事故的发生承担各项法律责任而形成的损失,主要有刑事责任损失和民事责任损失两种形式。刑事责任损失,是违犯国家刑法的犯罪行为所负的责任损失;民事责任损失,是旅行社无正当理由而不履行合同或各项民事义务,对他人造成损害而形成的经济赔偿损失。

2. 损失的原因

损失的原因是旅行社经营风险识别界定的第二项内容,它主要解决旅行社为什么产生经营风险的问题。一般来讲,造成旅行社损失的原因主要有自然、人为和经济三个方面。

3. 损失的数量

损失的数量是旅行社经营风险识别界定的第三项内容,它主要解决经营风险的程度问题。损失的数量是旅行社识别经营风险损失严重程度的重要因素。如果某种事故给经营活动带来一定的负面影响,旅行社就要估算这种经营风险损失的大小,以便采取相应的对策。

4. 损失的单位

损失的单位是旅行社经营风险识别界定的第四项内容,它主要解决谁受损失的问题。旅行社某种经营风险所造成的损失可能是个人的,也可能是部门和整个旅行社的。

(二) 旅行社经营风险识别的方法

识别旅行社经营风险的方法主要有以下两种。

1. 风险调查分析法

风险调查分析法是旅行社通过现场观察和请教专家获得各种信息来识别经营风险的一种方法。

2. 财务报表分析法

财务报表分析法是旅行社通过对资产负债表、损益表和现金流量表的研究与分析来识别经营风险的一种方法。

第三节 旅行社的风险管理

一、旅行社风险管理的组织

旅行社的风险管理具有特殊性、技术性和重要性,因此,旅行社可以考虑设立一个专业部门来行使组织职能,对经营风险进行有效的管理和控制。现阶段,我国旅行社对经营风险的管理还仅仅停留在旅游者安全保障的阶段,与现代化风险管理的组织要求相比,还存在较大的差距。因此,建立适合旅行社经营需要的风险管理专业部门,是十分必要的。

(一) 建立风险经理岗位责任制

风险经理是旅行社风险管理专业部门的负责人,对旅行社风险管理过程承担主要责任。在较大规模的旅行社,风险经理可以由分管风险或财务的副总经理兼任或领导,中小型旅行社可以由总经理或副总经理直接兼任。

风险管理的主要任务包括控制旅行社风险管理全过程和合理运用风险管理技术。

1. 风险管理者要控制旅行社风险管理全过程

控制旅行社风险管理全过程主要包括掌握风险管理计划的全部结构,对旅行社高层管理者制定风险管理政策进行有效的指导;合理分配旅行社各部门的风险管理成本,合理反映风险差异,促使部门实现风险管理目标。

2. 风险管理者要合理运用风险管理技术

旅行社在风险管理的过程中,可以运用一种或几种风险管理控制技术(如回避、预防、结合、转移等),对旅行社的风险损失加以控制。风险管理者可运用有效的控制方法和风险管理政策,帮助各部门经理解决问题;计算并控制各种备选风险控制技术的成本和收益,发展较优的成本效益控制技术;估计控制不同风险财务技术的成本与收益,发展低成本、有成效的风险财务方法。这样一旦风险发生,他们便可适当地运用自保或风险转移机制。

(二) 风险管理的内部组织系统

现代旅行社风险管理的组织系统,是在旅行社最高管理层的控制和指挥下,以专业风险管理部门为中心,组织各经营和管理部门共同实现风险管理目标的完整体系。风险管理涉及旅行社各个层次的组织,主要有以下几个部门。

1. 财务部门

旅行社的风险管理与财务活动有直接关系。财务活动的各种记录和数据,可以向旅行社提供各种经营损失的信息。例如,死账及账面评估可以提示资产、经营收入的潜在损失情况;各种票据可以提示资金使用与支出情况;资金负债表可以提示潜在经营风险情况等。同时,财务部门的管理制度不健全,也会造成资金和有价资产的损失。因此,风险管理部门加强与财务部门的合作,可以有效地控制旅行社的经营风险。

2. 销售部门

旅行社的外联部和计调部承担着旅行社产品的销售任务。在旅行社产品销售过程中,会产生许多经营风险,如产品质量不良、服务质量不高、过分的广告宣传等会产生公共责任风险;客源市场的变动、旅游者消费习惯的变化等会产生经营风险;市场竞争状态的变化、旅行价格的变动等会产生收入与利润的损失。因此,在旅行社风险管理的过程中,风险管理部门要与外联部和计调部加强合作,以更好地实现风险管理目标。

3. 接待部门

旅行社在接待旅游者的活动过程中,会产生许多风险损失,如旅游者受到人身伤害、财产损失,以及由于旅游活动中断、服务质量失控所引起的投诉及经济赔偿等。因此,旅行社风险管理部门应与接待部门相互配合,了解在接待活动过程中可能引起损失的各种自然与非自然因素,杜绝这些因素的发生或降低其发生的幅度与频率,从而控制风险损失。

4. 人事部门

旅行社以提供旅游服务为其主要职能,对人员的使用及人才的管理是风险管理的重要内容。从这个意义上讲,人事部门通过人事记录管理好人员和人才是非常重要的,如在岗前培训、在岗培训、人才管理、福利计划和职务提升等工作中,人事部门需要与风险管理部门合作,以控制风险损失。

二、旅行社风险管理的控制

(一)设置控制标准

旅行社对经营风险的管理,需要按照一定的标准进行。一般来说,风险管理目标是实施控制的基本目标。如何将风险管理目标具体化,形成一定的管理尺度即标准,是旅行社风险管理控制的一项重要工作。根据旅行社经营活动的特点,有两类具体标准可以选择,一类是活动标准,它规定管理对象为取得预期目标应付出的努力程度;另一类是效果标准,它规定风险管理实际效果应达到的数量化指标。

(二)对比标准

旅行社在风险管理的过程中,可以根据风险管理控制标准与实际执行情况结果的对比,来控制风险管理。在对比过程中,实际执行情况会出现低于标准、高于标准和与标准一致三种结果。如果是低于标准,就需要通过改进执行行为或者调整不合理的标准值来加以纠正;如果是高于标准,就要对标准进行修改,使其能科学地反映风险管理控制的基本要求。

(三)纠正

通过对比实际执行情况与风险管理控制标准,得出分析结论后,旅行社应采取一定的措施来纠正,包括对执行行为的纠正或对标准的修正。不管是哪种情况,纠正与修正的目的不是否定过去的执行情况或者过去的标准或制度,而是着眼于未来更好的发展。

旅行社风险控制机制示意图如图4-3所示。

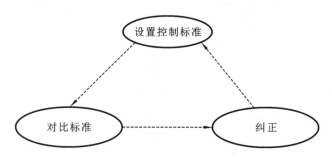

图4-3 旅行社风险控制机制示意图

本章小结

本章对旅行社的战略管理及风险管理的基本问题进行了介绍。旅行社战略管理包括旅行社战略目标、旅行社使命的确定,旅行社资源的合理分配等。旅行社的战略目标具有层次性,竞争性战略目标包括成本领先战略、产品差异化战略及集中化战略三种。对旅行社层次的资源分配问题,主要采用波士顿咨询集团模型及通用电器模型进行分析及评价。旅行社新业务的发展有三种战略,即密集型战略、一体化战略、多角化战略,这三种战略指出了旅行社业务增长的三种方向。

此外,本章还介绍了旅行社经营风险的定义、识别及管理问题。旅行社风险是指在一定条件下发生的、对旅行社经营效益造成影响的、客观可度量的、可以防范的各种不利情况的总和。旅行社可以通过岗位责任制对旅行社经营风险加以控制,也可以设立专门的风险管理人员。旅行社经营风险管理的措施包括设置控制标准、对比标准、纠正等。

关键概念

旅行社战略　旅行社使命　旅行社新业务发展战略　旅行社业务评价模型　旅行社经营风险

复习思考题

□讨论题

1. 旅行社的战略主要包括哪几种?
2. 如何确定旅行社使命?
3. 如何运用波士顿咨询集团模型和通用电器模型对旅行社现有业务竞争力进行评价?
4. 旅行社一体化发展战略的实行条件是什么?
5. 如何防范旅行社经营风险?

案例分析

国旅集团并入港中旅集团

【问题】

港中旅和中国国旅合并后的战略优势是什么？

分析提示：

1. 企业历史。
2. 市场需求特征。
3. 主要竞争对手的优势。
4. 该旅行社核心资源、竞争优势、劣势的分析。

第五章

旅行社市场定位及产品策略

学习目标

通过本章的学习,使学生掌握旅行社市场定位的基本理论与基本技能,并能结合旅行社的战略及市场定位开发旅游产品。

案例引导

"白加黑"的市场定位

思考题:
阅读案例并思考,"白加黑"的市场定位方法有哪些值得旅行社借鉴之处?

在旅游需求日趋个性化和多元化的今天,旅行社要为旅游客源市场上所有的顾客提供产品与服务几乎是不可能的。因此,通过市场细分进行目标市场的选择,以及在此基础上进行市场定位是旅行社经营管理的一项十分重要的内容。旅行社通过明确的市场定位,设计出符合旅游者需求的产品,是旅行社竞争成功的前提与保证。

第一节　旅行社的市场定位

一、旅行社的市场细分

（一）旅行社市场细分的含义

市场细分又称市场分割，是一个企业辨别具有不同欲望和需求的消费者群体并加以分类的活动。旅行社市场细分是指旅行社将属于某一整体客源市场的旅游者，按一种或几种因素进行分类并形成具有不同特点的各个子市场的活动。旅行社的市场细分不是由人们的主观意志决定的，而是由旅游需求的多元化以及市场经济内在矛盾的发展引起的。人们的需求存在差异性和类似性，这就决定了组成市场的各个部分既可按类似性进行聚合，又可按差异性进行细分。旅行社的市场细分主要有以下三个含义。

1. 旅行社不同的细分市场具有不同的消费特征

旅行社不同的细分市场代表不同的旅游消费者组群，各个组群的旅游消费者在旅游需求上具有明显的差别，这是旅行社市场细分的核心与关键。例如，客源市场按其经济条件与消费等级来细分，可分为经济型客源市场、标准型客源市场和豪华型客源市场。之所以要进行市场细分，是因为不同经济条件的旅游消费者对产品质量以及产品价格的要求是不同的。

2. 旅行社同一细分市场具有相同的消费特征

由于对旅游客源市场的划分是按相应的细分因素进行的，因此，在同一细分市场内的旅游消费者群体，在一个或几个方面具有相同的消费特征，他们之间的需求差异比较细微。

旅行社细分市场具有的相同的消费特征及不同的消费特征之间的关系是辩证的、相对的，还要根据旅行社所面临的市场需求特点、旅行社的战略目标、竞争对手等因素才能决定最终的相同消费特征与不同消费特征的区分程度。

3. 旅行社的市场细分是分解与聚合的统一

旅行社的市场细分不是简单地将一个整体客源市场加以分解，实际上，完整的市场细分是市场分解与市场聚合的统一。市场的分解，是把客源市场上具有不同消费需求的旅游者群体按细分因素加以归类；而聚合的过程，是将具有相同或类似消费特征的旅游者聚合成群，直到聚合到与旅游市场需求形势、旅行社资源及竞争需要相适应的，足以实现旅行社利润目标所需的市场规模为止。

（二）旅行社市场细分的作用

旅行社市场细分的作用主要表现在以下三个方面。

1. 有助于旅行社确定正确的战略和策略

旅行社的经营战略和策略是旅行社不同层次经营行为的出发点和归宿点，概括了旅行社当前与未来经营行为的基本特征。旅行社经营战略和策略的核心问题是向哪些旅游者提供产品，提供什么样的产品，即旅行社为谁服务，如何提供更适当的旅游服务。一般来说，旅行社服务方向与服务重点的确定是以市场细分为基础的。只有通过科学的市场细分，旅行社才能从众多的细分市场中选择适合本旅行社的服务对象和经营方向,才能根据细分市场的基本情况确定旅行社经营的战略和策略。

2. 有利于旅行社寻找最佳的市场机会

在旅行社的经营过程中,不同旅游形式的市场需求量以及对旅游者的满足程度存在着一定的差异。由于旅游需求差异的客观存在,任何一家旅行社在市场上的优势都只是某一方面的相对优势,而不是绝对优势。旅游市场上存在着大量的市场机会,但这些市场机会能否成为旅行社最佳的市场机会则取决于旅行社资源的潜力、市场的适应性和市场的选择性。市场细分可以帮助旅行社从众多的市场机会中,选择适应旅行社资源潜力的最佳市场机会。

3. 有利于旅行社制定市场竞争策略

旅行社经营的特性决定了旅行社的经营效益主要取决于客源量及价格水平。在买方市场的状态下,各家旅行社为了争夺客源,竞争十分激烈。在这种市场环境下,旅行社通过市场细分可以发现目标群体的需求特点,从而依据目标市场的需求特点来调整产品结构、产品方向和产品内容;将粗分需求满足变为细分需求满足;将面向全体市场经营变为面向部分市场经营;将粗放经营转向集约经营,这有利于旅行社发挥经营优势,应对市场竞争,提高经营绩效。

(三)旅行社市场细分的要求

由于旅行社的市场细分是一个发现市场机会和寻找目标市场的过程,因此,在市场细分的过程中,旅行社应对客源市场每一部分的需求都给予注意,同时又要确保每一个细分市场都具有经营价值。一般来说,旅行社的细分市场应符合以下三个方面的要求。

1. 细分市场要具有可衡量性

旅行社在市场细分时,用来划分细分市场的各个因素以及标准必须是可以衡量的,也就是说,细分市场的旅游者对旅游产品的需求偏好具有明显的特征,而且这些特征是可以通过一定的尺度来测定的。只有这样,细分出来的市场才与其余市场具有明显的区别。

2. 细分市场要具有适度规模

一个细分市场是否具有经营价值,主要取决于这个市场的规模、消费水平以及旅行社的经营能力。在市场细分的过程中,旅行社要根据经营能力来确定细分市场的规模。细分市场规模不能过大也不能过小。细分市场规模过大,旅行社无法有效地集中营销力量,开展经营活动;规模过小,则不利于旅行社发挥资源优势、扩大经营规模,难以实现规模经济。

3. 细分市场要具有发展潜力

旅行社选择的目标市场不仅要能为旅行社当前经营创造利益,而且还要能为旅行社的未来发展带来长远利益。要做到这一点,细分市场不但要具有相对的稳定性,而且还必须具有一定的发展潜力。因此,旅行社在市场细分时,必须考虑所选择的细分市场的市场状态以及需求发展的阶段。如果旅行社所选择的细分市场已处于成熟阶段,不具有长期发展的潜力,旅行社经营的风险将会随着时间的推移而增加,这将不利于旅行社的长期发展。

(四)旅行社市场细分的程序

旅行社市场细分的程序包括以下几个方面。

1. 确定旅行社经营的市场范围

旅行社在确定经营领域与经营战略目标之后,一般要确定其经营的市场范围。可以这样说,旅行社经营的市场范围是旅行社市场细分的基础和前提。因此,旅行社可围绕旅行社经营的市场范围进行市场细分,分析旅游需求者的消费动向和消费特点。旅行社一般根据它所拥有的资源和经营能力来确定其经营的市场范围。

2. 确定市场细分的因素和标准

旅行社市场细分的关键在于科学地确定细分因素和细分标准。旅行社要确定市场细分因素和细分标准,必须将旅行社经营的市场范围内所涉及的现实需求和潜在需求全部罗列出来,并加以归类。旅行社通过分析不同的旅游需求,找出各类旅游者典型的需求特征,并据此决定市场细分的因素和标准。

3. 确定细分市场的名称

旅行社可根据各个细分市场旅游需求的典型特征,利用准确、科学的语言为各个可能存在的细分市场确定名称。一般来说,细分市场的名称是细分因素与细分标准复合的产物。

4. 分析各个细分市场的经营机会

旅行社根据细分因素和细分标准对市场进行细分之后,还要对所有的细分市场的经营机会进行分析。一般来说,细分市场的经营机会是与细分市场的需求规模和竞争强度相联系的,需求规模越大、竞争强度越弱,细分市场的经营机会就越好。

(五)旅行社市场细分的标准

旅游需求的差异性是旅行社市场细分的基础。然而,旅游需求的差异性按什么标准去细分,却没有一个统一的规定。各个不同的旅行社可以根据旅行社的具体情况,以及经营的市场范围来确定细分的标准。一般情况下,旅行社市场细分的标准有以下三大类,如表 5-1 所示。

表 5-1 旅行社市场细分的标准及构成因素

细分标准	细分因素
地理标准	地理区域、城市规模、自然气候、人口密度、城乡分布等
人口统计标准	年龄、性别、家庭人数、经济收入、文化教育程度、职业、宗教信仰、国别、身体状况等
心理行为标准	旅游动机、旅游类型、旅游方式、旅游频率、消费的敏感程度、品牌依赖程度等

1. 地理标准

市场细分的地理标准是指旅行社根据地理因素将客源市场分为不同的地理区域。地理标准之所以能够作为市场细分的基础,是因为地理背景因素是影响旅游者产生旅游动机的重要因素。一般而言,自然地理背景不同的地区互为旅游目的地与旅游客源地,而中、低纬度地区的吸引力要大于高纬度地区,沿海地区及岛屿的吸引力大于内陆地区,具有独特地貌特征的自然地区是单向流动的旅游目的地,对旅游者有巨大的吸引力。而经济发达地区既是吸引力巨大的旅游目的地,又是巨大的旅游客源地,经济发达地区的吸引力大于经济不发达地区。不同文化地理背景的地区相互吸引着对方的居民,相互成为旅游目的地与旅游客源地。环境质量高的地区总是吸引环境质量低的地区的居民来旅游。

地理因素深刻地影响着旅游的需求规模、需求结构以及需求方向。不同地理环境下的旅游需求者,由于居住地自然条件、文化传统和社会经济发展水平的差异,对旅游需求的偏好与消费习惯具有明显的差别,并因此形成不同的旅游需求特点,这便为旅行社的市场细分奠定了一定的基础。

根据旅游者的国别、地区和城市来细分市场,有助于旅行社研究不同地区旅游者的需求特点、需求总量、需求水平和需求方向;有利于旅行社针对这些特点,开展经营活动,提高经营绩效。旅行社按地理标准细分市场时要注意市场的密度,即特定的地区性市场对旅游产品需求的潜力。它不仅与这个地区的总人口有关,更与这个地区的经济发展水平以及旅游消费地区性投向有关。以地理标准中的城市规模而论,在我国的部分地区,一个县级市可能都没有一家旅行社存在,而在欧美发达国家,一个万人小镇就会有一家专门的旅行社存在。

2. 人口统计标准

人是构成旅行社市场的基本因素,也是旅行社经营活动的最终对象。旅行社在市场细分的过程中,不仅要研究一个特定区域内的总人口,还要研究人口的自然状态和社会构成。人口的自然状态主要包括人口的地理分布、人口的年龄构成、人口的性别构成和家庭单位构成四个方面内容。人口的社会构成主要包括人口的民族、宗教信仰、文化教育程度、职业、经济收入的构成与分布状态。

旅行社的市场细分是与人口的自然状态和社会构成密切相关的。处于不同自然状态和社会构成下的人,在旅游需求规模、旅游消费水平、旅游活动方式等方面都具有不同的特点,并因此形成较明显的需求差异。根据人口统计标准进行市场细分,可以使旅行社根据人口的需求差异,结合旅行社的特点和优势,准确地选择旅行社经营的目标市场。

3. 心理行为标准

地理与人口因素相同的旅游者,由于旅游动机、生活方式和个性特征的差异,对于旅游产品的爱好以及态度是不同的。这就为旅行社利用人们的心理行为标准来细分市场创造了条件。旅行社利用心理行为标准细分市场,可以从人们的心理活动所形成的旅游动机,偏好的旅游类型、旅游方式、旅游频率,对价格的敏感程度和对品牌的依赖程度的不同,来研究各个细分市场的经营机会。

二、旅行社目标市场的选择

旅行社通过市场细分提供了市场机会,接着就要对这些细分市场进行评估,并确定旅行社准备向哪些子市场提供产品,选定什么市场作为旅行社经营的方向。

(一)旅行社目标市场的含义

旅行社的目标市场是指旅行社准备用其产品与服务来充分满足的一组或几组特定的旅游者群体。或者说,目标市场是旅行社准备在其中从事经营活动的一个或几个特定的细分市场。

旅行社的市场细分与目标市场的选择既有联系,又有区别。旅行社的市场细分是按一定标准划分不同旅游者群体的过程;而目标市场的选择是旅行社选择细分市场的结果和做出经营对象决策的过程。由此可见,旅行社目标市场的选择是在市场细分的基础上进行的,市场细分是旅行社选择目标市场的基础,目标市场的选择则是旅行社市场细分的结果。

选择目标市场是现代旅行社经营管理的重要内容。从旅游需求的角度来看,旅行社要获得最佳经济效益,就必须把满足顾客需求放在首位。只有充分满足旅游者的各种需求,旅行社才能生存与发展。由于旅游需求存在差别,旅行社受其资源和管理能力的制约,不可能满足所有旅游者的需求,只能满足特定旅游者群体的需求。因此,旅行社只有从本旅行社的条件出发,用特定的产品和服务去满足特定旅游者的需求,才能实现旅行社的经营目标。与此同时,并非所有的市场机会对旅行社都具有同等的经营吸引力,或者说,并不是每一个细分市场都是旅行社愿意进入或能够进入的。旅行社只有选择有经营吸引力,且能够进入的细分市场作为自己的目标市场,才能充分发挥旅行社的资源优势,并在此基础上形成市场竞争的优势。

(二)旅行社目标市场选择应考虑的因素

1. 市场规模和发展潜力

旅行社在选择目标市场时,必须考虑各个细分市场的规模和发展潜力,也就是每个细分市场的现实客源量和未来客源量。旅行社目标市场的客源规模和发展潜力对旅行社经营效益具有重大影响。如果市场规模过小,发展潜力不大,即使旅行社市场占有率很高,也不会为旅行社带来较高的利润。

我们强调目标市场的规模和发展潜力,并不是一味强调它的绝对规模,而是强调目标市场是否具有适度规模和发展潜力。在这里,适度规模是一个相对概念,即相对来说适应于旅行社资源与经营能力的市场规模。有些旅行社在选择目标市场时,不考虑本旅行社的资源条件和经营能力,往往重视规模大的客源市场,忽视规模小的客源市场,形成众多旅行社在同一细分市场经营的局面。这样既加大了市场竞争的强度和经营风险,又增加了旅行社经营的费用,使一些旅行社的经营处于不利的地位。

2. 市场结构

在旅行社的经营活动中,有时会出现目标市场规模与发展潜力较为理想,但利润水平较低甚至亏损的现象,这主要是由于旅行社目标市场的市场结构不合理。因此,旅行社在选择目标市场时,还要考虑目标市场的结构。市场结构是指旅行社与市场的关系特征形式。旅行社与市场的关系主要表现为行业内竞争者、潜在竞争者和旅游中间商对旅行社经营的威胁。一般情况下,旅行社在特定目标市场的经营中都会面临上述三种力量的威胁。

1)行业内竞争者的威胁

当旅行社选定的目标市场已经存在一定数量的竞争者时,该目标市场就会失去经营吸引力。因为在这种情况下,目标市场上旅行社的供应能力不断扩大,旅行社要想坚守这个目标市场,就要加大促销力度、提高产品质量,并运用价格手段参与市场竞争,这样就必然会大幅度降低旅行社经营的利润。因此,旅行社在选择目标市场的过程中,应考虑目标市场竞争者的存量,选择竞争对手较少的细分市场作为自己的目标市场。

2) 潜在竞争者的威胁

如果旅行社选定的目标市场可能吸引一定数量的新竞争者进入，那么当这些新来的竞争者具备了与本旅行社争夺市场的实力时，该目标市场就会失去经营吸引力。因此，旅行社在目标市场选择的过程中，应考虑目标市场上潜在竞争者进入的难易程度，选择那些潜在竞争对手难以进入的细分市场作为自己的目标市场。

3) 旅游中间商的威胁

当旅行社选定的目标市场中，负责提供客源的中间商具有较强的议价能力时，该目标市场就会失去经营吸引力。因为中间商一旦有较强的议价能力，就会要求旅行社压低产品价格、提高产品质量、增加产品项目，甚至提出更多的附加条件。这样一来，旅行社经营利润就会大幅度降低。因此，旅行社在选择目标市场的过程中，应考虑目标市场中间商的议价能力，选择中间商议价能力较弱的细分市场作为自己的目标市场。

3. 旅行社的经营目标及其资源

旅行社在选择目标市场时，除了考虑市场规模和发展潜力、目标市场的市场结构以外，还要将旅行社的经营战略目标及其资源与目标市场的情况结合起来考虑，以便确保旅行社的目标市场与旅行社的经营战略目标及其资源状况相适应。

(三) 旅行社目标市场选择的过程

1. 分析细分市场

旅行社可以根据旅行社以往的经营资料以及各类数据统计，按照确定的市场细分因素及细分标准，全面研究各类细分市场的客源情况，主要包括各类细分市场的年接待规模、旅客停留天数和平均消费水平等，找出旅行社原有的主要客源市场。同时，旅行社还要研究原有的客源市场在本行业内的市场占有率，以便确定旅行社主要客源市场占有率在本行业内所处的位置。

如果旅行社主要客源市场在本行业内处于优势地位，且能充分发挥旅行社潜在经营优势，这个主要客源市场就可以成为旅行社的目标市场。如果旅行社原有的主要客源市场在本行业内处于劣势，且又不能完全发挥旅行社的潜在优势，那么，旅行社就要重新选择其他细分市场作为自己的目标市场。

旅行社目标市场选择的关键，在于发现每个细分市场的开发潜力。细分市场的开发潜力是指经过旅行社的经营开发以后，某个细分市场在一定时间内所能达到的需求规模。它通过产品开发、增加新的需求来实现，或通过市场促销使需求转移来完成。

应当指出的是，旅行社目标市场的选择不是一个静态过程，而是一个动态过程。客源市场、市场结构以及旅行社经营目标的变化，都会改变旅行社目标市场的经营吸引力。因此，旅行社有必要定期对目标市场进行科学评估。当原有的目标市场由于各种情况的变化而丧失经营吸引力时，旅行社就要重新寻找目标市场。

2. 评估目标市场

旅行社目标市场的选择是在市场细分的基础上进行的，因此，目标市场的评估也是在细分市场评估的基础上进行的。旅行社目标市场的评估主要有以下三个步骤。

第一，评估各类型细分市场的经营业绩。对不同细分市场的业绩可以进行简单的比较，也可以运用波士顿咨询集团模型进行评价。

第二,判断每一个细分市场的经营吸引力。细分市场的经营吸引力是与细分市场的需求规模、需求潜力以及本旅行社的市场竞争地位相联系的。如果细分市场客源不足,就必然形成各旅行社之间的削价竞争,造成旅行社平均利润水平的降低,细分市场便缺乏经营吸引力。同时,即使细分市场的需求规模较大,如果旅行社在该细分市场上的竞争地位较低,这种细分市场同样缺乏经营吸引力。因此,在评估各类市场的业绩后,还可以把本旅行社的业绩同行业水平相比,以确定其竞争力,也可进一步采用通用电气模型进行评价。

第三,确定竞争对手。旅行社在选择目标市场时应确定其在目标市场中的主要竞争对手。一般来说,主要竞争对手是那些以相同或相似的价格向相同的旅游者提供相似产品的其他旅行社。在识别主要竞争对手之后,旅行社还要研究主要竞争对手的经营目标。一般来说,主要竞争对手的经营目标不同,其在目标市场上的经营方向、经营重点以及经营策略也不相同,由此对旅行社经营产生的影响也会不同。此外,旅行社还要评估主要竞争对手的优势与劣势。与旅行社形成主要竞争关系的其他旅行社能否达到其经营目标,取决于竞争对手的资源与能力。因此,旅行社要评估主要竞争对手在市场知名度、产品与服务质量、推销能力、销售网络以及市场占有率等方面的优势与劣势。

(四)旅行社目标市场经营策略

1. 无差异目标市场策略

无差异目标市场策略,是旅行社把整个客源市场作为目标市场来经营的一种营销策略。虽然客源市场可以按许多因素与标准进行细分,但如果客源市场对产品的要求不存在实质性或有经济意义的差别时,旅行社就可采用无差异目标市场策略。旅行社无差异目标市场策略适用于以下三种情况:①整个客源市场的需求虽有差别,但需求的相似程度较大;②客源市场的需求虽有实质上的差别,但各个需求差别群体的经济规模较小,不足以使旅行社通过某个细分市场的经营取得良好效益;③旅行社行业内竞争程度较低,客源市场的需求强度较高。

旅行社采取无差异目标市场策略的经济优势在于成本较低。一般来说,无差异目标市场策略使旅行社向市场提供标准化产品,可以大大降低产品开发、广告促销、市场调研以及市场管理等方面的各项费用,有利于旅行社形成经济规模。

2. 差异性目标市场策略

差异性目标市场策略,是指旅行社在大多数细分市场上经营,并为每个存在明显需求差异的细分市场设计不同的经营方案的策略。旅行社差异性目标市场策略适用于以下三种情况:①客源市场的需求存在明显的差异;②按细分因素和细分标准划分的各类客源市场都具有一定的经营价值;③旅行社规模较大,且产品经营能力足以占领更多的细分市场。

同无差异目标市场策略相比较,差异性目标市场策略通常能取得更好的经营绩效,因为它针对性强,满足市场需求的程度高,对旅行社扩大市场占有率是十分有利的。这也是许多旅行社普遍采取这种目标市场策略的主要原因。但是旅行社采取差异性目标市场策略,会增加各种经营成本和经营费用,因为旅行社要向不同的细分市场提供不同的产品、制定并实施不同的经营方案、建立不同的销售网络,并要经常研究客源市场的差异,而所有这一切都需要经济投入。

3. 密集性目标市场策略

密集性目标市场策略,是指旅行社只选择一两个细分市场作为经营目标,制定一套经营方案,并集中力量在这些细分市场上占有绝对份额的策略。旅行社密集性目标市场策略适用于以下两种情况:①细分市场具有明显的、实质性的需求差异;②旅行社规模较小且经营能力有限。

旅行社采取密集性目标市场策略时,由于目标市场明显集中,可以实行针对性较强的经营方案。这将有助于旅行社提高产品的市场形象和市场占有率,同时,还有利于旅行社降低产品经营成本。密集性目标市场策略是中小型旅行社经常采取的一种目标市场策略。其不足之处是经营风险较大。

三、旅行社的市场定位

(一)旅行社市场定位的含义

旅行社的市场定位,是指旅行社确定的经营因素与竞争者所对应的经营因素相比较的差异,以及由此而形成的目标市场消费群体对本旅行社价值的评价和认识。通俗地讲,旅行社市场定位就是"树差异,入人心",即旅行社市场定位要与主要竞争对手形成差异,并要努力让本旅行社的目标市场消费群体认识本旅行社与主要竞争对手的差异,在其心目中留下鲜明的印象,使旅游者在产生旅游动机或者进行旅游决策时把本旅行社列为重要选择之一。具体来说,市场定位是旅行社针对竞争者现有产品在目标市场上的经营状况,根据目标市场需求群体对竞争者产品特征或属性的重视程度,来树立本旅行社产品的特色与形象,并把这种特色与形象传递给目标市场消费群体,从而使本旅行社在目标市场上确立一定的市场位置的过程。旅行社市场定位的主要目的,是通过建立与目标市场上竞争者的产品或市场形象相区别的产品或市场形象,创造更多的市场机会,占领更高的市场份额。

一般来讲,旅行社的市场定位可以从以下四个方面进行:①根据旅游者的需求特点来进行市场定位,特别是未满足的旅游需求,未满足的旅游需求也有层次性;②根据旅游产品的性质、特点(质量、等级等)及功能来进行市场定位;③根据竞争对手旅游产品的生产流程要素来进行市场定位;④根据产品为旅游者带来的利益、价值来进行市场定位。

(二)旅行社市场定位的步骤

旅行社市场定位,实质上是将本旅行社置于某一选定的细分市场之中。因此,旅行社在进行市场定位时,必须研究旅行社的竞争潜力、竞争对手的市场位置以及所表现出来的特征,同时确定自己的市场地位并有效地向目标市场表明本旅行社市场定位的观念。旅行社在进行市场定位时,主要应遵循以下三个步骤。

1. 收集有关信息

旅行社的市场定位是建立在对相关信息和资料分析的研究基础之上的,因此,信息收集是旅行社进行市场定位的重要环节。这些信息应该能够回答以下问题:①目标市场旅游者群体的需求特点,以及主要的或敏感的需求特性是什么?旅游产品的哪些特性对目标市场最为重要?哪些产品特色最能引起旅游者的兴趣?②在目标市场经营的其他旅行社的产品情况如何?其特点何在?③目标市场上的哪些需求没有得到充分满足?④与竞争对手相比,本旅行社产品的优势与劣势有哪些?

2. 分析并确定竞争对手的市场位置

旅行社在全面掌握了主要竞争对手的各种有关信息后,要运用市场细分的因素对竞争对手的产品加以描述,从而正确地确定竞争对手在特定目标市场上的位置。一般来说,在确定竞争对手的市场位置时,要综合考虑各种细分因素及细分标准,全面评估竞争对手的市场定位。

3. 确定本旅行社的市场位置

旅行社在确定了竞争对手的市场位置后,可以进一步按这些细分因素与细分标准全面分析目标市场中哪些需求还没有得到充分满足,目前哪些产品要素在市场上还存在空白点,然后再确定本旅行社的市场位置。

由于旅行社是通过市场定位区别于竞争对手并形成旅行社市场形象的,因此,市场定位所选择的定位要素,必须充分符合目标市场群体的利益与需求特点,必须是目标市场旅游者群体十分重视和关注的要素。只有这样,市场定位才能取得较好的效果。

(三)旅行社市场定位策略

旅行社在确定市场定位时,通常有以下三种策略可供选择。

1. 对抗性定位

对抗性定位就是靠近竞争对手的定位。旅行社采取这种策略的主要目的是争夺竞争对手的旅游需求者,以便扩大本旅行社的市场占有率。一般来说,旅行社采取这种市场定位策略的条件是,本旅行社具有与竞争对手竞争的实力,经过努力能达到占有竞争对手目标市场的目的,或者是竞争对手所处的市场位置具有足够的市场客源及客源增量。旅行社采取这种市场定位策略的好处是,可以降低进入目标市场的成本,减少与市场开发相关的各项费用支出。其不足之处是,旅行社难以成为市场领导型的企业。该定位策略一般适用于实力雄厚的大旅行社或在某方面有专长的旅行社。

2. 补缺性定位

这种市场定位是旅行社通过选择市场"空白点"的方法进行的。旅行社通过增加产品特色,使自己区别于竞争对手,避开市场竞争形成的经营压力,通过吸引目标市场的注意力,来达到占有目标市场的目的。旅行社采取这种市场定位策略需具备的条件是,目标市场上确有相当数量的旅游需求没有得到充分满足,也就是说,目标市场具有可充分利用的市场"空白点",并且旅行社具有一定的产品优势以及应付潜在竞争对手进入目标市场的措施。旅行社采取这种市场定位策略的不利因素是,旅行社进入目标市场的成本增加,同时,一旦定位不当,将会给旅行社的经营带来风险。有利的一面是,一旦市场定位成功,旅行社便可以成为市场领导型的企业。该定位策略适用于对市场变化反应灵敏、富有创新精神、开发能力强的旅行社。

3. 侧翼定位

这种市场定位策略是介于靠近与避开竞争对手的市场定位两者之间的一种市场定位策

略。旅行社采取这种市场定位策略的关键在于,如何正确选择以充分引起目标市场注意并形成与竞争对手具有明显差异的定位要素。此定位策略适应性广,特别适合中小型旅行社。

同步思考

选择一个本地市场领导者旅行社的一个产品,分析该产品的市场画像及市场定位要点。

第二节　旅行社的产品策略

一、旅行社产品的内涵与特征

旅行社作为以盈利为目的的企业,其主要职能是为人们提供与旅行社有关的服务,也就是说,旅行社产品属于服务产品,旅行社产品具有服务产品的一切特点,同时也具有与其他服务产品不同的特点。

（一）服务的内涵与特征

1960年,美国市场营销学会最先将服务定义为"用于出售或者是同产品连在一起进行出售的活动、利益或满足感"。这一定义在此后的许多年里一直被学者们广泛采用。但是,这一定义的缺点是显而易见的。它并没有以充分的理由把有形产品同无形的服务区分开来,因为有形产品也能用于出售并使购买者获得利益和满足。截至目前,市场营销学界普遍接受的关于服务的定义是,美国市场营销学会在1960年定义的基础上,经过进一步补充和完善后提出的定义。它基本上把握了服务活动的本质,该定义认为,服务"主要为不可感知却可使欲望获得满足的活动,而这种活动并不需要与其他产品或服务的出售联系在一起。生产服务时可能会或不会需要利用实物,而且即使需要借助某些实物协助生产服务,这些实物的所有权将不涉及转移的问题"。

服务概念的明确为我们系统考察服务的基本特征奠定了基础。许多市场营销学者经过多年的研究发现,大多数服务都具有不可感知性、不可分离性、差异性、不可储存性和缺乏所有权等特征。

1. 不可感知性

不可感知性又称无形性,是服务最主要的特征。服务在本质上是非实体的,是一系列的行为和过程。服务的组成要素不能用感观和触觉去检验与衡量,顾客是按照服务企业的承诺和自身的预期去感知所获得的服务和衡量服务质量的。从这个角度来讲,服务较有形产品更为复杂,这使服务质量的衡量与检验更具难度。服务的属性决定了服务厂商不能用传统的方式进行质量控制和营销管理,服务在出售和消费之前无法进行事前的质量控制。

2. 不可分离性

不可分离性又称生产与消费的同步性。众所周知,有形的消费品或工业品在从生产、流通到最终消费的过程中,往往要经过一系列的中间环节,生产与消费的过程具有一定的时间间隔。但是,服务的生产过程与消费过程却是同时进行的,即服务人员提供服务于顾客的时刻,也正是顾客消费服务的时刻,二者在时间上不可分离。因此,有人认为产品是制造出来的,而服务是表现出来的,因而服务的质量并非来自其物质特征,而是来自其表现效果。

3. 差异性

差异性又称异质性,是指服务的构成成分及其质量水平经常变化,很难统一界定。服务业是以人为中心的产业,由于人类个性的存在,对于服务质量的检验很难采用统一的标准。一方面,受到服务人员自身因素的影响,即使是同一服务人员所提供的服务,也可能会有不同的水平;另一方面,由于顾客直接参与服务的生产和消费过程,顾客本身的因素也会直接影响服务的质量和效果。

4. 不可储存性

服务的无形性和生产与消费的同一性,使得服务不可能像有形消费品或工业品一样被储存以备未来销售。与此同时,消费者在大多数情况下不能将服务携带回家存放起来。这就使得生产出来的服务如不在当时消费掉,就会造成机会的丧失和折旧的发生。虽然服务不能储存,但顾客是可以"储存"的。旅行社在旺季时不能满足所有顾客的要求,但在旺季过后可以继续满足顾客的要求。

5. 缺乏所有权

缺乏所有权是指在服务的生产和消费过程中,不涉及任何东西的所有权的转移。既然服务是无形的且不可储存的,服务在交易完成后便消失了,消费者并没有实质性地拥有服务。缺乏所有权会使消费者在购买服务时感受到较大的风险。

在上述特征中,不可感知性一般被认为是服务五大特征中最基本的特征,其他特征都是从这一特征派生出来的。事实上,正是因为服务的不可感知性,才使得服务具有不可分离性,而差异性、不可储存性和缺乏所有权在很大程度上是由不可感知性和不可分离性两大特征所决定的。

(二) 旅行社产品的内涵与特征

作为服务范畴的旅行社产品,除具有服务的上述共同属性外,还存在其独特的个性,即综合性与易受影响性。

1. 综合性

综合性是旅行社产品的最基本的特性。旅行社产品的综合性首先表现为它是由多种旅游吸引物、交通设施、娱乐场地以及多项服务组成的混合性产品,是满足旅游者在旅游活动中对食、住、行、游、购、娱各方面需要的综合性产品;其次,旅行社产品的综合性还表现在旅行社产品所涉及的部门和行业很多,其中有直接向旅游者提供产品和服务的部门和行业,也有间接向旅游者提供产品和服务的部门和行业。

2. 易受影响性

旅行社产品的易受影响性又称脆弱性或易折性,其直接成因是旅行社产品的综合性。因为旅行社提供产品和旅游者旅游实现的过程,涉及众多的部门和众多的因素。这些部门和因素中任意一个部门和因素发生变化,都会直接或间接地影响到旅行社产品生产和消费的顺利实现。此外,旅行社产品的易受影响性还表现在旅游活动涉及人与自然、人与社会和人与人之间的诸多关系。因此,诸如战争、政治动乱、国际关系、政府政策、经济状况、汇率变化、贸易关系以及血缘文化等经济、社会、政治、文化等因素的变化,都会引起旅游需求的变化,并由此影响旅行社产品的生产与消费。

二、旅行社的服务组合与服务递送系统

旅行社产品的形态是旅行社产品策略的重要内容,但是旅行社产品的形态只是旅行社基本服务组合的内容之一。因此,我们有必要弄清服务形态与基本服务组合之间的关系。

(一)旅行社的基本服务组合

基本服务组合又称服务出售物,是指能够满足顾客或目标市场需求的一系列服务,它决定顾客能够从旅行社那里得到什么东西。旅行社的基本服务组合主要包括服务要素、服务形态和服务水平三个方面的内容。

1. 服务要素

虽然旅行社的产品由许多服务要素组成,但从管理的角度来看,旅行社的服务要素主要包括三个方面的内容,即核心服务、便利服务和辅助服务。

1)核心服务

核心服务揭示旅行社产品可以进入市场的原因,它体现了旅行社最基本的功能,即综合旅游服务。当然,一家旅行社也可以有多种核心服务,如综合旅游服务和单项旅游服务。

2)便利服务

为了让顾客能够获得核心服务,其他一些服务也是必需的,如预订服务、咨询服务等。因为它们将方便核心服务的获得,通常被称为便利服务。离开了便利服务,顾客就无法使用旅行社的核心服务。

3)辅助服务

它们的作用并不是辅助便利、核心服务的使用,而是增加服务的价值或者使旅行社的服务同其他竞争对手的服务区别开来。所以,辅助服务是被旅行社视为差异化战略而使用的。如旅行社为旅游者提供统一的旅行包、旅行帽等。

便利服务同辅助服务之间的区别有时并非十分明显。一些服务在某种场合是便利服务,在另一种场合可能是辅助服务。但是对二者加以区分还是十分重要的,因为便利服务往往是义务性的、不可缺少的,没有这些服务,旅行社的基本服务组合就会破裂,而如果缺少了辅助服务,则最多是使旅行社的服务产品缺乏吸引力和竞争力而已。

2. 服务形态

旅行社的各种服务要素是以种种不同的形态进入市场的。服务形态就是指旅行社根据旅游市场的需求状况、竞争者的政策以及具体服务项目的可操作性,对各种服务要素构成形

式所做出的各种可能的选择。例如,"旅行社不同的服务要素应如何分别定价"是旅行社管理人员经常遇到的一个问题,这一问题的实质就是旅行社存在多少种服务形态。西方市场营销学家建议营销管理者采取以下三种可能的方式来确立自己的价格体系:①对整套服务采取一揽子收费制;②对每一项服务分别收费;③以上两种方式结合使用。

以上三种形态在旅行社的实际运作中均普遍存在,对此我们在后面还将详细论述。此处需要指出的是,旅行社管理人员在确定产品的服务形态时,应根据市场需求的状况,尽可能避免使用过分复杂的产品形态,因为复杂的产品形态不仅使旅行社管理人员难以驾驭,也使消费者难以了解。

3. 服务水平

旅游者对于他们所要获取的服务要素以及这些要素的构成形态总有许多心理预期,在重复购买的情况下尤为如此。这种预期心态包括对于服务水平的期待。一般情况下,服务水平是指旅游者在获得利益质量和利益数量之后做出的判断。

服务质量对于一家旅行社产品的设计相当重要,因为服务质量是判断一家旅行社好坏的最主要的凭证。但是,旅行社产品的差异性使得对其质量标准的设定变得十分困难。尽管如此,旅行社营销决策的基本重点仍然必须放在产品的质量上。因为质量会影响旅行社客源的数量和客源的结构,而且质量是旅行社竞争的最主要的定位工具。与旅行社服务质量密切相关的服务数量,是指旅行社提供给旅游者的服务额度,它的标准和服务质量标准一样不容易设定。

(二) 旅行社的服务递送系统

旅行社的基本服务组合只是从技术层面上揭示了旅行社产品的基本内容,而旅行社产品的生产和传递过程,以及旅游者对这些过程的感知也是旅行社产品的重要组成部分。于是,旅行社产品服务的生产与传递过程为旅行社产品分析提供了另一个视角。

服务营销理论认为,基于服务的基本特征,服务过程包括三个要素,即服务的易接近性、旅游者与旅行社的交换过程和旅游者的参与。这些要素构成了服务的递送系统。

1. 服务的易接近性

对于旅行社来说,服务的易接近性,是指旅游者能否比较容易地接触、购买和使用旅行社的服务产品,它将严重影响旅行社产品的销售。它主要取决于旅行社服务人员的数量和技术,旅行社营业的时间及其安排,旅行社营业场所、展示场所和服务柜台的分布与摆设,旅行社信息的占有情况和提供信息的手段,旅行社提供服务的工具、设备和相关文件(如旅游合同等),旅游者的数量与知识水平等。

2. 旅游者与旅行社的交换过程

旅游者与旅行社的交换过程可以划分为以下三种:①旅游者与旅行社服务人员的相互沟通。这种沟通的效果取决于服务人员的行为,如销售人员说什么、做什么以及如何说、如何做等。②旅游者与旅行社的服务设施、服务手段及服务人员之间的相互作用,如旅行社旅游产品的演示设备,旅行社产品介绍册,旅行社的咨询系统、预订系统和结算系统,以及旅行社各种手段与系统的电子综合表现形式等。③同一交换过程中旅游者之间的相互作用,如旅游者在咨询现场的相互交流和相互影响、旅游接待过程中一个旅游团队内部旅游者之间的相互影响等。

毫无疑问,旅游者在购买旅行社产品的过程中,不仅要同旅行社的服务人员打交道,还要了解和熟悉旅行社的销售程序和有关管理制度,同时还可能与其他旅游者打交道。所有这些交换过程都将对旅游者对旅行社服务的感知产生重大的影响。如果旅游者认为这些过程过于烦琐和复杂,或者受到不友好的对待,那么他们就很难对旅行社的服务质量给予积极的评价。

3. 旅游者参与

旅游者参与也是旅行社服务递送系统的一项重要内容。由于旅行社产品的生产和消费是同时进行的,旅游者直接参与旅行社产品的生产过程,这会影响他们对旅行社产品的认知,所以,旅行社在旅游接待的管理中,必须对旅游者参与予以高度的重视。

由此可以看出,旅行社服务递送系统包括的这三个重要方面,都将对旅游者对旅行社产品质量的感知和评价产生重大作用。正因为如此,内部营销对于旅行社具有特别重要的意义。旅行社全体工作人员都应树立强烈的顾客意识。旅行社产品的消费群体包括旅行社过去、现在和未来一切可能的消费者。他们直接参与旅行社产品的生产过程,因此会对旅行社产品的生产过程产生影响。与此同时,在旅行社产品消费群体内,旅游者彼此之间也相互影响。因此旅行社对目标消费群体的选择会对其经营管理产生直接的影响。

旅行社产品的不可感知性以及由此决定的不可分离性,使得旅游者在实际消费旅行社产品之前,无法真实地感受和评价该产品的内涵和质量。在此情况下借助有形物品将无形的产品展示给旅游者,便成为该旅行社服务递送系统中基本的因素。而旅行社服务递送系统所涉及的各个环节都将影响潜在旅游者对旅行社服务质量的预期与感知,从而最终影响旅游者对旅行社产品的质量评价。

总之,旅行社服务递送系统的功能,在于确保旅游者能够方便地接触和感知旅行社的产品,并促使旅游者在与旅行社的交换过程中形成积极的态度。这无疑有利于旅行社产品销售的实现。与此同时,旅游者良好的旅游经历和对旅行社良好的评价,将会对旅行社的声誉和潜在客源市场产生积极的影响。

三、旅行社产品的形态

旅行社经营的产品可以采取不同的标准进行不同的分类:①按照旅游者的组织形式可以分为团体旅游和散客旅游;②按照产品包含的内容可以分为全包价旅游、部分包价旅游和单项旅游服务;③按照产品的档次可以分为豪华型旅游、标准型旅游和经济型旅游;④按照旅游的目的可以分为公务旅游、休闲旅游(含观光和度假)、探亲访友旅游和专项旅游(奖励、会议、修学、文化、考察、生态、宗教、康复、新婚、购物、探险、体育、特殊兴趣等)。

我们将主要选择以包含内容为基础的分类方法,对旅行社产品的形态进行介绍和分析。

(一)团体包价旅游

团体包价旅游包括两层含义,其一是团体,即参加旅游的旅游者一般由10人或更多的人组成一个旅游团;其二是包价,即参加旅游团的旅游者采取一次性预付旅费的方式,将各种相关旅游服务全部委托一家旅行社办理。团体包价旅游的服务项目,通常包括依照规定等级提供饭店客房、一日三餐和饮料、固定的市内游览用车、翻译导游服务、交通集散地接送服务、每人20公斤的行李服务以及游览场所门票和文娱活动入场券等。

就旅游者而言,参加团体包价旅游可以获得较优惠的价格、预知旅游费用,并可在旅游团内保持熟悉的氛围,而且旅行社提供全部旅游安排和全陪服务,使旅游者具有安全感。所有这些都是包价旅游的优势。但是,团体包价旅游同时意味着旅游者不得不放弃自己的个性而适应团体的共性。旅游团内的旅游者需要在同一时间乘坐同一航班、入住同一饭店、享用相同的餐食、游览相同的景点、观看相同的节目,这些则是团体包价旅游的劣势。另外,旅游者如果不幸选择了一家服务质量低劣的旅行社,则整个旅程会变得让人无法忍受。

就旅行社而言,团体包价旅游的最大优势是可以通过努力获得规模经济效益,即批量操作以提高工作效率,降低经营成本。但是,团体包价旅游预订周期长,在预订和实际旅游期间经常会发生各种变化,而且在旅游旺季容易遇到旅游服务采购方面的问题。

(二)半包价旅游

半包价旅游是与上述全包价旅游相比较而存在的一种产品形态,它是指在全包价旅游的基础上,扣除中餐及晚餐费用的一种包价形式。这种产品形态和团体包价旅游产品相比,直观价格低,价格竞争力强,同时也能更好地满足旅游者在用餐方面的不同要求。

(三)小包价旅游

小包价旅游又叫可选择性旅游,它由非选择部分和可选择部分构成。非选择部分包括交通集散地接送、住房和早餐,旅游费用由旅游者在旅游前预付,可选择部分包括导游、风味餐、节目欣赏和参观游览等,旅游者可根据时间、兴趣和经济情况自由选择,费用既可预付,也可现付。

小包价旅游对旅游者具有多方面的吸引力,主要表现在明码标价、经济实惠、手续简便和机动灵活四个方面。

小包价旅游最早由海外的旅行商向我国的旅行社建议开通,由于其独特的优势而普及全国。小包价旅游每批旅游者一般在10人以下。

(四)零包价旅游

零包价旅游是一种独特的产品形态,多见于旅游发达国家。参加这种旅游的旅游者必须随团前往和离开旅游目的地,但在旅游目的地的活动是完全自由的,形同散客。参加零包价旅游的旅游者可以获得团体机票价格的优惠,并可以由旅行社统一代办旅游签证。

(五)单项旅游服务

单项旅游服务是旅行社根据旅游者的具体要求而提供的各种非综合性的有偿服务。旅游者需求的多样性决定了旅行社单项旅游服务内容的广泛性,但其中常规性的服务项目主要包括导游服务、交通集散地接送服务、代办交通票据和文娱票据、代订饭店客房、代客联系参观游览项目、代办签证和代办旅游保险等。

旅行社单项旅游服务的对象也十分广泛,但主要是零散的旅游者,包价旅游团中个别旅游者的特殊要求一般也视为单项旅游服务。

单项旅游服务在旅游业界又称委托代办业务,旅游者可采取当地委托、联程委托和国际委托等不同的方式委托旅行社办理。

近年来,委托代办业务日趋重要,许多旅行社都成立了散客部或综合业务部,专门办理单项旅游服务。旅行社重视单项旅游服务的根本原因是近年来全球性散客旅游的迅速发展。目前,全世界散客旅游所占比重越来越高。散客旅游的兴起,是旅游者心理需求个性化、国际旅游者旅游经验日趋丰富、信息与科技的推动等因素综合作用的结果。

从以上旅行社五种基本产品形态的介绍中我们可以发现,从团体包价旅游到单项旅游服务,旅行社产品的构成要素逐步减少,服务要素的构成方式也各不相同。但这绝不等于说旅行社的产品只有以上五种形态。事实上,在有利于满足旅游者需求和提高旅行社竞争力的前提下,任何产品形态都是允许和可行的。

四、影响旅行社产品开发的因素

(一)影响旅行社产品开发的外部因素

所谓外部因素,是指旅行社无法直接控制的因素,但这些因素共同作用的结果却会直接影响一个国家或地区旅游业的发展水平,并由此对旅行社产品的开发产生直接或间接的影响。

1. 资源禀赋

资源禀赋,是指一个国家或地区拥有旅游资源的状况。与旅行社产品开发相关的资源因素主要包括自然资源、人文资源、社会资源、人力资源和资本资源。

1)自然资源

自然资源组成旅游空间,自然资源对旅行社产品开发的作用取决于它的特点和可进入性。人类无法接近的自然资源是一种潜在资源,只有经过开发并可以进入的资源才能成为经济资源,因为自然资源只有经过开发才能满足旅游者的需求。但是,对自然资源的开发不应破坏其自身价值,这是自然资源成为经济资源的条件。

2)人文资源

人文资源的丰富程度决定了一个国家旅游开发的潜力。拥有独一无二的人文资源的国家或地区,处于旅游行业垄断或近似垄断的地位。旅行社可因此开发出竞争对手没有的产品。

3)社会资源

社会资源是指与人类社会生活有紧密联系的事物和活动,它包括传统文化、民族风情、节庆、表演、保健等,是对旅游资源的深层开发。与此同时,当地居民对旅游者的态度也是社会资源的重要内容。当地居民对旅游者的态度(容忍程度)主要取决于主客双方的文化差异、旅游地拥挤程度、旅游者的行为是否有损当地居民的价值观,以及旅游者与当地居民的接触程度。旅行社开发产品时,必须充分考虑旅游目的地居民的容忍程度,有针对性地开发产品。

4)人力资源

人力资源是旅游业开发与经营的基本要素,它在一定程度上也决定了旅行社产品的开发。人力资源包括人口数量、人口特点和人员素质。

5)资本资源

资源的开发、保护和利用,无一不需要资本的投入,这就使得资本资源成为影响旅行社产品开发的一个极其关键的因素。

2. 设施配置

设施配置,是指与旅游者旅游生活密切相关的服务设施和服务网络的配置状况,主要包括住宿、交通、餐饮和娱乐等。它们是旅游者实现其旅游目的的中间媒介,而且其本身也会增添旅游乐趣,构成旅游者旅游生活的重要组成部分。一个国家或地区无论旅游资源多么丰富,如果不具备起码的基础设施和旅游服务设施,则难以形成吸引旅游者的旅行社产品。

3. 旅游需求

旅游需求,是指具有一定支付能力和闲暇时间的消费者,在一定时间内愿意以一定价格购买的旅游产品的数量。旅游需求不仅与人们的消费水平有直接关系,而且也反映出旅游者的旅游兴趣。因此,从某种意义上讲,旅游需求决定着旅行社产品开发的方向。

旅游需求的差异集中体现在经济水平、出行距离与旅游偏好三个大的方面。经济水平不同,特别是可自由支配收入不同,旅游需求会有相当显著的区别。由于距离阻力的影响,离旅游客源地越近的旅游资源受访机会越大;而离客源地越远的旅游资源,旅游需求越小,但旅游者对旅游产品的价格敏感程度会下降。

(二)影响旅行社产品开发的内部因素

内部因素包括旅行社的发展战略、市场定位、人力资源状况、财力状况、市场拓展能力、协作网络的广度与稳定程度、接待能力和商誉等,即旅行社的综合竞争能力。

五、旅行社产品设计的基本原则

旅行社产品的形态是多种多样的,对此我们在本节第三点已经进行了详细的分析。尽管旅行社的产品在服务形态方面存在差异,但不同形态的产品在其设计过程中,却应遵循基本相同的原则。探究这些具有共性的基本原则正是本节的目的之一。

(一)市场原则

旅行社产品开发的目的在于通过产品销售获得经济利益。如果旅行社的产品不能满足旅游者的需要,产品就没有销路,旅行社也就无利可图。市场原则就是要求旅行社在开发新产品前,对市场进行充分的调查研究,预测市场需求的趋势和需求的数量,分析旅游者的旅游动机。只有这样,才能针对不同目标市场旅游者的需求,设计出适销对路的产品,最大限度地满足旅游者的要求,提高产品的使用价值。旅行社产品开发的市场原则具体体现在以下三个方面。

1. 根据市场需求变化的状况开发产品

旅游者的需求是千差万别的,同时又是千变万化的,不同细分市场的旅游需求是不同的,但也有共同的一些需求,如扩大见闻、舒缓身心、物超所值、安全的冒险等生理与心理需求。旅行社可以根据旅游者的这些共同的需求特点,结合不同时期的不同风尚和潮流,发现不同细分市场的不同旅游需求特点,设计出适合市场需求的旅游产品。

2. 根据旅游者或中间商的要求开发产品

旅行社在间接销售时,还可以直接根据旅游客源产生地中间商的要求,设计专门的旅游产品,开拓自己的市场。

3. 创造性地引导旅游消费

旅行社审时度势,创造性地引导旅游消费,也是对市场原则的实际应用。旅行社创造性地引导旅游消费并不与市场原则相矛盾,创造性地引导旅游消费是旅行社在对市场需求有深入了解的基础上,把旅游者的隐性消费需求变为显性需求。

(二)效益原则

所谓效益原则,是指以同等数量的消耗,获得相对较高的效益,或以相对较低的消耗,获得同等的效益。旅行社是旅游者的代理,要尽量降低相对成本,即降低直接成本或增加服务数量和提高服务质量。旅游者旅游效益提高了,旅行社的客源就会得到保证和提高,旅行社的竞争力也就提高了。

旅行社产品开发的经济效益原则还表现在旅行社产品的总体结构应尽可能保证接待能力与实际接待量之间的均衡,减少因接待能力闲置造成的经济损失,如图5-1所示。

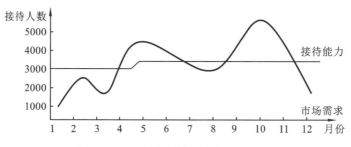

图 5-1　市场需求与接待能力差异分析

图5-1中接待能力曲线与市场需求曲线之间存在明显的差距,有时市场需求大大超出接待能力,有时市场需求又大大低于接待能力,二者吻合的机会极少。当然,我们并无力达到绝对的平衡,事实上,绝对的平衡也不存在。但我们却可以通过产品的优化组合和必要的辅助手段,如价格调节,使旅游需求尽可能与旅行社的接待能力相平衡。

(三)旅游点结构合理的原则

旅行社在设计旅游线路时,应慎重选择构成旅游线路的各个旅游点,并对之进行科学的优化组合。具体来讲,在旅游线路的设计过程中应注意以下几点。

1. 杜绝重游同一旅游点,避免安排过多同类且相似程度大的旅游点

在条件许可的情况下,一条旅游线路应尽量避免重复经过同一旅游点。因为根据满足效应递减规律,重复会影响一般旅游者的满足程度。对同一类旅游景点,要根据旅游团成员的知识水平、宗教背景、职业特点、旅游动机等来综合考虑同类旅游点的相似程度大小。

2. 旅游线路安排合理

同一旅游线路各旅游点之间的距离不宜太远,以免使大量时间和金钱被耗费在旅途中。

3. 景点数量适当

目前,短期、廉价是大众旅游者的追求目标,出境旅游时间一般在1—2周,而国内游一般在4—7天,省内游在1—2天。针对不同的旅游形式,景点数量的选择要考虑旅游者的生理和心理需求状况。一般情况而言,在出游时间限定的情况下,过多地安排旅游点,容易使

旅游者紧张疲劳,达不到休息和娱乐的目的,也不利于旅游者深入细致地了解旅游目的地。同时,景点安排过多,对旅行社产品的销售也会产生不利影响,使旅游回头客减少。但是对出境游而言,在体力、时间、财力允许的情况下,景点的数量可适当增多。

4. 顺序符合游客期望

在交通安排合理的前提下,同一线路旅游点的游览顺序应由一般的旅游点逐步过渡到吸引力较大的旅游点,这样可以使旅游者感到高潮迭起,而非每况愈下。另外,可以结合不同的重大国际时事,对旅游线路的安排进行调整。针对热点影视、文艺作品的旅游线路的顺序安排,其原理也是相同的。

5. 特色各异

一般情况下,不应将性质相同、景色相近的旅游点编排在同一线路中,否则会影响旅游线路的吸引力。当然,专业考察旅游则另当别论。例如,"广州—桂林—上海—北京"一线,正是由于各旅游城市独有的特色和科学的组合而成为我国在国际旅游市场中畅销的旅游线路。

(四)交通安排合理的原则

交通工具的选择应以迅速、舒适、安全、方便为基本标准。在具体安排上,长途一般应乘坐飞机。交通工具的选择还要尽量与旅程的主题相结合,同时要保证交通安排的衔接,减少候车(机、船)的时间。

(五)服务设施确有保障的原则

旅游线路途经旅游点的各种服务设施必须得到保障,如交通、住宿、饮食等。这是旅行社向旅游者提供旅游服务的物质保证,缺少这种保证的旅游点一般不应考虑编入旅游线路。

(六)内容丰富多彩的原则

旅游线路一般应突出某个主题,并且要针对不同性质的旅游团确定不同的主题,如"草原风光旅游""中国名酒考察旅游"等,都有自己鲜明的主题。同时,旅行社还应围绕主题安排丰富多彩的旅游项目,让旅游者通过各种活动,从不同的侧面了解旅游目的地的文化和生活,领略美好的景色,满足旅游者休息、娱乐和求知的欲望。在同一线路的旅游活动中,力求形成一个高潮,加深旅游者的印象,达到宣传自己、吸引旅游者的目的。旅游活动内容切忌重复,尤其在殿堂、庙宇的安排上,更应仔细、慎重。因为我国这类古建筑不胜枚举,而它们对一般旅游者来说,往往大同小异。

六、旅行社产品开发流程

旅行社产品开发的流程可以分为产品创意、评价与选择,试产与试销,投放市场,评价与检查四个阶段。

(一)旅行社新产品的创意、评价与选择

从旅行社产品开发的角度来看,旅行社产品包括与竞争对手相同的产品、相似的产品、完全不同的产品。相同的产品指的是景点、线路顺序、酒店等级等相同的产品,这类产品开发成本最低,但是旅行社形象很难树立。相似产品指的是在产品核心服务的基础上增加便利服务与辅助服务,从而与竞争对手相区别的产品。与竞争对手完全不同的产品指的是从主题到内容完全创新的产品,这类产品投入资源最多,风险最大,但有利于树立旅行社形象,使旅行社有机会成为市场领导者。这里我们所讲的产品开发,指的是与现有市场竞争对手完全不同的产品的开发。

受市场需求、竞争对手产品、其他相关信息的启发,旅行社可以提出产品的创意与构思,产品构思越多,选择的余地就越大。将新产品创意和构思与旅行社的发展目标、业务专长和接待能力等要素结合进行可行性论证(见表5-2),根据可行性指数的大小,决定新产品开发的顺序。

表 5-2 旅行社产品创意评价表

影响因素	重要性系数	评价等级					得分
		5	4	3	2	1	
销售前景	0.25	√					1.25
盈利能力	0.25		√				1.00
竞争能力	0.20			√			0.60
开发能力	0.20			√			0.60
资源保障	0.10			√			0.30
可行性指数	1.00						3.75

旅行社产品创意评价的关键在于对专家的选择,要选择对旅游市场需求变化熟悉、对旅行社竞争对手及旅行社自身资源非常熟悉的专家进行产品创意可行性评价。旅行社产品创意评价的成果,就是对旅行社产品创意进行筛选,只留下为数不多的几个,进入方案选择。

方案选择的核心是准确计算各种方案所需成本和将要达到的利润额。因此,许多现代化分析手段的应用,将有助于方案的科学选择。这些方法包括概率法、贝叶斯法、决策树法、马尔柯夫决策法和模拟决策法等。其中概率法的实际应用如下例所示。

某旅行社拟开发某旅游线路,但由于资料原因,该社对该线路的需求量只能大致估计为高、中、低和很低四种情况,而每种情况出现的概率也无法预测。为开发此线路,该旅行社设计出4种方案,计划经营3年。根据计算,各方案的损益额如表5-3所示。

表 5-3 线路设计方案损益额分析对比

市场形势	出现概率	方案1利润	……	方案 N 利润
非常有利市场	P_1	R_{11}		R_{N1}
有利市场	P_2	R_{12}		R_{N2}
正常市场条件	P_3	R_{13}		R_{N3}
较差市场条件	P_4	R_{14}		R_{N4}
最差市场条件	P_5	R_{15}		R_{N5}
合计	1	$\sum P_n R_{1n}$		$\sum P_n R_{Nn}$

根据表5-3,将每种市场形势下每种方案的利润加权平均求和后,得出每一种方案的可能利润,然后进行排序,所获利润最大者优先开发。

(二) 旅行社新产品的试产与试销

产品研制出之后,一般先小规模投入市场,做一次至数次的试销,试销的结果作为是否大规模投入市场的参考。

在旅行社产品大规模投入市场后,旅行社应从市场反应、产品发展潜力、竞争态势、价格和损益平衡等方面对产品进行分析(见图 5-2)。如果销售效果较差,很难达到保本销售量,就要停止投入市场。

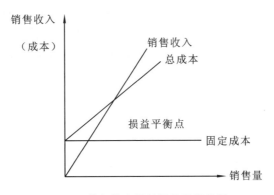

图 5-2 旅行社产品的损益平衡分析

此外,产品试产与试销阶段,还有检验市场经营组合策略的优劣、发现问题、解决问题的任务。

(三) 旅行社产品投放市场

经过一段时间的试销,如果效果良好,旅行社就应该把新产品全面投入市场,恰当运用销售、促销等市场营销手段,尽量扩大市场占有率,提高产品的销售量与利润率。

(四) 旅行社产品的评价与筛选

产品投入市场并不是产品开发过程的结束,旅行社还应每过一段时间,一般是在每一个旺季结束、下一个旺季到来之前,对现有产品进行竞争力评价,从中选出畅销及竞争力强、潜力大的产品和没有发展前途的产品。旅行社可用波士顿咨询集团模型及通用电气模型对现有产品进行评价。

七、旅行社旅游服务的采购

旅行社产品的综合性决定了旅行社并不具备其产品生产所需要的所有服务,其产品生产过程中所需要的许多服务项目,都是由相关旅行社和部门提供的。因此,对于旅行社来说,旅游服务的采购是其产品开发中的一项不可缺少的业务。

(一) 旅行社旅游服务采购的内涵

旅行社的性质决定了其在旅游服务企业与旅游者之间的代理身份,不管是团体包价旅游还是单项旅游服务,旅行社都是从旅游服务供应商手中购买其产品与服务,然后代理或开发产品销售给旅游者,因此它必须从旅游服务供应商手中采购必要的旅游服务。在计划经济时代,采购的功能由计调部门承担,但在市场经济条件下,旅行社旅游服务采购能更好地反映旅行社这部分业务的特点和本质。

（二）旅行社旅游服务采购的基本任务

1. 保证旅游线路各环节服务的供应

既然旅行社产品的"原材料"大部分是由其他旅游服务企业供应的，那么旅行社能否满足其顾客的需求，便在很大程度上取决于能否采购到其所需要的服务。

旅行社在销售产品时，需要明确产品的内容和范围，并规定其数量和质量。在旅游者到达目的地旅游时，如果由于采购工作出现失误，不能完全兑现销售时的诺言，例如，使旅游者乘不上规定航班的飞机、住不上规定的饭店客房、看不到应看的节目、吃不到应吃的餐食等，都有可能引起旅游者的不满甚至投诉，影响旅行社的声誉。此外，旺季是旅行社业务最多的季节，但各种旅游服务在旺季常常处于供不应求的紧张状态，如果旅行社的采购工作不够得力，导致预订不到足够的机票、客房等，就会失去很多业务，若因此使得已经成交的旅游团退团，将会造成更为严重的经济损失和信誉损失。

旅行社采购工作的任务，就是保证提供旅游者所需的各种旅游服务，这是旅行社业务经营中一个非常重要的方面。特别是由于我国旅游业的发展历史较短，基础薄弱，在客流量大幅度变化的情况下，常常会出现某些旅游服务供应紧张的现象，要确保按质、按量地提供各种服务，确实不是一件易事。

2. 降低成本

在旅行社的产品成本中，直接成本占大部分。因此，旅行社降低成本的主要目标，应放在决定直接成本的关键性因素——采购价格方面。

目前，我国旅行社行业的价格战很激烈，旅行社的利润率呈不断下降的趋势。在此种情况下，如果旅行社的采购工作得力，采购价格比别的旅行社低，就可以争取到更多的客源；反之就会失去许多客源。也就是说，降低采购价格对增加旅行社的营业额和利润具有越来越重要的意义。

此外，旅行社常常会因为相关产品价格的变化或通货膨胀等原因调整自身产品价格。而旅行社出售的产品，从报价到成交总有一个时间差，如果在旅行社报价与成交之间某些旅游服务价格上涨幅度过大，将给旅行社造成很多困难，如果随之涨价，将会导致消费者的不满而丢掉客源；如果自行消化，就会降低利润甚至亏本。因此，如何尽可能地保持产品成本的稳定，也是采购工作的一项任务。

3. 保证质量

旅行社性质的一个重要特点是代理，它代理旅游者从旅游服务提供商中采购旅游服务，因此，在与不同旅游服务商的长期合作中，要对旅游服务商的产品质量不断进行考察并提出调整要求。

（三）旅行社采购业务

旅行社产品的高度综合性和旅行社业务强烈的季节性，决定了建立旅行社协作网络的必要性。不仅如此，旅行社协作网络的质量，还将直接决定旅游服务采购的质量，并由此对旅行社的产品质量产生直接影响。

建立协作网络是旅游服务采购的基础工作。它是指旅行社通过与其他旅游企业及与旅游业相关的各个行业、部门洽谈合作内容与合作方式,签订经济合同或协议书,明确双方的权利、义务及违约责任,能保证旅行社所需旅游服务的供给。

1. 交通公司服务采购

旅游产品包括景区间交通服务与景区内交通服务。一般远程距离采用航空交通,如出境旅游和国内游单段旅行距离超过12个小时的旅行。中程距离采取铁路交通,可以降低旅游成本。近程距离一般采用公路交通,个别景观走廊如三峡或者其他海河度假产品,只能采购轮船交通服务了。

2. 住宿服务采购

根据不同的旅游产品采购不同的住宿服务,例如,不同区位的酒店,如位于城市中心的商务型酒店、位于生态环境较好的区域的度假型酒店;不同功能的酒店,如会议型酒店、公寓型酒店;不同计价形式的酒店,如欧式计价酒店、美式计价酒店、欧陆式计价酒店、修正美式计价酒店及百慕大式计价酒店;不同星级的酒店等。住宿服务采购要根据旅游产品的特点,在价格、功能、区位、风格等方面选择恰当的酒店。

3. 餐饮服务采购

对现代旅游者来说,用餐既是需要又是旅游中的享受。餐馆的环境、卫生,饭菜的色、香、味、形,服务人员的举止与装束,餐饮的品种以及符合客人口味的程度等,都会影响旅游者对旅行社产品的最终评价。旅行社必须与餐饮业建立良好的合作关系,这是旅游服务采购中选择余地较大,而且关系重大的一项工作。采购餐饮服务时要注意下列事项:①根据行业标准,选择环境、卫生、食品达标的餐馆;②所选餐馆位置要靠近旅游线路,避免为就餐而耽误旅游行程;③按旅游合同标准订餐,个别要求要及时准确转告餐馆。

4. 游览服务采购、购物商店的选择、娱乐服务采购

旅行社应严格根据产品的需要,与相关企业就价格、付款方式、相互的责任与义务达成协议。购物商店与娱乐服务公司要选择商誉良好的对象。

5. 保险服务采购

旅游保险,是旅游活动得到可靠社会保障不可忽视的重要因素,是指对旅游团(者)在旅游过程中,因发生各种意外事故而遭受经济损失或人身伤害时,给予经济补偿的一种制度。旅游保险有利于保护旅游者和旅行社的合法权益,还有利于旅行社减少因灾害、事故遭受的损失,成为一种风险转移技术。它对旅行社的发展具有重要意义,并为旅行社和保险公司提供了合作的前提和基础。

6. 异地接待服务采购

组团旅行社所安排的旅游团(者)在各地的旅程,需要各地接团旅行社提供接待服务。而这对组团社来说,也属于旅游服务采购的范围。组团社应根据旅游团(者)的特点,发挥各接团社的特长,有针对性地选择接团社。接团社接待服务中自身不能供给的部分,则应同样通过采购来解决。

总之,旅行社产品的特点决定了旅行社业务合作的广泛性,而在社会主义市场经济条件下,旅行社与旅游业其他部门和行业之间关系的核心是互利基础上的经济合同关系。只有这种在法律制约下的合作关系,才是旅行社协作网络稳定、健康发展的基础。

（四）旅行社旅游服务采购的管理

1. 建立广泛的采购协作网络

为了达到保证供应的目的，旅行社应该和有关的旅游服务供应企业，如饭店、餐馆、车船公司等建立起广泛的和相对稳定的协作关系。特别是在旅游服务供不应求时，协作网络越广泛，旅行社取得这些紧缺服务的能力就越强。在出现供过于求的情况时，采购工作的重点应转向取得优惠价格方面，而为了得到最便宜的价格，也同样需要有一个广泛的协作网络。

旅行社要建立和维持广泛的协作网络，一要善于运用经济规律，与协作企业建立起互利的协作关系；二要善于开展公关工作，促使企业领导之间及有关购销人员之间建立起良好的人际关系。

2. 正确处理保证供应和降低成本的关系

保证供应和降低成本，是旅行社采购工作同等重要的两大任务，但在实际工作中，这两者常常是矛盾的。旅行社要视不同情况在这两者之间选择不同的重点，或者说采取不同的策略。

当某种旅游服务供不应求时，谁能获得它，谁就能在市场上具有更强的竞争力。例如，当航空运力十分紧张时，许多旅行社都无法采购到足够的机票，如果哪家旅行社能够得到比别的旅行社更多的机票，它就可以接待更多的旅游者，从而获得更多的利润。由此我们可以得知，在供应紧张时，旅行社采购工作应该以保证供应为主要的采购策略。反之，当某种服务供过于求时，保证供应已经不成问题，旅行社就应致力于获得最便宜的价格，通过降低成本来增强自己的竞争力，获得更多的利润。也就是说，在供应充足时，应该以降低成本作为主要的采购策略。

3. 正确处理集中采购与分散采购的关系

旅行社是旅游中间商而不是旅游消费者，它把旅游者的需求集中起来向旅游服务供应企业采购，这种采购是批量采购而不是零购。按照商业惯例，在买方市场的条件下，批发价格应该低于零售价格，而且批发量越大，价格也就越低。因此，旅行社应该集中自己的购买力以增强自己在采购方面的议价能力。

所谓集中购买力有两个方面的含义，一是把本旅行社各部门和全体销售人员接到的全部订单集中起来，通过一个渠道对外采购；二是把集中起来的订单尽可能集中地投向供应商进行采购，用最大的购买量获得最优惠的价格，这是采购工作的一般规律。

但是，在供不应求的紧张情况下，分散采购可能更易于获得旅游者所需的服务。而在供过于求十分严重的情况下，分散采购往往能够得到便宜的价格。这是因为集中采购数量虽大，但其中远期预订较多，而远期预订具有较大的不确定性。例如，当旅行社和旅游服务供应单位谈判第二年的采购合同时，旅行社可以提出一个很大的采购计划，但到来年，可能会由于种种原因使实际采购量比计划采购量减少很多。也就是说，计划量大，"水分"（即取消率）含量可能也高，卖方会因此对买方计划的可靠性缺乏信心，也就不一定愿意把价格定得很低。反之，分散采购多是近期预订，预订时旅行社一般已有确定的客源，卖方迫于供过于求的压力，常常愿意以低价出售。

针对以上规律,旅行社可以采取两种策略,一是和卖方商定适当的数量折扣,采用这个办法后,不论今后的实际采购量如何,买卖双方都有利可图;二是如果旅行社判定来年将出现严重的供过于求,可以采用分散采购的策略,用近期预订的数量获得优惠价格。但是,无论对卖方采取集中还是分散的采购策略,旅行社都应把内部的购买力集中起来统一对外。

4. 正确处理预订和退订的关系

旅游属于预约性交易,旅行社一般在年底根据其计划采购量与旅游服务供应企业洽谈来年的业务合作事宜。计划采购量一般是由旅行社参照前几年实际客流量,并根据对来年的市场预测确定的。计划数字和实际采购量之间总有差距,如果实际采购量不足,旅行社就要临时退订,而卖方对退订是有时间限制的。例如,旅游团预订到达日期以前2周是退订截止期限,如在限期之后退订,卖方要向旅行社收取罚款,退订越晚,罚款额占售价的比例越高,最高可达100%。反之,如果实际到客数超过预订数,旅行社就要临时增订,卖方增订一般也有数额限制,有时也要多收费用。当然,旅行社希望退订的限期越晚越好、增订的限额越高越好、罚款越少越好,而卖方的要求正好相反,这就要求双方通过协商,达成一致意见。

买卖双方协商的结果不可避免地会受到市场供求状况的影响,一般来说,供过于求的市场状况有利于旅行社获得优惠的交易条件,另一方面,双方协商的结果还取决于旅行社的采购信誉,如果在过去几年中旅行社的采购量一直处于稳定增长状态,其计划采购量与实际采购量之间的差距比较小,卖方就愿意提供较为优惠的条件。

5. 加强对采购合同的管理

旅游采购不是一手交货、一手交钱的简单交易,而是一种预约性的批发交易,是一次谈判、多次成交的业务,谈判和成交之间既有时间间隔,又有数量差距。采购合同的基本内容有以下五个方面。

1) 合同标的

合同标的,是指合同双方当事人权利、义务指向的事物,即合同的客体。旅游采购合同的标的,就是旅行社购买和旅游服务供应企业出售的旅游服务,如客房、餐饮、交通运输等服务。

2) 数量和质量

由于旅游采购合同是预购契约,不可能规定确切的购买数量,而只能由买卖双方商定一个计划采购量,或者是规定一个采购和供应幅度。关于质量要求可由双方商定一个最低的限度。

3) 价格和付款办法

采购合同中应规定拟采购服务的价格。由于价格常常随采购量的大小而变动,而合同中又没有确定的采购量,因此,可商定一个随采购量变动的定价办法,还要规定在合同期内价格可否变动及其条件。在国际旅游业中还要规定交易所用的货币以及在汇率变动时价格的变动办法,此外,还要规定优惠折扣条件、结算方式及付款时间等。

4）合同期限

合同期限,指签订合同后开始和终止买卖行为的时间。旅游采购合同一般是一年签一个,也有旅行社每年按淡旺季签两个合同。

5）违约责任

违约责任,是指当事人不履行或不完全履行合同所列条款时应负的法律责任。按《中华人民共和国民法典》的规定,如果合同当事人有违约行为或有主观上的过错,就应该由过错方承担违约责任,在双方当事人自愿协商的基础上,根据等价补偿的原则,以支付违约金、支付赔偿金、返还定金等方式承担违约责任。但由于不可抗力、情势发生变迁或法律法规规定、合同约定的免责条件导致的违约的责任可以免除。

本章小结

本章主要包括三部分内容,旅行社市场定位、旅行社产品的开发及旅行社旅游服务的采购。旅行社市场定位是旅行社在市场调研的基础上,在旅行社市场细分及目标市场选择之后进行的工作。其核心是树立与竞争者的差异并通过各种手段把这种差异留在目标市场旅游者的心目中,以促进旅行社的发展。旅行社产品开发是在旅行社战略、市场定位策略确定以后对旅游供应商产品进行恰当设计的过程。最后部分介绍了旅行社采购管理的主要目标与主要管理措施。

关键概念

旅行社市场细分　旅行社目标市场策略　旅行社市场定位　旅行社产品开发原则　旅行社采购管理措施

复习思考题

□讨论题

1. 旅行社市场细分有哪些作用?
2. 旅行社无差异目标市场策略的含义是什么?在什么条件下可以应用?
3. 旅行社差异性目标市场策略比密集性目标市场策略优越吗?
4. 试分析当地旅行社市场两家主要竞争对手旅行社的定位策略的差别。
5. 旅行社产品开发的市场原则是什么?
6. 旅行社旅游服务采购的目标包括哪些?

案例分析

广交会前后某酒店开房率与房价

【问题】

旅行社与此类酒店在广交会(100届后更名为中国进出口商品交易会)前后应如何合作?

分析提示:

1. 商务团与豪华观光团的时间差。
2. 邻近地区的高星级酒店协作网络。
3. 广州酒店业的淡旺季与珠江三角洲酒店业淡旺季的区别。

第六章

旅行社市场推广策略

学习目标

通过本章的学习,使学生掌握旅行社价格策略、销售渠道策略,能对旅行社的销售过程提出有效的、针对性强的对策;掌握旅行社促销目标确定与预算确定的方法,能根据目标市场、产品特点及旅行社可支配资源制订合理的促销计划,评价并选择适当的媒体推广形式。

案例引导

航空公司的保本销量如何算?

思考题:
阅读案例并思考,如何计算产品的盈亏平衡点的销售量?

旅行社市场推广的核心内容,是如何把旅行社及其产品信息通过价格决策、销售渠道、各种媒体广告方式等传达给目标市场,让目标市场了解旅行社及其产品,并使部分潜在旅游消费者转变为现实旅游消费者。旅行社市场推广包括销售、促销及售后服务等重要内容,对于旅行社而言,对销售过程、促销、售后服务的管理具有非常重要的意义。

第一节 旅行社的销售策略

一、旅行社的价格策略

（一）旅行社产品的定价变化域

根据市场营销的基本原理可以得知,旅行社产品价格变化的值域,下限为产品成本决定的最低价格,上限为旅游者对产品价值的认识和购买能力决定的旅游产品的最高价格。而旅行社产品的价格就在上述值域范围内因市场竞争形势的变化而波动,旅行社产品的价格波动范围如图6-1所示。

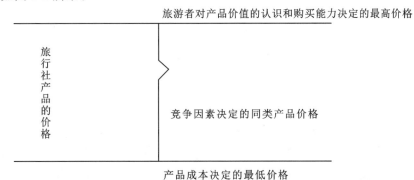

图6-1 旅行社产品价格波动范围

旅行社产品成本是旅行社制定销售价格的直接根据,在大多数情况下,旅行社产品的最低价格和旅行社的企业性质决定了旅行社的经营是以保本为前提的。以产品成本为依据确定的产品销售价格,可以简单地表述为产品成本、利润与税金之和。在旅行社行业利润率和国家确定的税率相对稳定的情况下,产品成本的高低直接决定旅行社产品售价的涨落。而旅行社产品的成本在许多情况下,并非旅行社单方面所能控制的,它会受到许多因素的影响,如旅游产品供应商根据自身经营情况进行的价格调整、全社会零售物价总指数的变动、汇率变动、国家政策变化等。

由于部分旅行社产品的销售(团体包价国际旅游等)是一种预约性交易,即旅行社与旅游者达成交易在先,旅行社实际提供服务和旅游者实际消费产品在后,价格往往需提前半年或更长时间报出。根据国际惯例,旅游价格一经报出,在执行时限内要保持相对稳定,不宜频繁更改,这是维护旅行社声誉的必要条件。因此,旅行社在制定产品销售价格以前,应注重研究价格的变化趋势及影响因素,尽量避免由于当地价格变化而给旅行社带来损失。

（二）影响旅行社产品价格的因素

旅行社产品也是商品,因此影响商品价格的因素也会影响旅行社产品的价格,此外,旅行社产品不同于制造业产品和其他服务业产品,因此其价格还会受到由旅游产品特征所决定的其他因素的影响。

1. 供求关系

旅行社在制定产品售价时,必须考虑售价与市场供需之间的内在联系,即供给量、需求量与价格之间的相互关系。在一定时期内,假如供给是一定的,那么如果需求增加,价格就会上升;如果需求减少,价格就会下降。此为需求规律。

在一定时期内,假如需求是一定的,那么如果供给增加,价格就会下降;如果供给减少,价格就会上升。此为供给规律。

如果市场供求平衡,就存在一种均衡价格。此价格既满足需求者的需要,又适应供给者的需要,如图 6-2 所示。

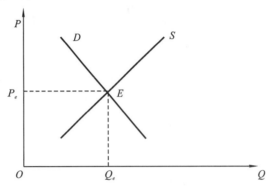

图 6-2　旅游供给量、需求量与价格关系示意图

图 6-2 中,横轴表示旅游供给量与旅游需求量,纵轴表示价格,D 为旅游需求线,S 为旅游供给线。两者相交处 E 点表示旅游需求量与旅游供给量 Q_e 在价格为 P_e 时达到均衡状态。由于市场供求的相互作用,供需一旦达到平衡,产品价格就趋于稳定,但这种均衡和稳定只是暂时的,很快又会产生新的不均衡和不稳定。

在垄断竞争市场条件下,某家旅行社改变产品价格,行业内也发生同样的变化时,这家旅行社所占的市场份额不会变化。如果市场内有 N 个垄断竞争者,那么,发动价格变化的这家旅行社所占的市场份额还是 $1/N$。因此,在垄断竞争市场条件下,发动降价会导致全区域内旅行社业的价格持续走低。

2. 需求的价格弹性

需求的价格弹性表明需求对价格变动的反应程度,可用下式表示:

$$E_p = \frac{\Delta Q}{Q} \div \frac{\Delta P}{P} = \frac{\Delta Q}{\Delta P} \times \frac{P}{Q}$$

式中,E_p 代表需求的价格弹性,Q 为需求量,ΔQ 为需求量变化量(即价格变动后的需求量 Q_2 与价格变动前的需求量 Q_1 之间的差,亦即 $Q_2 - Q_1$),P 为价格,ΔP 为价格变化量(即变动后的价格 P_2 与变动前的价格 P_1 之间的差,亦即 $P_2 - P_1$)。

由于价格与需求量在一般情况下成反比例,所以得值为负数,分析时采用其绝对值。如果需求的价格弹性系数 $E_p = 1$,说明价格的变动幅度与需求量的变动幅度相同,我们称之为需求的单元弹性,销售收入不会因价格的变化而发生变化。若 $E_p > 1$,说明需求有弹性,即需求量的变动幅度大于价格的变动幅度。若 $E_p < 1$,说明需求无弹性,即需求量的变动幅度小于价格的变动幅度。

一般来说,旅行社产品的需求弹性较大,因为旅游是一种高级消费方式,不同于生活必需品。这就要求旅行社在利用价格调节需求时,充分考虑到需求弹性的大小,尽量避免价格决策的失误。

此外,旅行社产品价格的高低,对旅游者目的地的选择、停留时间和支出水平影响很大。因而价格弹性系数也是旅行社制定合理的旅游地区差价、季节差价、质量差价和数量差价的重要依据。

3. 成本变动

受通货膨胀、供给状况、协作部门价格调整等因素的影响,旅行社产品的成本会发生相应的变化。这就必然会影响到旅行社产品的售价。旅行社产品的销售是一种预约性交易,使产品利润在从报价到成交付款,以及旅游开始的时间内都可能会受到成本价格变动的不利影响。按照国际惯例,旅行社产品的价格一经报出,则在本年度内原则上不能涨价,如果涨价的依据目的地政府的决定和通知,则应给相关产品经营者一定的推迟执行期限。这就要求旅行社在每年对外报价时,应充分考虑可能的成本变动因素,以免使自己陷入被动状态。

4. 汇率变化

汇率是两种不同货币之间的比价,也是一国货币单位用另一国货币单位所表示的价格。旅行社在国际旅游市场的产品售价,一方面取决于产品本身的价值,另一方面取决于本国货币与外国货币的比率。在旅行社产品价值不变的情况下,产品售价应与汇率变化呈反比例变化。即为避免由于汇率变化带来的损失,在人民币贬值时,旅行社应适当提高产品的售价;在人民币升值时,为避免因价格的实际上涨而失去客源,旅行社应适当降低产品的售价。

但在实际经营中,旅行社应根据具体情况采用相应的措施,人民币升值时,若需求的汇率弹性(即需求对汇率变化的反应程度)小于1,旅行社应以人民币或其他坚挺货币报价;若需求的汇率弹性大于1,旅行社则应降低价格或以疲软货币报价,亦可考虑开发新的客源市场。人民币贬值时,若需求的汇率弹性小于1,旅行社应以坚挺货币报价,或者考虑开发新的客源市场;若需求的汇率弹性大于1,旅行社则应以人民币或其他疲软货币报价。但是,如前所述,旅行社的产品销售是一种预约性交易,价格往往需提前半年或更长的时间报出,而且根据国际惯例,产品价格一经报出,在执行年度要保持相对稳定。因此,如何减少由于汇率变动给旅行社带来的影响,便成为旅行社一个极为重要的课题。

国际上通用的外汇保值措施主要有四种,即选用硬货币保值、价外加汇差、提前汇款和固定汇率。我国旅行社大都选用了固定汇率法。这一措施的核心是在对外报价时增加固定汇率的保值条款,即事先确定汇率,并以此作为对外结算的依据,使结算不受政策性外汇调整的影响。

5. 产品特性

旅行社产品主要是一种无形的服务,其无形性决定了它具有不可储存的特性。这就要求旅行社的产品价格应对供求变化及时做出敏锐和灵活的反应,特别是在供过于求的情况下,应该在可能的情况下为争取客源促成迅速销售,以减少不必要的损失。与此同时,旅行社产品的综合性使得旅行社的销售承诺涉及众多的服务预订,如果旅游者大量退订(这可能导致旅游团因人数不足而无法出团)而旅行社又不能将已经预订的服务及时销售出去,就会给旅行社造成声誉和经济方面的损失，这就使得旅行社产品的售价在团体临出发前可能变得很低。

在有些情况下，旅行社可以通过一些措施来减轻产品特性对价格的影响，如有的旅行社对一些热线团采取固定地点固定时间组团，不管人数多少按时出发，这样经过长期的努力，通过大量采购而获得的规模经济、兼职导游人员的聘用、旅行社信用等多种因素保证了自己的利润。

6. 国家政策

目前，我国的市场经济尚在发育完善之中，价格往往不是完全自发形成的。国家可能通过控制旅游产品的一个环节的价格影响旅行社产品的最终价格，也可能直接干预旅行社产品的价格，以兼顾国家、集体、个人三方面的利益。但是，市场机制已成为影响价格的主要机制，旅行社产品价格受国家干预的程度越来越低。国家旅游行政管理部门更多地致力于旅游市场秩序的建立。因此，国家价格政策对旅行社产品价格的影响在逐渐减少。

（三）旅行社产品的定价方法与策略

旅行社产品的特殊性决定了其定价方法的特殊性，旅行社的定价和旅游者对旅行社产品的质量及满意度密切相关，正如图6-1所示，旅行社的代理性质决定其产品定价不能低于成本，旅游者对产品价值的感受、认识决定了高于成本多少的决策问题的解决主要是由顾客主导的。

1. 成本加成定价法

成本加成定价法是以成本为中心的常用定价方法。它是在产品单位成本的基础上增加一定比例来确定产品售价的方法。从理论上讲，旅行社产品的价格应包括直接成本、各种费用、税金、利润和固定资产折旧等。但在旅行社的实际业务运行中，人们一般将产品的售价简单地表示为直接成本加利润。这里的利润是包含旅行社各种费用、税金和折旧在内的利润。它通常根据直接成本的一定比例来确定，这个比例可以是旅行社预期的利润率，也可以是旅行社经营管理人员的经验数据。但无论如何，这一比例的大小都受本地区旅行社行业平均利润率的影响。事实上，在目前我国的旅行社中，除了一些由于各种原因而在经营或产品方面具有垄断性的旅行社以外，绝大多数旅行社采取的都是行业平均的利润率。因此，成本加成的公式便可以表示为：

旅行社单位产品基本价格＝单位产品直接成本×(1＋平均利润率)＝综合服务成本×(1＋利润率)＋房费＋餐费＋城市间交通费＋专项附加费

2. 新产品常用的定价策略

旅行社在这方面的价格策略并不多，在实践中经常使用的主要有以下两种。

1) 取脂(撇油)定价策略

取脂定价策略，主张对新产品采取高价投放市场的政策，这样可以使旅行社在短期内获取高额利润。它适用于经营具有垄断性和需求缺乏弹性的产品。这一策略的缺点在于在产品尚未在旅游消费者中建立起声誉之前，实行高价投放，不利开拓市场；与此同时，如果高价投放销路仍然很好，则会迅速招致竞争者，使竞争白热化，旅行社的高额利润自然也会随着竞争的加剧而降低。因此，取脂定价策略一般只适用于某种新、特产品投放市场的初期，旅行社若想长期采取这一策略就必须不断进行产品创新。

2）渗透定价策略

与取脂定价策略相反,渗透定价策略主张采取低价投放市场的政策,以增加销量,广泛地占有市场,并以此防止竞争者的加入,形成市场进入壁垒,从而达到长期占有市场的目的。这一策略适用于经营缺乏垄断性和需求富有弹性的产品。但这一策略必然导致旅行社经营利润率偏低。

3. 心理定价策略

旅行社可以使用的心理定价策略主要包括尾数定价法、声望定价法和吉祥定价法三种。①所谓尾数定价法,是相对于整数定价法而言的,它是指旅行社在确定产品价格时,采用低于但又非常接近下一个整数的数字作为产品的销售价格。如使用999元而非1000元,虽然两者之间只相差1元,但旅游者的心理感觉却大不相同。②声望定价法,是指有声望的企业采取的高价策略,一般名牌企业经常使用这一定价策略。③吉祥定价法,是采用诸如666、888、999等具有吉祥意义的数字作为产品售价的策略。

4. 优惠价和差价策略

旅行社产品的优惠价主要包括现金折扣和数量折扣等,旅行社产品的差价主要包括等级差价、季节差价、地区差价、年龄差价、职业差价等。

现金折扣是旅行社给那些现付产品款项的一种优惠,实质上是一种变相的降价赊销,鼓励买方提早付款的一种方法。这种方法有利于旅行社及时收回贷款,加速资金周转,扩大产品经营。

数量折扣是旅行社根据中间商销售业绩大小而给予的一种折扣,主要鼓励中间商为旅行社提供更多的客源,可分为累计折扣和非累计折扣。

虽然旅行社在价格方面有多种策略可供选择,但旅行社无论采用哪种定价方法和定价策略,旅行社产品价格还是要符合一般商品的价格规律,即价格必须反映产品的价值;价格要有连续性和稳定性;对不同的市场价格要有灵活性;要特别注意和竞争对手产品价格的比较;合理安排各项服务之间的比价关系;产品价格要服从所在地区与国家政策的要求。

二、旅行社的销售渠道策略

（一）旅行社产品的销售渠道

旅行社产品的销售渠道是指旅行社将其产品提供给最终消费者的途径,又叫销售分配系统。旅行社产品的销售渠道主要包括两大类,即直接销售渠道和间接销售渠道。所谓直接销售渠道,是指旅行社直接将产品销售给最终消费者,没有任何中间环节介入。间接销售渠道,则是指在旅行社和旅游产品的最终消费者之间,介入了中间环节的销售分配系统。间接销售渠道可以只有一个中间环节介入,也可以有多个中间环节介入。如我国的旅行社通过国外的旅游批发商或旅游零售商销售其旅游产品时,采用的就是间接销售渠道。

目前,我国的国际旅行社在入境旅游业务中,采用的主要是间接销售渠道。因为任何一家旅行社都不可能也没有必要在所有市场设立销售机构,更何况并非所有国家和地区都允许外国旅行社进入。与此同时,由于我国的旅游业起步较晚,现有的国际旅行社大都对主要客源地情况缺乏全面、深入的了解。在此情况下,采用直接销售渠道不仅成本高,而且效果差。此外,我国主要客源产生国或地区的旅游中间商,一般都拥有自己相对稳定的目标群体,对于当地旅游者的消费心理和需求特点比较了解,并可以有针对性地组合产品,这就为我国的国际旅行社利用海外中间商销售其产品提供了良好的条件。正因为如此,尽管采用间接销售渠道存在一些不利之处,如加价或佣金导致我国旅行社产品直观价格偏高等,我国绝大多数的国际旅行社还是选择了间接销售渠道。直接销售渠道只是在小范围内被我国的国际旅行社采用。

具体来讲,我国的国际旅行社在入境旅游业务中主要采取两种形式的间接销售渠道:①通过零售商向国外旅游者销售产品。一般情况下,通过这种渠道销售的产品均为包价旅游,这类产品既适合零散旅游者,也适合团体旅游者。②通过经营商或批发商和零售商向国外旅游者销售产品。在此种情况下,虽然介入了另一环节,但价格不一定比前一种方式高,原因在于经营商或批发商实力较强,通常可以获得较理想的批量价格。另外,批发旅游经营商还可以根据自己的经验和研究结果,对我国旅行社提供的产品进行加工和重新组装,或加上第三国或地区的产品。经这样加工后的产品往往更符合当地旅游者的需要。我国的国际旅行社在入境旅游业务中的销售渠道如图 6-3 所示。

图 6-3　我国国际旅行社在入境旅游业务中的销售渠道

除直接向海外客源地联系招徕客源外,我国许多国际旅行社还注重不断加强与其他组团社的关系,通过横向联系,招徕、接待旅游者。这在我国旅行社实业界被称为地联业务。为使外地组团社对自己有充分的了解,开展地联业务的旅行社应及时向相关组团社提供信息。这些信息主要包括本旅行社的接待能力、旅游活动安排情况、收费标准、各类附加费标准、当地饭店房价、当地旅游资源情况和当地交通状况等。

在出境旅游产品的销售方面,国际旅行社主要采取直接销售渠道策略,同时也采用通过其他旅行社代理销售的间接销售渠道策略。值得注意的是,近几年来,在出境旅游市场上,我国有出境组团权的旅行社互为代理,在价格与质量方面获得竞争优势,提高了成团率,保障了组团社的利益,利益分配更为合理。从表 6-1 中我们可以看出,出境旅游国际旅行社互为代理的比较优势。

表 6-1　出境旅游国际旅行社互为代理的前后比较

实行互为代理前	实行互为代理后
代办点不得直接组织团队进行出境游,并且只能代理一家旅行社产品,二者之间是主从关系,代办点必须以高价向其唯一组团社购买配额	合作双方是伙伴关系,不必再购买配额,并且一家旅行社可以与多家社签订代理协议,可在多个互为代理的平台上选取在价格、质量方面最具竞争力的产品并获得销售佣金,利益分配更合理

续表

实行互为代理前	实行互为代理后
组团社寻找代办点,有时对其资质了解不够,合作后出现问题	有出境游组团资格的旅行社之间互为代理,降低了信息不对称带来的风险
依靠单体旅行社有限客源难以取得价格优势,容易遇到旺季供应得不到保证,淡季价格偏高的情况,丧失市场机会	发展跨地域互为代理关系,整合旅行社销售网络,在采购方面取得规模经济效益
一方无出境游组团资格	老组团社声誉、目的地国家专业知识与技能、接待网络可以帮助新获出境游组团资格的旅行社

在国内旅游方面,我国经济发达地区的国内旅行社,目前大都采取直接销售渠道策略,就地招揽客源,而旅游资源相对丰富的地区,则多通过横向联系获得旅游接待的机会。

(二)旅行社的销售渠道策略

在国际旅游市场中,大的旅游经营商都十分重视对销售渠道策略的研究。他们认为这是影响旅行社产品销量的关键因素之一。除采取直接销售渠道策略直接向旅游者销售产品外,还有三种间接销售渠道策略可供旅行社选择。

1. 广泛性销售渠道策略

对经营国际旅游业务的旅行社来讲,广泛性销售渠道策略是指通过旅游批发商把产品广泛散布给各个零售商,以便及时满足客源地地区或国家的旅游者需求的一种渠道策略。对经营国内旅游业务的旅行社来说,广泛性销售渠道策略是指广泛委托各地旅行社销售产品、招揽客源的一种渠道策略。

旅行社产品的销售和其他日用消费品的销售一样,消费者都希望迅速、方便地满足自己的需求。特别是在旅游发达国家,旅游已经成为多数人的一种生活方式,旅游市场规模大,因此旅游零售商分布更为广泛。广泛性销售渠道策略的优点是采用间接销售方式,选择较多的旅游批发商和零售商销售产品,提高了旅游产品对于潜在旅游消费者而言的可获得性。由于销售渠道广泛,便于旅行社联系广大旅游者和潜在旅游者,在旅行社开始向某一市场推销产品时,采取这种渠道策略有利于发现理想的中间商。这种渠道策略的缺点在于成本较高,而且由于产品销售过于分散,会给旅行社的销售管理增加一定的困难。

旅行社在刚进入某一市场或者刚推出某项新产品时,常采用广泛性销售渠道策略。

2. 选择性销售渠道策略

选择性销售渠道策略,是指旅行社只在一定市场中选择少数几个中间商的渠道策略。在旅游市场中采用广泛性销售渠道策略的旅行社,在经过一段时间后,往往可以根据旅游中间商在市场营销中的作用、组团能力以及销售量的变化情况,选择其中有利于产品推销的几家中间商。这种策略的优点是有目的地选择少数有销售能力的中间商进行产品推销,可以降低成本。其缺点是如果中间商选择不当,则有可能影响相关市场的产品销售。

选择性销售渠道策略一般是旅行社在广泛性销售渠道策略采用一段时间后,经过对旅游中间商的考察,综合考虑市场态势、自身资源及成本效益测算后做出的选择。

3. 专营性销售渠道策略

专营性销售渠道策略是指在一定时期的客源地地区或国家只选择一家旅游中间商的渠道策略。通常情况下,作为旅行社总代理的中间商不能同时代销其他竞争对手的产品。专营性销售渠道策略的优点在于可以提高中间商的积极性和推销效率,更好地为旅游者服务。此外,旅行社与中间商联系单一,可以降低销售成本,而且产销双方由于利益关系紧密,能更好地相互支持与合作。这一销售渠道策略的缺点在于,如果专营中间商经营失误,旅行社就可能在该地区或国家失去一部分市场,若中间商选择不当,旅行社则可能完全失去该市场。

当目标市场存在一个已经形成规模经济效益的旅游中间商、符合旅游中间商考察标准且在近中期带来的利润大于其他两种渠道策略时,可以采取专营性销售渠道策略。

不论采取哪种销售渠道策略,旅行社都要根据销售渠道所需成本与带来的销售收入之差,在比较不同销售渠道所带来的收益、权衡近期利益与中长期利益、综合考虑竞争态势与自身条件的基础上,做出销售渠道决策。

(三)旅游中间商的选择与管理

如上所述,在旅行社采取间接销售渠道时,旅游中间商对旅行社的销售绩效影响巨大,因此,对于中间商的选择与管理,直接决定着旅行社间接销售渠道策略的成败。

1. 旅游中间商的选择

在选择旅游中间商之前,旅行社应首先进行综合分析,明确自己的目标市场,建立销售网的目标,确定产品的种类、数量和质量、旅游市场需求状况和销售渠道策略,在此基础上才能有针对性地选择适合自己需要的旅游中间商。旅行社可以通过有关专业出版物、参加国际旅游博览会、派遣出访团、向潜在的中间商寄发信件资料、访问旅游中间商网站或接团等方式发现中间商,并主动与旅游中间商进行接触和联系。但旅行社无论采用哪种方式选择中间商,都必须首先对旅游中间商的情况进行详细的调查与分析,待时机成熟时,再向旅游中间商明确表示合作意愿。旅行社对旅游中间商的考察应从以下几个方面进行。

1)经济效益

毫无疑问,旅行社选择中间商的目的在于扩大销售、增加收益。因此,旅行社应选择成本相对较低、利润相对较高的销售网和中间商。对经济效益的追求要求注重风险与利润的对称。一般来说,在利润相同的情况下,风险最小的销售渠道便是最理想的销售渠道。但是,风险小往往利润也小,风险大往往利润也大。所以,旅行社应根据自己的经营实力,在利润大小和风险高低之间进行平衡与选择。

2)目标市场的一致性

中间商的目标市场必须与旅行社的目标市场相吻合,而且在地理位置上应接近旅行社客源较为集中的地区。这样便于旅行社充分利用中间商的优势进行产品推销。

3)商业信誉、信用等级及经济实力

旅游中间商应当有良好的信誉和较高的声誉,并具有较强的推销能力和偿付能力。讲究信誉是旅行社利益不受侵害的保证;较高的声誉将决定旅游者对中间商的信任程度,从而直接影响其推销能力;而中间商的偿付能力是双方合作的经济保障。

4)依赖性

中间商的业务范围各不相同,对旅行社的依赖程度也存在差异。有的国外旅游中间商专营中国旅游业务,对我国旅行社具有相当的依赖性,而有的旅游中间商则同时经营许多国家、许多旅行社的产品,对某个具体旅行社依赖性较小,甚至不存在任何依赖性。在可能的情况下,旅行社应对此加以考虑,因为这直接关系到旅游中间商的努力程度。

5)规模与数量

旅行社在同一地区应选择适当数量、适当规模的中间商。因为中间商过多,会造成促销方面资源不必要的重复与浪费,而且中间商推销的积极性也会因粥少僧多而受到影响;中间商过少有可能形成垄断性销售或销售不力的局面。中间商规模大、实力雄厚,则组团能力强,但也往往机构庞大、层次较多,而且也会因此形成垄断性销售的局面,使旅行社受制于人;中间商规模太小,往往组团能力差,不利于旅行社的产品推销。应选择的中间商的规模与数量取决于旅行社的经营实力和销售渠道策略。

6)合作意向

旅行社应通过不同的渠道,了解中间商是否有意向与旅行社合作,若合作意向不强,就会增加谈判成本。旅行社在选定中间商后,便可以与之签订合同,并开展业务合作。

2. 旅游中间商的管理

科学地选择旅游中间商只是工作的一个方面,而有效的管理同样是不可缺少的组成部分。旅行社对旅游中间商的管理主要通过以下四个途径进行。

1)建立中间商档案

建立中间商档案可以使旅行社随时了解中间商的历史与现状,通过综合分析与比较研究,探索进一步合作与扩大合作的可能性,并对不同的中间商采取不同的对策。如对销售得力的中间商应有特殊的条件和优惠,对一些小的中间商,如认为有发展前途,就应该重点扶植培养。此外,还可以根据中间商的组团能力等指标,对中间商进行分类排队等。

各旅行社的中间商档案各不相同,但基本内容大致相同,如表6-2所示。

表6-2 旅游中间商情况登记表

中间商名称				注册国别	
法人代表		营业执照编号		业务联系人	
营业地址				电话与传真	
电子信箱					
与我社建立业务关系途径与时间					
我社联系部门与联系人					
客户详细情况					
备注					

填表人: 填表时间: 年 月 日

中间商与旅行社的合作情况,也应记录在案,并附于中间商档案中,内容参见表6-3。

表6-3 旅行社与旅游中间商合作情况登记表

中间商名称	
合作年度	
合作情况	
备注	

填表人: 　　　　　　填表时间: 　　年　　月　　日

经过一段时间的合作,旅行社对中间商的经营实力及信誉等情况都有了进一步的了解,此时应为中间商档案增加新的内容,如组团能力、经济效益、偿还能力、推销速度等,从而不断扩大、充实中间商档案,为扩大合作或终止合作提供决策依据。

需要特别指出的是,人际关系,特别是个人交往是与中间商友好合作的一个重要因素。中间商档案中应有对中间商的个人资料尽可能详细的记载,而且旅行社应充分运用这些资料发展与中间商的友好合作关系。

2) 及时沟通信息

向中间商及时、准确、完整地提供产品信息,是保证中间商有效推销的重要条件。而从中间商处获得有效信息,则是旅行社产品改造和产品开发的重要依据。

3) 有针对性地实行优惠和奖励

有针对性地奖励中间商给予一定的优惠,可以调动中间商的推销积极性。旅行社常用的优惠和奖励形式包括减收或免收预订金、组织奖励旅游、组织中间商考察旅行、实行领队优惠、联合推销和联合进行促销等。

4) 适时调整中间商队伍

旅行社应根据自身发展情况和中间商发展情况,适时调整中间商队伍。旅行社在下述情况下应做出调整中间商的决策:原有中间商质量发生变化;旅行社产品种类和档次发生变化;旅行社需扩大销售;旅行社要开辟新的市场;旅行社客源结构发生变化;市场竞争加剧等。

三、销售过程的管理

(一) 售后服务方式

旅行社产品存在单项旅游服务与包价旅游两种极端的形态,其销售方式也是截然不同的。

1. 单项旅游服务的销售方式

单项旅游服务的销售分直接销售和委托销售两种形式。直接销售是指旅行社通过其销售柜台,为本地或已经到达本地的旅游者提供各种相关服务,如预订客房、餐食、票务及选择性旅游项目等。其中,有些旅游服务是供旅游者在当地消费的,有些旅游服务是旅游者赴下一目的地旅游所需要的。旅游者根据需要"点菜"并当场付款,旅行社为旅游者提供收据。委托销售是指旅行社委托海外或国内其他旅游城市的旅行社,为旅游者预订到达该地后所需要的各种旅游服务。

2. 包价旅游的销售方式

旅游目的地旅行社的团体包价旅游产品，一般以客源产生地的旅游经营商或旅游零售商为直接销售对象。这在我国入境旅游中表现尤为突出。团体包价旅游又分为系列团和非系列团两种。

1）系列团

系列团是指多次重复安排某一旅游产品，一般由旅游客源产生地的旅游经营商或旅游零售商与旅游目的地的外联旅行社达成协议，在下一个价格年度内组织一条或数条固定的旅游线路，计划每条线路（即每个系列）组织一定数目的旅游团，如每月一团、每周一团，甚至每天一团。系列团的销售方式是一次达成协议，分批送团、分批接待和结算。招徕能力较强的客源地的旅游经营商一般愿意采用这种方式，以节约成本开支。对于目的地旅行社来说，这也是手续简便、营业额较大和效益较高的一种销售方式。

2）非系列团

非系列旅游团是指一次性销售的旅游产品，一般由客源地旅游经营商或旅游零售商计划组织旅游团，对旅游目的地外联社提出线路要求并咨询价格。目的地旅行社如愿意接受则呈报价格，客源地旅游经营商或零售商如接受其价格即复函确认（通常需经过价格磋商）。这类非系列旅游团的比重相当大，特别是奖励旅游团、会议旅游团及各种专业旅游团几乎全都是非系列团。

在此需要特别指出的是，旅行社产品的特性，决定了旅行社通常采取预售的方式销售其产品，即旅行社产品的交易属于预约性交易的范畴，对于团体包价旅游的系列团来讲更是如此。这包括两层含义，其一，旅行社产品的价格往往需提前半年或更长时间报出。根据国际惯例，旅游价格一经报出，在执行年度要保持相对稳定，不宜修改，这是维护旅行社声誉的必要条件。因此，旅行社在制定产品售价以前，应注重调查研究价格的变化趋势及影响因素，尽量避免由于当地社会价格变化给旅行社带来的损失。其二，按照我国现行规定，旅游团通常需要预先交费，确认购买特定的旅游产品，而旅游活动通常是在旅游者交费后一段时间才发生的。在旅行社产品出售和实际旅行开始的这段时间内，如果由于各种原因发生附加费用，旅行社有以下五种不同的应对方式。

(1) 全部转嫁。

全部转嫁即旅行社在产品目录中做出明确规定，当产品产生附加费用时，旅行社把它们全部转嫁到旅游者身上。如此一来，旅行社的产品报价会因不必考虑可能发生的附加费用而具有一定的吸引力，但额外加价会损害企业的形象。

(2) 全部承担。

全部承担即旅行社在产品目录中保证不加收任何附加费用，当产生附加费用时，由旅行社全部承担。这是一种极具吸引力的做法，但旅行社的风险会因此增大，而且报价会因考虑了可能的附加费用而偏高，并由此影响旅行社在市场中的竞争力。

(3) 有条件地转嫁。

有条件地转嫁即旅行社事先声明将全部附加费用由旅游者承担，但如果附加费用超过原有价格的一定比例，旅行社允许旅游者无条件取消预订。

（4）有条件地承担。

有条件地承担即旅行社对可能发生的附加费用进行水平规定，规定水平以内的由旅游者承担，超出规定水平的一部分由旅行社承担。

（5）提前汇款免收附加费。

提前汇款免收附加费即旅游者在旅行社规定的时间内预付旅费，在此情况下，如果发生附加费用，旅行社将全部承担。

（二）旅行社产品的销售过程

旅行社产品的销售需要经过一个复杂的过程，而且不同产品交易的销售过程不尽相同。但是，一般来说，旅行社产品的销售过程通常由以下几个步骤组成。

第一，旅行社销售人员通过不同方式向旅游者或旅游中间商推出其产品（线路、节目和价格），旅游者或旅游中间商或全盘接受旅行社的产品及价格，或对旅行社的产品和价格提出修改意见，甚至放弃旅行社推出的产品而提出自己的产品要求。

第二，旅行社销售人员根据旅游者或旅游中间商的实际反映和具体要求，对产品做出必要的修订，编制旅行日程表（参见表6-4），核定产品价格，将之反馈给旅游者或旅游中间商，并请他们确认。他们在确认购买后，向旅行社提供游客名单，通知入境时间和抵达的交通工具。这一步骤有时需要反复多次才能完成。

第三，在向国外旅游者或中间商销售旅游产品时，旅行社在获得他们的最终确认后，将向我国驻外使领馆发出签证通知，他们凭此办理入境签证，并根据旅行社的要求按期付款。

第四，旅行社销售人员将旅行日程表和相关资料移交给接待人员，由接待人员落实具体接待事宜。

表6-4 旅行社旅行日程表

国（地）别_____ 顺序号_____
旅游者（团）名称_____ 旅行者人数_____
陪同人数_____ 固定线路编号_____
综合服务费标准：每人每天_____元（减免_____）

天数	日期	星期	车次航班及其他	离开		抵达		城市间交通费	备注
				时间	城市	时间	城市		
1	月 日								
2	月 日								
3	月 日								
4	月 日								
5	月 日								
6	月 日								
7	月 日								
8	月 日								
9	月 日								

填表人： 综合平衡： 财务核算： 负责人：

（三）旅行社产品销售过程的管理

1. 加强销售计划的管理

旅行社在对旅行社竞争环境进行综合分析的基础上（参见本书第二章），对市场需求做出恰当的分析与预测，确定合理的销售目标，包括产品的目标市场、销售渠道及销售指标。销售计划还应包括产品销售预算，即旅行社促销预算，预算中应附有产品促销组合计划，并确定最终验收、检测成果的方法与控制对策。

2. 加强对业务谈判与报价的管理

在销售计划确定后，就要选择销售人员与各旅游中间商进行业务联系，包括面对面洽谈，也包括使用各种通信工具进行洽谈。这一环节的管理任务是选择适当的谈判人员，对不同层次谈判人员授予谈判的权限（重点是报价的变化范围），并根据谈判对手的情况确定适当的谈判策略。

3. 签订合同

签订合同是旅行社产品销售的重要环节，签订合同时，旅行社和旅游中间商之间对于所购产品内容、价格、数量、旅游者成行日期、发生意外变化时各自承担的义务与责任等要有明确的规定。

第二节　旅行社的促销策略

一、目标的确定与促销预算

（一）旅行社促销目标的确定

简单地讲，旅行社的促销目标，就是旅行社在一定时期内，通过对各种推销要素的有机组合要达到的总体目标。

在旅行社经营实践中，旅行社促销的总体目标是确定各促销要素目标的依据，同时也是通过各促销要素目标的实现而达到的。

旅行社在一定时期内促销的总体目标是其促销策略的基础和核心，原因有以下几点：①目标决定预算；②目标决定促销要素的组合策略；③目标是评价促销效果的依据。鉴于此，旅行社促销目标的确定，不仅成为促销策略成败的关键，并且会直接影响旅行社的市场营销策略。

旅行社的促销目标一般应符合以下要求：①目标必须具体、准确；②目标必须量化、可测定；③目标必须现实可行；④各促销要素目标必须协调一致。一般来说，旅行社促销目标可以划分为直接目标和间接目标两类。直接目标是指寻求观（听）众明显行为反映的目标，如提高10%的销售额、增加5%的市场份额等。间接目标是指不直接导致消费者行为的目标。如提高产品知名度、改善形象、传播知识、改变旅游态度等。间接目标对消费者行为可以起到积极的影响和促进作用。

在旅行社采用直接销售渠道的情况下，促销目标的确定和表达一般较为直观；在旅行社广泛采用间接销售渠道的情况下,促销活动的对象并不是其最终消费者,而是旅游中间商。因而旅行社促销活动的主要目标可分为以下三个方面。

1. 向旅游中间商提供信息

旅行社应经常通过不同的途径向中间商提供最新的产品信息,使中间商能及时掌握产品的变化情况。实践证明,邀请中间商进行实地考察是行之有效的方式,既可以使中间商亲自了解旅游目的地的情况,又可以借此机会与中间商建立起良好的私人联系。这种私人联系在旅行社产品销售过程中是极为重要的。当然,这种推销方式费用较高,一般只适用于主要客户。

2. 将旅行社产品纳入中间商编印的产品目录

旅游中间商一般都编印自己的产品目录,以备客人索取。国外旅游经营商会编印产品目录,并广泛地发送给旅游批发商和旅行代理商。旅游经营商的产品目录一般印制精美、图文并茂,并附有价目表,以备客人选择。由于这一推销方式影响大、效果好,所以在主要客源地中间商印制的产品目录中占有一席之地,也就成为旅行社产品推销活动的基本目标之一。

3. 签订合同,实现销售

合同,是指当事人之间为实现一定的经济目的而签订的明确相互权利、义务关系的协议。旅行社与中间商签订合同的目的,在于以法律形式明确双方的合作关系,并确保各自利益的实现。它是双方合作的基础和依据。合同的具体内容由当事人协商确定。

知识拓展

团队境内旅游合同

(二) 旅行社的促销预算

促销预算是旅行社促销管理中极为重要的决策。因为促销预算过大,导致成本增高,必然影响旅行社的利润水平;促销预算过小,则会影响销售量,进而也会影响利润。与此同时,促销预算决策也是极为困难的,因为促销活动的效果很难事先预测,且受到众多因素的影响。

1. 理论上的促销预算

从理论上讲,根据西方经济学原理,当边际收入等于边际成本时,企业利润最大化。这一理论运用到旅行社促销管理的实践中,则可以理解为只要促销活动尚有利可图,旅行社就应继续进行。例如,某旅行社当前促销预算为 10 万元,计划增加 3 万元,那么是否应该增加这部分促销预算呢？答案很简单，只要能带来比追加的 3 万元更大的利益，该旅行社就应追加这部分预算；反之则不应该。

根据上述理论，旅行社在确定促销预算时需要回答一系列因果关系问题，这就是说，只有在确知促销结果的条件下，促销预算才可能是准确的。但事实上，旅行社的决策者在进行预算时根本无法确定这一结果，因而上述理论也就无法付诸实践。

2. 实践中的促销预算

在实践中，旅行社决策人员在确定促销预算时通常应考虑以下因素。

1）促销目标

预算应以保证促销目标的实现为前提，目标大则预算必然大，目标小则预算必然小。

2）竞争因素

在高度竞争的市场环境中，旅行社的预算必然要以保证或增加自己的市场份额为重要目的。这样一来，主要竞争对手的促销预算必然会影响旅行社自身的预算。

3）可利用的资金

旅行社特定时期的财力状况无疑会影响促销预算。

当然，除此以外，旅行社的促销预算还取决于其决策人员对促销的认识。

3. 确定促销预算的方法

1）销售额百分比法

销售额百分比法，是旅行社根据一定时期内销售额的一定比例确定促销预算的方法。这种方法由于计算标准不同，又具体分为计划销售额百分比法（即根据对下年度的预计销售额确定促销预算）、上年度销售额百分比法（即根据上年度或过去数年的平均销售额确定促销预算）、平均折中销售额百分比法（即根据计划销售额和上年度销售额的平均值确定促销预算）和计划销售增加百分比法（即以上年度促销预算为基础，再加下年度计划销售增加比例确定促销预算）。

销售额百分比法的优点是计算简单方便。其不足是颠倒了销售与促销的因果关系，错误地把促销作为销售的函数，而事实上，销售应当是促销的函数。根据这种错误的逻辑关系，如果某产品销售量预计将下降，旅行社应减少促销预算，而明智之举则往往是扩大促销预算，以防止销售量的进一步下降。因此，此方法不宜单独使用。

2）利润额百分比法

利润额百分比法的原理和销售额百分比法完全相同，只是用利润额代替销售额，然后得出四种计算方法，即计划利润额百分比法、上年度利润额百分比法、平均折中利润额百分比法和计划利润额增加百分比法。利润额百分比法还可细分为净利润额百分比法和毛利润额百分比法两种。

利润额百分比法具有与销售额百分比法相同的特点，同时又使促销预算和利润直接挂钩，适用于旅行社不同产品之间的促销预算分配。但此种分配比例也不应绝对化，如新产品在开拓期，需要进行大量促销，其促销支出比例就应高于一般产品。

3）目标达成法

采取目标达成法，旅行社应首先确定某一时期明确的促销目标，然后确定为实现这一目标所应进行的促销活动，并具体测算每项促销活动所需要的经费，在此基础上确定旅行社在特定时期的总体促销预算。

目标达成法以促销目标决定促销预算的方法决定了预算结果的科学性。只要促销目标明确,旅行社便可以制定出比较准确的促销预算,同时还可以在促销活动实施后有效地检验促销预算。这种方法事实上是把促销作为商业竞争的武器,实行针锋相对的促销策略。采取这种方法的旅行社大都是财力雄厚的大旅行社,但资金不足的中小旅行社使用这种方法也具有一定的效果。不仅如此,目标达成法还使得旅行社能够灵活地适应市场变化,有针对性地调整其促销策略。但是,目标达成法比较复杂,应用起来相对较难。旅行社应注意在决定促销预算的同时,综合运用其他预算方法,使促销预算的确定切实可行。

4) 竞争对抗法

竞争对抗法又叫竞争对等法,即旅行社根据竞争对手的促销预算,确定本企业促销的风险性。这种方法在实际应用中又可以划分为市场占有率法和增减百分比法两种。

市场占有率法,即首先计算竞争对手在特定时期的市场占有率及其促销预算,求出竞争对手单位市场占有率的促销费用,并在此基础上,乘以本旅行社预计市场占有率,即得出本旅行社的促销预算。其计算公式为：

$$促销预算 = \frac{竞争对手特定时期促销预算}{竞争对手市场占有率} \times 本旅行社预计市场占有率$$

增减百分比法,即根据竞争对手本年促销预算比上年促销预算增减的百分比,作为本旅行社促销预算增减百分比的参考数。其计算公式为：

$$促销预算 = (1 + 竞争对手促销预算增长率) \times 本旅行社上年促销预算$$

或　　$$促销预算 = (1 - 竞争对手促销预算减少率) \times 本旅行社上年促销预算$$

竞争对抗法最主要的缺点是,旅行社在市场营销策略、产品和目标市场未必完全相同(事实上不存在完全相同的企业)的情形下,盲目追随竞争对手的促销预算,这实质上是将旅行社的促销预算权在无意识中拱手让于竞争对手,容易造成浪费。

5) 全力投入法

全力投入法也称支出可能法,它是优先考虑旅行社财力可能支付的金额来确定促销预算的方法,可以根据市场供求变化情况灵活地调整促销预算,是一种较适应旅行社财务支出状况的方法。

全力投入法的局限性也是显而易见的。在旅行社销售额处于下降趋势或者和竞争者相比处于劣势时,如果使用全力投入法决定旅行社促销规模,那么旅行社的销售会处于恶性循环的状态,由于销售额下滑或者竞争处于劣势而使利润减少,旅行社财力不足,按全力投入法使用于促销的预算减少,销售额会进一步下滑或者竞争状态会进一步恶化。

在实践中,旅行社通常综合采取几种方法确定促销预算。

二、旅行社的促销要素组合与促销效果评价

(一) 旅行社的促销要素组合

旅行社促销要素组合,是指旅行社在特定促销目标和特定促销预算的指导下,对不同促销技巧的结合形式。

旅行社促销要素组合既取决于旅行社的促销目标和促销预算,也取决于具体产品的特

征和目标市场的特点,又取决于不同促销技巧的特点和适用性。例如,对于入境旅游市场适合采用推式策略和与之相应的销售推广、公关和人员推销等促销技巧,而对于国内旅游市场和出境旅游市场则适合采取拉式策略以及相应的媒体广告和直接营销等促销技巧。旅行社在进行促销要素组合决策时,应综合考虑以下因素。

1. 媒体广告

这里所说的媒体指的是大众传播媒体。媒体广告主要包括网络广告、电视广告、杂志广告、报纸广告和广播广告五类。每种媒体又存在为数众多的载体,如特定的电视节目、杂志等。媒体广告作为重要的旅游促销方式由来已久,不同的媒体具有各不相同的特点,如表6-5所示。

表 6-5 广告媒体及其特点

媒体形式	优 势	局 限 性
网络	覆盖范围广泛、存查自如;信息容量大;信息交互传递,双向互动传播;广告制作、发布较为简便,形式多样;广告投放准确;动态实时,可随时更新;易于统计;广告投入效率高,网络广告费用低,但传播范围广,因此成本低	普及率受到限制;主动性差
电视	形象生动,说服力强;辐射面广,渗透力强;传播迅速;直观真实,理解度高;表现手法多样,艺术性强;有一定的信誉度	信息时效短,转瞬即逝;信息量相对较少;广告费用高,选择性低,无论是广告主还是受众,都没有太大的选择性;电视广告的设计制作较为复杂,难度大
杂志	针对性强;有效期长;广告对象理解度高;广告信息容量大;印刷精美,注目率高	周期长,灵活性小;成本费用高;受众局限大;受众少,广告效果受读者文化水平等因素影响
报纸	传播范围广;传播速度快;发行对象明确,选择性强;传播信息详尽,解释能力强;简便灵活;信息的准确度高;较为方便存查;广告制作、发布较为简便;广告成本较低	时效较短;信息庞杂,注目率低;印刷效果欠佳;感染力差;以传播文字、图形为主,是单纯的视觉媒体,艺术感染力有限;受人们购买力和文化等因素的影响
广播	传播速度快;覆盖面广;灵活性强;成本低;移动性强;艺术形式多样,易被理解和记忆,不受听众文化程度的影响;有较高的信誉度	信息时效短,转瞬即逝;选择性低

阅读材料　第十四次中国新媒体接触习惯报告

北京益派市场咨询有限公司（简称"益派咨询"）在2016年3月份第十四次新媒体受众接触习惯调研发现：移动上网已成为网民的主流上网方式，近九成网民主要使用手机上网；网民在选择使用新媒体时，注重新媒体承载的内容的多元化和获取内容的便捷性；客户端的工具化属性特征明显，网民已经不会随意去下载安装一个App客户端，是否满足自己当下的需求是首要考虑因素。因此有些客户端也许用户只是使用一次，而在接触了解一个客户端时，朋友的口碑相传为首选渠道，工具化、操作便捷性将越来越重要；微信作为社交、互动、信息分享的工具化客户端，网民使用率已近九成，其中几乎每天打开微信的用户占比达到84.0%，较微信相比，微博作为碎片化信息分享的客户端，在网民使用率及使用频率上均偏低；对收看视频的用户来说，电视台中的热播剧和栏目仍然是首选收看内容；至于热点新闻，用户仍然青睐到专业的新闻门户或客户端中获取，而在QQ/微信中加载的"腾讯新闻"已不容忽视，已经成为用户获取新闻的重要习惯，这也与用户高频使用QQ/微信有直接关系。

网民上网趋于移动化，近九成网民主要使用手机上网，较2015年同比增加8.2个百分点，较上季度环比增加0.9个百分点；台式机上网方式选择率70.5%，与2015年相比基本持平，较上季度环比增加6.4个百分点。网民使用新媒体时重点考量其所承载的内容和获取的便捷性。网民最重视的是内容的丰富多元化，相应选择率为73.2%。此外，获取内容的便捷性、内容的可读性和娱乐性也是网民重要的考虑因素。网民了解App客户端时，首选渠道是"朋友的推荐"，相应选择率为69.6%，此外，"网络客户端广告"，相应选择率为58.3%。

App客户端的工具化属性特征明显。网民在选择下载使用App客户端时，是否"满足自己当下的需求"成为首要考虑因素，相应选择率为58.3%，此外，操作便捷性和是否可以"一站式解决多元化需求"也是重要的考虑因素。微信集社交、信息分享和互动于一身，用户使用率近九成。随着网民上网的移动化，86.1%的网民选择使用微信，环比增加7.3个百分点，其中一周内几乎每天登录的用户达到84.0%；41.1%的网民选择使用微博，环比减少3.2个百分点，其中几乎每天登陆的用户比例为43.4%。

网络视频的使用习惯：电视台热播剧及节目仍然是用户首选的收看内容。在收看视频的习惯中，68.4%的用户习惯通过搜索引擎或专业的视频网络/客户端搜索当前电视台热播的电视剧、节目或院线热映电影；接近六成的用户还是会看重视频内容的口碑情况，会在专业的视频网站/客户端追看有良好口碑的内容；另有接近五成的用户选择观看视频网站/客户端热推的内容；此外，下载/缓存到本地观看和专业性视频收看习惯的占比也均在45.0%以上。

新闻资讯的获取习惯：已有近六成用户使用QQ/微信中的腾讯新闻获取新

闻。在新闻的获取习惯中,七成以上的用户习惯浏览新闻门户网站/客户端的热点新闻;习惯阅读QQ/微信中的腾讯新闻推送新闻的用户占比为59.3%;56.3%的用户习惯在专业的新闻门户网站/客户端上搜索感兴趣的新闻;此外,四成以上的用户习惯浏览搜索引擎导航推荐新闻和在微博/微信关注的新闻媒体账号内获取新闻。

(资料来源:益派咨询.第十四次中国新媒体接触习惯报告[J].市场研究,2017(2).)

2. 营销公关

公关的目的是与所有的企业及公众建立良好的关系,而营销公关的一切活动都是以具体的产品品牌为中心进行的,如借助新闻媒介传播产品信息、以品牌形式赞助公益活动等。营销公关有主动性营销公关和防御性营销公关之别。

3. 销售推广

销售推广是近年来发展极为迅速的一种促销方式。它包括面向行业(旅游中间商)的销售推广和面向消费者(旅游者)的销售推广两类。在旅游业中前者更为普及。另外以提高旅行社销售人员的销售积极性为目的的销售推广,也是旅行社常用的促销方式。

面向中间商的销售推广活动包括熟悉业务旅行、旅游博览会、交易折扣、联合(合作)广告、销售竞赛与奖励和提供宣传品等众多不同的方式。中间商考察旅行社是目前国际上常用的推销手段,即组织中间商来旅游目的地进行考察,向他们介绍旅游路线和活动,特别是介绍旅行社新的产品,使他们通过实地考察,了解旅行社的产品和旅游目的地的情况,产生来本地旅游的愿望。尽管邀请中间商来访成本较高,但往往可以取得较好的推销效果。

旅行社在组织中间商考察旅行时,应特别注意以下几点:①正确选择中间商;②考察团规模要适中,考察团的规模一般以20—30人为宜,以便旅行社组织接待,并得到主客双方都满意的效果;③准备合理可行的旅行计划,旅行社应拟定周密的旅行计划,按将来投入市场的标准逐项落实,确保考察旅行的顺利进行;④推销人员要善于创造融洽的气氛,利用各种机会与中间商建立良好的私人关系,这将有利于双方合作关系的建立和发展。

4. 直接营销

直接营销也是一种主要的促销方式,它包括以下三种主要形式。

1) 人员推销

人员推销是指旅行社通过委派销售人员,直接上门或在商业中心向旅游者推销旅游产品。这是一种比较传统的直接营销方式。

2) 直接邮寄

直接邮寄包括网上电子邮件,它是指旅行社通过直接向旅游者寄送产品目录等宣传品推销其旅游产品。

3）电话营销

电话营销包括向内和向外两种方式。向内电话营销是指旅行社通过免费电话吸引旅游者使用电话查询或预订其旅游产品；向外电话营销是指旅行社销售人员通过电话劝说旅游者购买其产品。

5．现场传播

现场传播是指旅行社通过营业场所的布局、宣传品的陈列与内部装饰等向旅游者传播产品信息，增强旅游者购买的信心，促进旅游购买行为的发生。

（二）旅行社促销效果的评价

1．销售效果的测定

促销的销售效果测定，是以促销策略实施后旅行社产品销售量增减的幅度作为衡量标准来测定促销活动的效果。通常情况下，促销策略实施后产品增销的幅度越大，促销的增销效果就越好。如果在市场疲软或产品进入衰退期的情况下，由于促销的作用，产品销量下降的速度越慢，则说明促销的减缓效果越好。

当然，旅行社产品销售量的增减，受到主观和客观多种因素的影响，促销只是其中的一个因素。因此，促销销售效果的测定要达到极其准确的程度是很困难的。尽管如此，由于促销的销售效果是旅行社一切促销活动的最终目的，加之销售效果的测定比较简便易行，所以销售效果的测定便成为促销效果评价的重要方面。销售效果测定的方法主要包括以下两种。

1）比值法

这种方法通过促销产品销售量的变化进行测定。由于该方法简便易行，所以较为通用。其公式为：

$$R = \frac{S_2 - S_1}{P}$$

式中，R 表示促销效益，S_2 表示本期促销后的平均销售量（1月或1年），S_1 表示未促销前的平均销售量（1月或1年），P 表示促销费用。由于促销效益和销售量之间并非绝对成正比关系，因而运用这一公式考察促销的销售效果时，要注意排斥促销以外其他因素的作用。如市场的变化、其他旅行社促销活动的加强与削弱，以及偶然性事件的影响等，不应把全部销售量的增长都归因于促销活动。

2）增长速度比较法

这种方法是将几个时期的销售额与促销费用的平均增长速度相比较，观察促销活动在一个较长时期内的销售效果。

2．自身效果的衡量

促销的自身效果又叫接触效果，是指以促销活动的视听率、记忆度和产品的知名度等因素为依据测定的促销效果。

旅行社促销活动推出以后，也许由于社会、自然、经济、市场等方面的原因或各种意想不到的变化，产品的销售并没有大幅度地增长，甚至可能出现下降。在此情况下，只要有更多的人认识了旅行社促销的产品,就可以认为促销达到了效果。另外,旅游者最终购买行为的发生,往往也不是某一项或某一次促销活动的结果,而是旅行社一系列促销活动共同作用的产物。因此,那种单纯以销售量的变化来衡量促销效果的做法,显然具有局限性。衡量促销自身效果的指标还有视听率、记忆度、理解度、知名度和注意度等。

本章小结

本章介绍了旅行社销售渠道策略与促销策略的基本理论与基本知识。旅行社销售渠道分为直接销售渠道与间接销售渠道。目前我国国内游产品及出境旅游产品以直接销售渠道为主,入境旅游产品以间接销售渠道为主。旅行社要根据市场形势、竞争对手、自身战略目标及可利用资源等条件在直接销售渠道、间接销售渠道,包括广泛性销售渠道渠道、选择性销售渠道略、专营性销售渠道等策略中确定自身旅行社的销售渠道策略。

在销售渠道策略确定之后,旅行社需要针对具体的销售目标,设计促销活动。旅行社促销目标分直接目标与间接目标,旅行社确定促销预算时可以采取销售额百分比法、利润额百分比法、目标达成法、竞争对抗法、全力投入法等。对促销目标的测定也分为直接目标与间接目标达成效果的测定。

关键概念

旅行社广泛性销售渠道策略　旅行社选择性销售渠道策略　旅行社专营性销售渠道策略　旅行社确定促销预算的方法

复习思考题

☐ 讨论题

1. 旅行社销售渠道的含义是什么?
2. 旅行社采取选择性销售渠道策略的条件、优势与劣势是什么?
3. 旅行社的促销目标包括哪些?
4. 旅行社确定促销预算的方法有哪些?

案例分析

昭苏县副县长的抖音视频促进旅游团预定

【问题】

旅行社可以用抖音进行推广宣传吗？如果能，应注意什么？

分析提示：

1. 促销成本与销售目标。
2. 抖音视频宣传的优点及其产品特点、品牌特点的匹配程度。
3. 旅行社目标市场与抖音视频目标受众的匹配程度。
4. 旅行社的市场定位策略。

第七章

旅行社全面质量管理

学习目标

通过本章的学习,使学生掌握旅行社品牌管理的主要内容,了解旅行社品牌管理与质量管理的联系;掌握旅行社接待业务的主要特点,能够对接待业务的常规管理提出合理化的、有实用价值的参考意见;了解我国导游管理的现状,能对某一具体旅行社的导游管理提出相应的对策;掌握旅行社售后服务在旅行社质量管理方面的地位与作用,能根据环境条件,对具体旅行社的售后服务提出管理措施。

案例引导

文化和旅游部关于取消旅行社经营出境旅游业务的公告

思考题:

关注最近三年文化和旅游部关于取消旅行社经营出境旅游业务的公告,选择某一家旅行社,寻找其被取消出境游经营资格的质量原因。

旅行社产品具有无形性、异质性、生产与销售的同步性、综合性及易受影响性,旅行社的产品质量更不易控制,旅行社通过品牌战略,运用相关工具,在旅行社经营管理中落实全面质量管理的理念,可以实现旅行社的可持续发展。

第一节 旅行社的品牌管理

旅行社品牌管理的核心内容是树立旅行社品牌或公司品牌,这是服务产品的特性所决定的。旅行社的品牌管理不仅有利于促进旅行社产品的销售,也有助于旅行社品牌资产的增值。

在讨论旅行社的品牌管理之前,我们有必要首先弄清与品牌相关的一系列基本概念和基本理论。

一、关于品牌的基本概念

与品牌相关的概念有许多,其中最为基本的概念包括品牌、品牌名称、品牌标记、注册商标、品牌内涵和品牌化。

品牌,是指用以区别不同销售者所售产品或服务的名称、词语、图案、标记或其他特征,是一个较宽泛的概念。

品牌名称,指的是品牌中可以用语言表达的部分,包括文字与数字,通常是识别产品的唯一标志。没有品牌名称,生产者无法识别自己的产品。对消费者而言,品牌名称是产品的基本组成部分。品牌名称可以简化购买,保证一定的质量,并成为消费者自我表现的凭借物。

品牌标记,是指品牌中非文字或数字表述的部分,通常是图案或标记。

注册商标,是指依法注册的标记,表明注册者对特定品牌或品牌组成部分具有唯一使用权。

品牌内涵,是指营销者为特定品牌创造并用以与目标市场进行沟通的特定含义。它与上述概念有着密切的联系。

品牌化,是指赋予某种产品特定品牌的活动。

由以上内容可以看出,品牌是其中最为基本的概念,品牌名称和品牌标记只是品牌的必要组成部分,注册商标可以理解为经法律认可的品牌,而品牌化正是赋予某种产品特定品牌和品牌含义的活动或过程。

品牌对于生产者和购买者都具有重要的意义。对于生产者来说,品牌有助于区分不同的产品、有助于进行产品介绍和促销、有助于培育回头客,并在此基础上形成顾客的品牌忠诚。对于购买者而言,品牌可以帮助识别、选择和评价不同生产者生产的产品,并可以通过消费特定品牌产品等方式获得心理上的满足和回报。

二、品牌内涵的管理与品牌资本

如前所述,品牌内涵是指营销者为特定品牌创造并用以与目标市场进行沟通的特定含义。一般来说,旅行社在确定其特定品牌的内涵时都应遵循以下思路,如图7-1所示。

产品品牌内涵的确立只是品牌管理的一个方面,旅行社还应在产品品牌确立后,不断加强对品牌内涵的管理。所谓品牌内涵的管理,就是指旅行社在特定品牌生命周期的全过程

图 7-1 确定旅行社(TS)品牌内涵的基本思路

对其内涵进行的策划、传播与控制。品牌内涵管理的最终目的在于不断增加品牌资本。

品牌资本,是品牌价值的积累。品牌资本主要由品牌的名称与图案、品牌名称的知名度、品牌产品的质量、顾客对品牌产品质量的理解、品牌联想、明晰的品牌所有权和品牌忠诚等因素构成。一般来说,品牌资本越高,则相应产品的边际利润率越高。不仅如此,品牌资本还可以用来作为竞争障碍。此外,品牌资本还为旅行社提供了产品种类扩张的可能性。正因为如此,旅行社普遍希望提高自己的品牌资本。

目前,可供旅行社选择的品牌资本增值途径主要包括以下几种:①不断提高特定品牌产品的质量;②不断监测自有品牌和竞争对手品牌的市场含义或形象;③为品牌内涵创造独具特色的、适度的品牌联想;④选择适当的竞争优势;⑤保持品牌内涵的相对稳定性。

事实上,旅行社品牌增值的渠道从另一方面对旅行社品牌内涵的管理提出了目标要求、提供了管理的思路。

三、品牌内涵的营销沟通

确定品牌内涵并不是最终目的,最终目的在于将创造出来的品牌内涵传递给消费者,使消费者认识、认同,并最终建立对促销产品的品牌忠诚。对品牌内涵进行营销沟通的目的,在于唤起消费者对品牌的注意,强化消费者的态度,促成消费者的购买行为,并重复消费直至建立品牌忠诚。所以说,品牌内涵的营销沟通,就是将旅行社精心设计的品牌内涵传播给消费者,并力争取得消费者的认同。但需要指出的是,沟通是双方面的,要创造共识,就必须吸引消费者积极参与沟通。此外,消费者对信息具有选择的权利和倾向。

品牌内涵的营销沟通由四个因素构成,如图 7-2 所示。

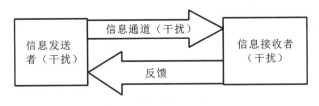

图 7-2 品牌内涵的营销沟通

由图 7-2 可以看出,旅行社作为品牌信息的发送者,将精心设计的品牌内涵通过适当的渠道传递给目标市场的消费者,希望能够唤起消费者的注意,并促成消费和重复消费。但是,由于各个环节都存在不同程度的干扰,生产者可能没能完整、准确地表达品牌的内涵,信息的切入点或信息的传播渠道可能会使消费者错误地理解生产者的本意。因此,旅行社应注意不断了解消费者对于旅行社品牌的认识,并据此调整品牌信息和传播渠道,最终使消费者的认识与旅行社的初衷达成一致。只有这样,旅行社产品的品牌才有可能得到消费者的认可,而这种认可是消费者形成购买行为、重复购买行为和产生品牌忠诚度的基础。

四、旅行社的品牌策略

人们一般认为品牌与包装物品营销的联系最为密切,而实际上,品牌也是服务营销中的一个重要内容。因为品牌的基本职能是把本公司的产品与服务同其他公司的区分开来。品牌给顾客提供了有效的信息用以识别特定的公司及其产品。对旅行社来说,与竞争对手的差别在服务营销中的重要性不亚于物质产品的营销。

已有的研究成果表明,对于包装物品营销而言,产品品牌是最主要的;而对于服务营销来说,公司品牌是首要的。这一研究结论对于旅行社也具有适用性。因为旅行社具备服务产品的无形性特征,而正是这一特征使得服务产品的品牌化变得极为困难。

对于旅行社来说,品牌名称是其服务品牌的核心,而旅行社公司品牌优先的研究结论,无疑使得旅行社的旅行社名称成为旅行社品牌策略的核心。

一般说来,旅行社的品牌应当同时具备以下四个特征。

(一) 独特性

具有特色和个性的名称能够立即将本旅行社与竞争对手区别开来。但一个独特的旅行社品牌很难通过频繁使用普通名词来建立,因为过于普通的名词必然在业内广泛使用,这会使旅游者将不同的旅行社混为一谈。

(二) 恰当性

旅行社的品牌要表达旅行社服务的特点和优点,这样可以帮助旅游者在心目中确立和辨认旅行社的形象。但是,恰当并不意味着使用描述性的词语,对旅行社的服务进行文字性的描述通常是不利的,因为描述使得名称冗长且易与竞争对手雷同;而文字描述过少,与竞争对手的区分度可能又不够。因此,旅行社要善于根据市场竞争态势、本旅行社产品的特点等在文字的长度与准确性之间取得平衡。

(三) 易记性

旅行社的品牌应易于理解、使用和记忆。冗长复杂或晦涩难懂的名称是无法在旅游者中广为流传的。因此,在为品牌命名时,简洁是基本的要求,容易发音能够增加可记性,同时简洁也使标识语生动有效。事实上,使用长名称的旅行社经常被迫缩减名称,以更好地满足视觉展示的需要。

(四) 灵活性

旅行社的品牌应该能够适应旅行社不可避免的策略调整,因为旅行社提供的服务的特性和范围不是固定不变的。一般情况下,旅行社在命名时应避免使用地理名称,而且任何描述性和限制性的术语都不利于旅行社业务的扩张。如在名称中使用"国内"字样的旅行社,在未来拓展国际旅游业务时必然面临名称带来的限制。但是,本身城市形象良好的国际大城市能提升旅行社的知名度与美誉度,可以用在旅行社名称中作为品牌推广的重要内容。

如前所述,品牌是一个完整的概念,它不单纯是一个名称,还应该包括品牌标志等内容,而且旅行社应对自己的品牌依法进行注册,以保护自己的排他性使用权。与此同时,旅行社还应根据前述理论和原则,科学地确定其品牌的内涵,不断加强对品牌内涵的管理,并通过不同的传播渠道,在目标市场上树立自己的品牌形象,以不断提高旅行社品牌的资本含量。

需要指出的是,旅行社所有与品牌相关的传播性要素,都应共同来塑造一个完整的品牌形象。在树立强品牌的过程中,服务营销人员能够做的最重要的事情是前后一致、始终如一地展示品牌的可见性要素。可见性要素,是指公司的名称、标识语、颜色、制服、设备等。公司在顾客心中的形象越统一,品牌地位就越强。

第二节　旅行社的接待管理

旅游接待是旅行社的基本业务之一,旅游接待过程是旅行社的直接生产过程。对于旅行社接待业务的管理,主要应围绕接待人员的管理和接待过程的管理展开。旅行社接待人员的主体是导游员,接待过程的管理因产品组合形态(团体旅游和散客旅游)的不同而不同,构成了旅行社接待管理的基本内容。

一、旅行社导游人员的管理

(一)导游服务的作用、原则和趋势

导游服务是整个旅游服务的主体,一次旅游活动成功与否,导游的服务质量很关键,国际导游服务界将导游服务称为"旅游业的灵魂""旅游业的支柱"。在旅游服务各要素之中,导游服务是最为根本的服务,导游是旅行社旅游接待各项旅游服务的纽带与桥梁。

导游服务应遵从以下六项基本原则。

(1) 宾客至上、服务至上原则。

(2) 为全体宾客服务的原则。导游为旅游团服务时,每一位团员都是付费购买旅行社旅游服务的顾客,因此,导游应该一视同仁,保持同等距离原则,对每一位游客都应热情、友好、礼貌、尽心尽责。

(3) 游客合法权益原则。游客也是消费者,在参加旅游时是和旅行社签订了旅游合同的,因此,导游要以《中华人民共和国消费者权益保护法》和《中华人民共和国民法典》为原则来指导自己的工作,保护旅游者的合法权益。导游应提醒旅游者遵守旅游合同,随时提醒旅游者注意人身与财物安全、遵守旅游目的地的法律、尊重旅游目的地的风俗习惯。

(4) 导游与旅行社的合法权益原则。旅行社、导游和旅游者之间的利益关系是由旅游合同商定的,导游作为旅行社的代表,应明确自己与旅行社的义务与权利,对承诺的服务要完全实现,对旅游合同范围之外的事务,可予以必要的帮助,但不能越俎代庖。

(5) 合理而可能原则。合理而可能原则是导游处理日程变化、游客特殊要求等问题的重要原则,要增减旅游项目时,合理的要求并不一定会得到满足,只有那些在旅行社能力范围之内可以实现的项目,导游在请示旅行社后才能满足游客的需求。

(6) 规范化服务与个性化服务相结合的原则。规范化服务也就是标准化服务。作为旅行社的代表,导游提供的服务要达到国家旅游行政管理部门的服务标准、行业标准,以及旅游合同所商定的标准。

国家质量技术监督局(现并入国家市场监督管理总局)1995年12月发布、1996年元旦实施的《导游服务质量标准》和国家旅游局(现文化和旅游部)1997年3月发布、1997年7月

1日实施的《旅行社国内旅游服务质量要求》是导游服务质量标准的国家级文件。导游服务不仅要达到这两个国家文件的标准,还要达到当地导游服务的行业标准,在此基础之上,导游还可以提供个性化的服务,提高旅游者的满意度。

导游服务的水平也受到经济、社会、政治、技术等各方面条件的影响。在不久的将来,对导游的知识要求会越来越高,导游手段会越来越丰富,导游方式也会越来越多样化。

(二)导游的选择

导游,是指受旅行社委派,为旅游者组织安排旅行和游览事项,提供向导、讲解和旅途服务的人员。我国的导游人员主要包括国际导游(简称领队)、全程陪同导游(简称全程导游或全陪)、地方陪同导游(简称地方导游或地陪)和定点陪同导游四类。

领队,是指受旅行社委派或者聘任,负责陪同出境旅游团全程旅游活动并协调与接待方旅行社关系的人员。全陪,是指受旅行社委派或者聘用,为跨省、自治区、直辖市范围旅游的旅游者提供全部旅程导游服务的人员。地陪,是指受旅行社委派或者聘用,在省、自治区、直辖市范围内为旅游者提供导游服务的人员。定点陪同导游,是指受旅行社委派或者聘用,在一个参观游览点内为旅游者提供导游服务的人员。

为了保证旅行社接待业务的顺利完成,旅行社应当选择具有良好思想品德、精通接待业务和拥有健康身体的人员担任导游。旅行社的管理者应从导游的基本素质、所具备的知识和能力三个方面对导游进行考察和聘用。

1. 导游应具备的基本素质

导游的基本素质是指导游应具备的良好个人品质,这是导游胜任旅游接待工作的必要条件。导游应该具备以下九种基本素质:热情友好,爱岗敬业;态度乐观,不惧困难;意志坚定,处事果断;待人真诚,讲求信誉;文明礼貌,举止端庄;顾全大局,团结协作;身体健康,性格开朗;遵纪守法,依法办事;勤奋好学,不断进取。

2. 导游应具备的知识

旅游接待工作不仅要求导游具有乐于为旅游者服务的热情和爱心,还要求他们具有较高的知识水平。无论是导游讲解过程,还是在同旅游者平时的交谈,都会涉及各个方面、各个领域的知识。因此,导游只有通过学习和实践,不断获得各方面的知识,提高自己的知识水平,才能胜任旅游接待工作。通常,一名合格的导游应该至少具备以下九个方面的知识。

1) 旅游知识

导游应该学习旅游学的基本知识,了解现代旅游的性质及其种类和特点、旅游者的类型及其流动规律、旅游资源的功能及其特点、旅游业的构成及其主要支柱产业、旅游活动所产生的积极和消极影响等。这些旅游知识对导游做好旅游团的接待工作有着十分重要的作用。它可以使导游更好地了解其接待对象,针对不同旅游者的特点提供相应的导游服务。

2) 生活常识

生活服务是导游特别是地陪的重要工作内容之一,生活常识对于导游的旅游接待工作具有很大的帮助,在旅游接待过程中出现的许多问题,都可以依靠生活常识加以解决。导游在旅游接待工作中所需掌握的生活常识包括两个方面的内容:一是旅行常识,如海关知识、交通知识、卫生常识、货币知识、保险知识、急救知识等;二是生活常识,如预防疾病的知识、待人接物的知识、选购商品的知识等。生活常识一小部分可以通过读书、培训等方式获得,而大部分则需要在日常生活中不断积累。导游要做"有心人",平时应留意身边发生的各种事情,通过长期的总结和积累,使自己成为一个生活常识丰富的人。

3) 语言知识

语言是沟通的桥梁,导游应该熟悉旅游者的母语与旅游目的地的语言,熟悉多种语言能为导游在不同文化间架起理解的桥梁,使导游当好民间大使。导游除在学校里学习语言知识之外,还应在平时加强自学或向旅游者学习,不断提高自身语言水平和运用语言的能力。

4) 法律知识

导游应该具有足够的法律知识,了解旅游者特别是海外旅游者在我国的法律地位及其权利和义务。导游应通过学习,熟悉国家的宪法和其他法律、法规,尤其需要掌握同旅游接待业务直接相关的专业法律、法规,如《旅行社条例》《中华人民共和国消费者权益保护法》等。对于接待出境旅游团的导游来说,还需要熟悉和掌握旅游目的地国家或地区的有关法律、法规。学习和掌握法律知识并不只是保证导游成为一个遵纪守法的公民,更重要的是可以使导游员在旅游接待工作中自觉地运用法律武器,保护旅游者、旅行社和自身的合法权益,减轻或杜绝各种违法行为对旅游者和旅行社的侵害。

5) 心理学知识

导游在接待旅游团的全过程中,时刻都要同旅游者及参与接待旅游团的其他部门、人员和不同旅游服务部门、单位的有关人员打交道。不同的人具有各自不同的思维方式、价值观念、生活习惯、文化传统等,导游在与他们相处时,应注意了解对方的心理活动,有的放矢地进行导游讲解,提供旅途生活服务,搞好相互之间的合作。因此,导游应该学习和掌握一些心理学知识。

6) 美学知识

美学知识是导游所需具备的一种重要知识。它能帮助导游在旅游团接待工作中,满足具有各种审美情趣的旅游者的不同审美需求。欣赏旅游目的地国家或地区优美的自然风光、品味那里的文化艺术和民俗风情,是旅游者到异国他乡开展旅游活动的重要目的。由于不同国家、地区和民族的历史文化和传统有差异,异域的许多优美事物是旅游者平时未接触、不熟悉的东西。如果没有熟悉这些事物的人加以介绍和引导,旅游者往往难以真正领略到其中的奥妙。因此,帮助旅游者获得最大的美的享受,就成为导游义不容辞的责任。导游应该通过不断学习,掌握一定的美学知识,学会用生动形象的语言向旅游者介绍美的事物,同时还要因势利导,正确调节旅游者的审美行为,使他们能够得到美的享受。

7) 历史、地理等文化知识

历史、地理等文化知识,是导游在旅游接待工作过程中不可或缺的重要知识。在导游的导游讲解中,必然会涉及大量的历史、地理等文化知识。这些知识涉及范围广,如天文知识、地理知识、中外历史知识、民间传说、历史典故、名人轶事、文学名著等。掌握这些知识对于导游生动形象地向旅游者介绍旅游景点具有重要意义。因此,导游应该努力学习和积累这些知识,以便能够更出色地完成旅游接待任务。

8) 旅游客源地知识与跨文化差别

导游应该具有关于旅游客源地的知识,特别是客源地与旅游目的地的跨文化差别,如客源地居民的文化传统、风俗习惯、礼俗禁忌、思维方式、价值观念等。通过对旅游客源地情况的了解,导游在接待工作过程中可以针对来自不同旅游客源地旅游者的具体情况,提供符合他们需要的服务。

9) 旅游目的地知识

导游应该了解旅游目的地的概况,熟悉当地旅游设施的基本条件、价格水平、服务方式等情况。导游应具备的旅游目的地知识包括进入和离开该地区的主要交通工具种类、抵离时间、票价;当地饭店的数量、档次、坐落地点;主要旅游景点的位置、门票价格、开放时间;商店分布情况,旅游纪念品的销售场所、价格水平,当地可供旅游者选购的土特产品名称、基本价格等;当地居民对于旅游者的态度;旅游目的地政府对旅游者的态度;如为出境团,还应了解目的地国家的货币兑换、海关、边防检查等规定。

导游应具备的知识随服务对象、旅游客源地与旅游目的地的变化而变化,导游要善于学习,善于思考,不断进步,为自己构建一个杂家与专家相结合的知识结构体系,最终形成个人的风格,为每一个团、每一个旅游者提供个性化的服务。

3. 导游应具备的能力

旅行社在选择导游时,不仅要了解他的基本素质和知识水平,还要考察他的实际能力。旅行社需要考察的导游的实际能力包括以下三种。

1) 独立工作的能力

旅游接待工作是一项独立性十分强的业务工作。导游在接待过程中经常要在远离旅行社领导和同事的情况下,独立承担涉及旅游接待的各种工作。导游在接受旅游接待任务后,一般要独立组织旅游者的游览参观活动,独立做出各种决定,并且往往要独立处理各种棘手的难题。在有些情况下,导游会身兼领队、全陪与地陪三职。因此,导游必须具有较强的独立工作能力。独立工作能力已经是成为一名合格导游的条件之一。

2) 管理团队的能力

旅游接待是一项组织性和协调性都很强的旅行社业务,要求担当此项工作的导游具有较强的团队管理能力。导游在旅游接待过程中要按照旅游合同制定活动日程,并带领旅游者顺利完成预定的旅游活动。在这个过程中,导游要做大量的管理工作,将各项活动组织和落实好。此外,导游在接待过程中还需要协调各个方面的关系,如旅行社同旅游者的关系,旅行社同饭店、民航、旅游景点等旅游服务供应部门的关系,领队、全程导游和地方导游三方面之间的关系,旅游团内不同旅游者之间的关系,导游所在的旅行社接待部门同该旅行社其他相关部门之间的关系等。导游在接待工作过程中应注意讲究工作方法,根据具体情况采取适当的管理措施。

3) 应付各种变化与意外事故的能力

导游的工作对象既广泛又复杂,导游需要在工作中同各种性格、各种风俗习惯和文化传统的旅游者及其他方面的人士打交道。旅游活动中也充满了各种未知因素,使得接待工作变得扑朔迷离、变化多端。因此,导游应该掌握和熟练运用公共关系知识,具有灵活性和理解能力,并能适应经常变化的环境,随机应变地处理好各种问题,搞好同旅游者及各方面的关系。

（三）导游的基本权利和义务

1. 导游的基本权利

1）受尊重权

导游在工作时，其人格应受到尊重。任何人不得诬告、诽谤或者诋毁导游。导游有权利拒绝有辱人格、国格或违反职业道德的不合理要求。

2）安全权

导游的人身安全不受侵犯。旅游产品要符合安全要求，任何人不得对导游进行人身攻击及不法侵害，否则会受到法律惩罚。

3）行政复议权

导游对旅游行政管理部门的下列行为有异议时，可按照《中华人民共和国行政复议法》向上一级旅游行政部门申请复议：①罚款、吊销导游证、责令改正、暂扣导游证等处罚；②对于合法的导游证申请，旅游行政部门拒绝颁发或不予答复的；③旅游行政部门违法要求导游履行义务的；④旅游行政部门侵犯导游人身权与财产权的；⑤法律、法规规定的可以申请复议的其他行政行为。

4）行政诉讼权

导游对旅游行政部门的行为或复议决定不服时，可以依据《中华人民共和国行政诉讼法》的规定向人民法院提起行政诉讼。

5）旅游行程紧急处置权

依照《导游人员管理条例》的规定，导游在带团过程中遇到可能危及旅游者人身财产安全的紧急情况时，即同时符合下列条件时，可适当调整或改变旅游行程：①必须在旅游者旅行、游览过程中。旅游团队尚未出发前导游无权更改行程，如导游发现旅游行程有问题，应事先报告计调人员及时调整。②遇到可能危及旅游者人身、财产安全的紧急情形。如天气恶劣、山体滑坡等不可抗力条件时。③必须征得旅游团队的多数同意。旅游行程的更改属于合同的更改，根据《中华人民共和国民法典》规定，旅游合同双方当事人应达成新的协议才能变更合同。④必须立即报告旅行社。导游是旅行社的代表，因此必须报告旅行社，同时也有利于旅游行程变更后的善后事宜的安排。

2. 导游的基本义务

导游的基本义务包括不断学习的义务，持证上岗的义务，维护国家利益和民族尊严的义务，遵守职业守则的义务，尊重旅游者的义务，导游讲解的义务，履约的义务，紧急避险的义务，提供达标服务的义务，告知义务（要告知旅游者旅游目的地可能引起误解与纠纷的法律、风俗习惯、宗教信仰等，向出境旅游者告知国家有关外汇兑换等规定，告知旅游者与保护其合法权益相关的事项，告知旅游目的地的行政规定并督促旅游者执行，告知旅游行程安排、服务安排、违约责任，以及出团旅游有关注意事项，告知法律法规规定的其他有关事项），协助义务，接受监督的义务。

《导游人员管理条例》规定了导游人员的权利和义务。导游人员必须遵守的纪律包括以下几点：①必须持证上岗；②必须经旅行社委派；③不得有损害国家利益与民族尊严的言行；④不得在讲解、介绍中掺杂庸俗下流的内容；⑤不得擅自增减旅游项目或中止导游活动；

⑥不得向旅游者买卖物品;⑦不得以明示或暗示的方式向旅游者索要小费等合同约定以外的费用;⑧不得欺骗、胁迫旅游者消费购物。

(四) 导游的培训

导游的培训是旅行社加强对导游管理的又一重要措施。旅行社的管理者应通过各种方式对导游在基本素质、业务知识和工作能力等方面进行经常性的培训,以提高他们的业务素质和接待能力,帮助他们更好地完成旅游接待任务。旅行社对导游的培训包括岗前培训、岗上培训、业务集训、脱产深造等方式。

1. 岗前培训

岗前培训是指旅行社在新招聘的导游上岗从事接待工作前,对他们进行旅行社接待业务知识和各种接待程序的培训。岗前培训多由旅行社人力资源开发部门和接待部门负责。通常由经验丰富的在岗导游或接待部经理充当教员,对新员工进行旅行社各项接待程序、接待过程中的各个环节、接待工作中涉及的各种规章制度、接待工作的特点等方面的培训。新员工在培训过程中不仅要认真听讲,熟悉和掌握接待工作的各项要求和接待工作的特点,还要进行模拟训练(如模拟导游),以提高他们对旅行社接待工作的认识和了解,尽快熟悉接待业务,争取早日上岗。

2. 岗上培训

岗上培训是指旅行社对导游在接待过程中随时加以指导和培训,使其在实际接待过程中加深对旅行社接待业务知识的理解和掌握。岗上培训多由旅行社接待部负责人或接待经验比较丰富的导游充当教员,在接待过程中通过发现新导游出现的问题,对其进行指导。岗上培训比较切合实际,是一种理论联系实际的培训方式。

3. 业务集训

业务集训是指旅行社有关部门利用旅游淡季接待任务较少的时机或者一些无法进行旅游接待的时间,将导游集中起来,进行系统业务培训的方式。在业务集训时,旅行社可以请总经理、有关部门经理或经验丰富的业务骨干担任教员,也可以从旅游院校邀请有关专家、学者前来举行讲座,使导游人员能够比较系统地学习旅行社的业务知识及相关知识,提高他们的业务水平。

4. 脱产深造

脱产深造是旅行社培养业务骨干的最佳途径。旅行社应从导游中发现具有培养前途的青年导游,送他们去旅游院校学习,使他们接受高水平和系统化的旅游专业教育,从而提高业务素质和知识水平。

(五) 导游的管理

1. 导游管理的意义

导游的管理是旅游活动正常进行的必要条件,是提高旅游服务质量的必要保证,导游的服务质量直接影响旅游者对旅行社的口碑,从而影响旅行社的经济效益与社会形象。

2. 导游的管理主体

从根本上讲,对导游服务质量的评价是游客给出的。在经营与管理实践中,管理导游的部门包括旅游行政部门、旅游协会(导游协会)、旅游企业(旅行社、导游公司)。

旅游行政部门对导游服务实行管理的部门包括文化和旅游部旅游质监所、省（直辖市、自治区）、市（县）旅游质量监督管理部门，主要通过调查与接受导游投诉来对导游服务质量进行管理。

目前，我国的导游主要由旅行社和导游公司进行管理。旅行社管理的导游是旅行社的正式员工。而导游公司的导游管理指每年导游的年审继续教育、业务档案管理、带团推荐等业务。

在国际上，由旅游协会（导游协会）对导游进行管理，导游协会参与导游资格的取得、执业管理、业务培训、导游联谊等活动。我国目前的导游管理体制正处于改革阶段，各级导游协会正在建立和完善，其职能类似于国外旅游协会的职能。导游管理目前由导游公司和各级旅游行政部门及旅游服务中心分担。

3. 导游服务管理的要素

导游的服务主要分为讲解服务和生活服务两大方面。在讲解服务方面，游客看重导游知识的准确、语速的适度、语音的悦耳、仪容的大方得体；在生活服务方面，要达到国家标准及旅游合同所商定的标准，遇到意外事故时，导游要镇定，措施要得当（见表7-1）。

表 7-1 导游服务管理的主要要素

质量因素	权重	质量因子	权重	得分
讲解服务	50	全面准确，条理清晰，详略得当	24	
		技巧娴熟，生动，感染力强	18	
		知识面广，讲解准确	8	
带团技术及基本服务	15	熟悉国家标准	7	
		熟悉旅游合同内容	8	
突发事故处理技能	15	反应敏捷，处理措施得当，能力强	15	
仪表仪容	20	语言准确、清晰，语调优美动听	10	
		表达能力强，节奏好，流畅	6	
		自然大方，自信乐观	4	

4. 导游管理的保证体系与措施

旅行社行政管理部门对导游的管理集中表现在对导游投诉的处理及年审方面。导游人员必须每年进行一次年审，年审前必须经过年审培训。每年年审培训时间累计不少于56小时，培训以集中面授、自学、脱产与半脱产的方式进行，并设置培训考核，由培训部门在培训证书上登记盖章。培训的内容主要有新的政策与法规、新的景点知识、旅游投诉案例的分析、导游工作总结等。导游公司及旅行社对导游的管理表现在对每一次带团的游客满意度调查上。不管哪一级管理主体，都处在 PDCA 循环中，即事前有计划（plan）、有实施（do）、执行有检查（check）、发现问题要处理（act）。

5. 导游的个性化服务

旅游需求的个性化及旅游服务的异质性，决定了标准化的服务只能满足大多数旅游者基本的旅游需求，而不能满足旅游者个性化的旅游需求。导游在工作中，不仅要达到服务标准,而且要提供个性化的服务,这样才能切实提高导游服务质量。导游服务的个性化必须以旅游者的需求为导向,具体情况具体分析,千人千法,但下列几个方面是导游服务个性化的思路。

(1) 多提供超常服务。在国家服务标准之上或者旅游合同规定内容之外的服务内容,只要旅游者提出来,导游可本着合理而可能的原则,满足旅游者的要求。

(2) 建立旅游者电子档案,熟悉旅游者个人生活特点,因人而异提供服务。个人生活特点包括个人生日、个人运动喜好、个人喜欢的座位号、个人重大纪念日等,导游可对旅游者个人生活特点进行电子归档,在接团前熟记,并提供有针对性的服务,可加强游客对导游服务质量的正面评价。

(3) 提供细微服务,细微之处见真情。在旅游活动中,当发生旅游者突发急病、丢失证件或贵重物品等事件,或者旅游团遇到意外的交通堵塞、行程改变时,导游应热情主动地提供咨询与帮助,这样也会提升游客对导游服务质量的感受。

(4) 其他心理服务。导游尊重游客,面带微笑,熟悉游客心理,在其还未提出要求前已经为游客做好服务准备等,也可大大提高游客对导游服务质量的满意度。

二、旅行社团体旅游的接待管理

(一) 团体旅游接待服务的原则

团体旅游接待,是指旅行社根据旅行社同旅游中间商达成的销售合同规定的内容,为其招徕的旅游团提供服务的过程。旅行社只有提供接待服务,其销售产品的价值才能最终得以实现。因此,旅行社团体旅游接待是旅行社业务的重要组成部分,而对旅游者来说,则是对其购买的旅行社产品的消费过程。

从事团体旅游接待业务经营的旅行社,包括旅游目的地各个城市或旅游景点所在地的所有接待型旅行社、一部分经营入境旅游产品的组团旅行社、大部分经营国内旅游业务的旅行社和少数经营出境旅游的旅行社。

对于旅行社来说,团体旅游接待是一项十分特殊的业务。一方面,为了保证接待服务的质量,旅行社应对接待服务的过程和内容实行规范化管理;另一方面,由于旅游团成员具有不同文化背景、不同生活习俗和不同个人爱好,旅行社在强调规范化的基础上,还应注重接待服务的个性化,以满足不同旅游者的需求。因此,旅行社在团体旅游接待工作中应坚持规范化和个性化相结合的原则。

1. 规范化原则

团体旅游接待服务的规范化是旅游团接待服务质量的基础和保障。它包含着标准化和程序化两项内容。

1) 团体旅游接待服务的标准化

团体旅游接待服务的标准化,是指旅行社按照一定的标准向旅游团提供旅游过程中的各种相关服务。旅行社服务的标准化是适应国际发展潮流的一种做法。中国要与国际惯例接轨,进入国际服务贸易市场,其关键就是产品、技术、服务、知识产权等方面的标准与国际标准取得一致。

旅行社在接待服务过程中必须坚持下列标准：①实行"三定"，即安排旅游者到定点旅馆住宿、定点餐馆就餐、定点商店购物，并确保向旅游者提供符合合同规定的服务。②采取必要措施以保证旅游者人身财产安全；完善行李交接手续，保证旅游者行李运输安全和准确无误。③旅行社委派接待的导游人员必须通过全国导游资格考试，取得国家文化和旅游部颁布的导游证书，并在接待前做好一切相关的准备工作。④旅行社应将文娱活动作为固定节目安排。⑤对不同国别、肤色、职业、性别、年龄的旅游者要一视同仁，热情接待。

2) 团体旅游接待服务的程序化

团体旅游接待服务的程序化，是指旅行社根据接待服务的一种特点，对接待服务的每一环节和每道程序都做出详细规定，并据此为旅游团提供接待服务。

接待服务程序化是旅行社保证团体旅游接待服务质量的有效措施。接待服务程序化能够减小旅行社在接待过程中出现事故的可能性，保证接待过程中各项工作的落实，从而最终提高旅行社接待服务的质量。同时，接待服务程序化还有利于旅行社对接待服务质量的监督和管理，使得接待服务和接待管理有章可循。

2. 个性化原则

旅行社接待服务的旅游者来自不同国家或地区，他们有着不同的生活习惯、文化背景、宗教信仰、价值观念和个人爱好，对旅游接待服务的要求也有不同程度的差别。旅行社应针对旅游团成员的不同特点，在坚持规范化原则的同时，在力所能及的范围内充分照顾到旅游者的个性化要求，提供富有个性化和人情味的服务，使旅游者感到温馨愉快。

(二) 团体旅游接待业务的特点

团体旅游接待业务，是旅行社根据事先同旅游中间商达成的旅游合同或协议，对旅游团在整个旅游过程中的交通、住宿、餐食、游览参观、娱乐和购物等活动提供具体组织和安排落实的过程。旅游团体一般分为入境旅游团队、出境旅游团队和国内旅游团队三种类型，旅行社的团体旅游接待业务也相应分成入境团体旅游接待业务、出境团体旅游接待业务和国内团体旅游接待业务三个类型。不同类型团体旅游接待业务既有其共性特点，也存在着各自比较明显的个性特点。

1. 团体旅游接待业务的共性

团体旅游接待是旅行社接待业务的主要类型之一，无论入境团体旅游接待、出境团体旅游接待，还是国内团体旅游接待，都具有一些基本相同的特点。旅行社的接待部门和接待人员应该认真研究这些特点，以做好各种旅游团体的接待服务。

1) 计划性强

团体旅游接待的第一个显著特点是计划性强。团体包价旅游时间长、涉及环节多，因此，在旅游接待开始前，旅行社就要计划旅游产品的各个环节，包括旅行社与旅游者合同的签署、人员的选择与培训等。

在团体旅游过程中，旅行社要同旅游者、旅游中间商签订旅游合同或旅游接待协议，这是旅行社同旅游者之间的契约性文件。旅行社必须严格按照旅游合同或旅游协议上的规定和要求，认真、全面地安排旅游者在整个旅游期间的交通、住宿、餐饮、游览参观、观赏娱乐节目等活动，并提供符合标准的接待服务。除了不可抗拒的原因外，旅行社不得擅自改变旅游团的旅游线路、旅行时间、服务等级等。如果确需对旅游计划进行修改,必须事先征得旅游者的同意。

另外,对于旅游线路所涉及的各地接待旅行社来说,还必须根据组团旅行社下达的旅游团接待计划,制定旅游团在当地的活动日程,并认真执行接待计划,不得擅自改动,更不能采取各种手段降低服务标准,损害旅游者的合法权益。

2) 技能要求高

团体旅游接待对旅行社接待人员的接待技能要求比较高。尽管散客旅游接待同样需要旅行社接待人员提供技能性强的服务,但是由于团体旅游的人数多,成员之间的关系比较复杂,不少旅游团内的旅游者在旅行开始前根本互不相识,需要在有限的旅游时间内相互适应,这就给旅行社的接待工作带来了更大的难度。因此,旅行社在安排团体旅游接待人员时,必须针对旅游团的这一特点,选派责任心强、带团技能高的导游担任领队、全陪或地陪。

3) 协调工作多

团体旅游接待是一项综合性很强的业务,需要旅行社在接待过程中及接待工作开始前和结束后,进行大量的沟通和协调工作。首先,团体旅游的人数比较多,在旅游目的地停留的时间一般也比较长,通常需要旅行社同许多其他旅行社共同协作才能完成接待工作。因此,做好各方面的沟通和协调工作,是旅行社圆满完成团体旅游接待工作的重要条件。其次,在团体旅游接待的集体中,往往有代表客源地组团旅行社的旅游团领队、有代表旅游目的地组团旅行社的全陪,也有代表当地接待旅行社的地陪。他们既要维护各自旅行社的利益,又要共同维护旅游者的利益,因此需要经常就接待中出现的问题进行磋商,相互协调。最后,旅游团内的旅游者来自四面八方,具有不同的生活经历和习惯,所受的教育程度也不同,在他们之间往往存在不同的价值观,对事物的看法也常会出现分歧,存在跨文化差异。因此,在旅游过程中旅行社的接待人员必须随时注意旅游团内的动向,一旦团内出现分歧或矛盾,应及时设法调解,保持旅游团内的和谐气氛。

2. 团体旅游接待业务的个性

旅行社在接待不同类型的旅游团时,不仅要研究团体旅游接待的共性特点,还应注意研究不同类型旅游团体的个性特点,以便提供针对性的服务。

1) 入境旅游团体的接待

入境旅游团体,是指由旅行社通过海外旅游中间商招徕和组织的海外旅游团队。接待入境旅游团队是我国许多国际旅行社的主要经营业务。一般来说,入境旅游团队由海外某地启程,从我国某个对外开放的口岸入境,并在境内进行一段时间的游览参观活动,最后从入境的口岸或另外的开放口岸出境返回原出发地。入境团体旅游接待主要有以下五个特点。

(1) 停留时间长。入境旅游团队的第一个特点,是在旅游目的地停留的时间比较长。多数入境旅游团队在我国旅游时,停留时间少则一周,多则十几天,甚至有入境旅游团队创下在华旅游时间长达40多天的纪录。这是远距离游客的共同特点。由于在旅游目的地停留的时间较长,所以入境旅游团队在旅游期间的消费一般比较高,能够给旅游目的地带来比较多的经济收益。因此,旅行社在接待入境旅游团队时,应针对这个特点,为入境旅游团队安排和落实其在各地的生活服务和接待服务，使旅游者慕名而来，满意而归。

（2）外籍人员多。入境旅游团队多以外国旅游者为主体，其使用语言、宗教信仰、生活习惯、文化传统、价值观念、审美情趣等均与我国有较大的文化差异，因此，旅行社在接待入境旅游团队时，必须充分尊重他们，为其配备熟悉其风俗习惯、文化传统，并能够熟练使用外语的人员担任入境旅游团队的全陪或地陪。

（3）预订周期长。入境团体旅游的预订周期一般比较长，旅游中间商与旅游目的地的接待旅行社要不断地就旅游团队的活动日程、人员构成、旅游者的特殊要求等事项进行磋商和调整。另外，旅游中间商还要为旅游团队办理前往旅游目的地的交通预订、申请并领取护照和签证等手续，以及组织散在各地的旅游者在事先规定的时间到达指定地点集合，组成旅游团队并搭乘预订的交通工具前往旅游目的地。因此，相对于国内团体旅游，跨境旅游预订周期长。

（4）涉及环节多。旅游产品本身的综合性决定了这一特点，这在入境旅游团队接待问题上特别突出，外事无小事，各个环节都需要旅行社的详细安排与导游的精心考虑。

（5）活动变化多。入境旅游团体的活动变化比较多，如出发时间的变化、旅游团人数的变化、乘坐交通工具的变化等。因此，接待旅行社在接待过程中应密切注意旅游团活动可能出现的变化，及时采取调整措施，保证旅游活动的顺利进行。

2）出境旅游团体的接待

出境旅游团体的接待业务，是指我国一些经过特许经营中国公民自费出国旅游业务的旅行社所组织的中国公民出境旅游团体的接待业务。出境旅游团的接待业务比较简单，主要是委派领队负责对整个旅游计划的实施过程进行监督，沿途照顾旅游者的生活，担任旅游团出境前和返回境内后至抵达出发地之前的陪同工作。尽管如此，出境旅游团的接待业务仍有其不同于入境旅游团和国内旅游团接待业务的一些特点，主要有以下三点。

（1）活动日程稳定。除非发生极其特殊的情况，出境旅游团的活动日程一般比较稳定，这是由我国出境旅游城市需求特点所决定的。无论是组织出境旅游团的旅行社，还是负责在旅游目的地接待旅游团的旅行社，都必须严格按照事先同旅游者达成的旅游协议，安排旅游团在境外及境内的各项活动。组织出境旅游的旅行社，应委派具有丰富接待经验的导游担任出境旅游团的领队，负责在整个旅行途中关照旅游者的生活。

（2）消费水平高。出境旅游团的消费水平比较高。对许多出境旅游者来说，出国是人生第一次，因此，对旅游服务的消费水平期望高、对旅游纪念品的需求多。我国出境旅游市场已经是西方国家开发的重点。

（3）外语水平低。目前我国参加出境旅游的旅游者，很多人的外语水平一般比较低，许多人根本不懂外语。到达境外后，与当地人的交流成为一个严重的问题。有些旅游者由于既不会讲当地语言也不懂英语，结果闹出不少误会，甚至发生上当受骗的事情。因此，旅行社应选派精通旅游目的地语言或英语的导游担任出境旅游团的领队，在境外充当翻译，以帮助旅游者消除语言方面的障碍。

3）国内旅游团体的接待

国内旅游团队的类型比较多，包括旅游客源地附近的周末旅游、省内（自治区、直辖市内）短途旅游和跨省（自治区、直辖市）的省际旅游。我国的国内团体旅游起步较晚，但发展

势头猛烈,发展潜力大,是一种具有广阔发展前景的产品形态。旅行社应该注重对国内团体旅游接待业务的研究,总结接待经验,找出其中的规律,为今后国内团体旅游接待水平的进一步提高打好基础,以便通过优良的接待服务在国内团体旅游市场的竞争中获得优势。国内旅游团体接待业务的主要特点有以下四点。

(1) 准备时间短。由于不需要办理护照、签证等手续,国内旅游团的预订期一般比较短,成团时间也较短。有些时候,从旅游者提出旅游咨询到旅游团成团出发,只需要一周的时间。有的旅行社对一些热点线路甚至推出每天按照在某个地点集合,不管人数多少都出发接待的业务。旅行社在接待国内旅游团时,常会感觉到准备时间不像接待入境旅游团或出境旅游团那样充裕。

针对这个特点,旅行社应一方面在平时加强对接待人员的培训,使他们熟悉国内团体旅游接待的特点和要求,以便在接到旅游接待计划后,能够在较短时间内制定出当地的活动日程,做好各项接待准备;另一方面根据当地旅游资源和本旅行社接待人员的特点,设计出针对不同国内旅游团的接待规范和标准活动日程,使接待人员能够按照接待规范和标准活动日程进行接待准备,提高接待准备工作的效率。

(2) 日程变化小。相对于跨境旅游,国内旅游者一般对于前往的旅游目的地了解较多,旅游决策比较理智,因此很少在旅游过程中提出改变活动日程的要求。另外,国内旅游者往往把旅行社是否严格按照事先达成的旅游协议来安排在旅游目的地的活动,以及旅行途中的交通作为旅行社是否遵守协议、保证服务质量的重要标志。所以,他们对旅行社更改活动日程的反感较入境旅游团和出境旅游团成员更加强烈。旅行社在接待国内旅游团时,必须注意到国内团体旅游接待业务的这一特点,尽量避免修改活动日程。

(3) 消费水平差别大。国内旅游团从豪华团到经济团,消费水平相差较大,旅行社和导游要根据不同的消费水平提供针对性的服务。

(4) 讲解难度小。对于国内旅游团体的接待,语言沟通不存在较大问题,事先旅游者对旅游目的地的景点也有一定了解,导游对旅游者的文化差异、宗教背景有一定的了解,对收入不同、职业不同的游客的需求把握较好,因此讲解与服务易引起共鸣。

(三) 团体旅游接待服务的程序

团体旅游接待业务包括旅游团抵达前的准备、旅游团抵达后的实际接待和旅游团离开后的总结三个阶段。在这三个不同阶段中,旅行社应采取不同的方式进行管理,以确保接待工作圆满完成。

团体旅游接待服务的程序包括三种类型,每个类型的接待程序都涉及前面所提及的三个阶段。

1. 领队的接待服务程序

领队是旅游团的组织者和代言人,既是旅游团的服务人员,又是旅游者合法权益的维护者。领队在客源地组团旅行社与旅游目的地组团旅行社和接待旅行社之间、在旅游团成员与全陪和地陪之间充当联系人和协调人的角色。

1) 准备阶段

领队在旅游团出发前应做好充分的准备工作,以便在随后到来的旅游接待阶段,能够比较顺利地完成接待任务。在准备阶段，领队应该认真研究旅游团的情况和旅游接待计划，做好各项物质准备，并在旅游团离开旅游客源地前往旅游目的地之前，向旅游团介绍旅游目的地的情况。

领队在准备阶段的主要工作包括以下几项：①熟悉情况。领队在率领旅游团前往旅游目的地之前，应该认真研究该旅游团的旅游计划，以便对即将进行的接待工作做到心中有数。此外，领队还应设法了解有关旅游目的地及当地组团旅行社和各地接待旅行社的情况。②物质准备。领队应做好旅游接待工作所需的各种物质准备，主要包括旅游计划、有关票证、资料、日常用品、导游器具和少量现金等。③介绍情况。领队在旅游团启程前往旅游目的地之前，应向旅游团介绍有关旅游目的地的情况及各种注意事项。

此外，领队还应向旅游团成员分发一些有关旅游目的地的资料，并提醒旅游者注意遵守客源国海关、动植物检疫等部门的有关规定。

2）实际接待阶段

实际接待阶段，是指旅游团从原出发地到达旅游目的地，再返回原出发地的旅游活动的全部过程。在这个阶段，领队应主动配合旅游目的地组团旅行社和各地接待旅行社派出的全陪和地陪，在生活上和游览参观活动中照顾好旅游者，使旅游团的旅游活动获得圆满成功。

领队在实际接待阶段的工作分为第一天的工作、在旅游目的地旅游期间的日常工作和整个旅游活动最后一天的工作。

（1）第一天的工作。在旅游团预定启程的当天，领队必须根据旅游计划提前到达预定的交通集散地，并向有关部门询问交通工具离开的时间有无变化；向旅游者进行自我介绍；帮助他们办理登机、乘车或乘船手续和行李托运手续；与旅游团一起核实旅游计划的各项内容，并宣布旅游团全体成员在旅游期间应共同遵守的一些规定。领队在此期间应向旅游者表示愿意为他们服务，并将尽力维护他们的正当权益，随时为他们解决各种旅途中的困难，使旅游团对领队产生一个良好的第一印象，这对于领队日后工作的顺利进行具有十分重要的意义。

（2）日常工作。除了第一天和最后一天的工作外，领队在旅途中其他时间的工作基本相同。这些工作包括每天向旅游团通报当天的活动日程；在旅游团抵达旅游景点下车游览时，提醒他们返回汽车的准确时间和地点；在旅游者返回后及时清点人数，并通报接下来的活动内容；在前往下一个旅游景点途中，如果时间较长，可以组织一些娱乐活动，以活跃气氛，融洽旅游团成员之间的关系；同全陪或地陪核实下一项或第二天的活动日程；向旅游团通报第二天的活动日程，特别是次日早上要进行的第一项活动内容及出发时间和乘车、船地点；当旅游者全部下车后，同其他导游一起在车船内进行细致的检查，妥善处理旅游者遗忘在车上的物品。

（3）最后一天的工作。在旅游活动的最后一天，经过较长一段时间的旅行和游览活动，无论是旅游者还是领队都已经十分疲劳。领队必须克服旅途中的疲劳，竭尽全力地为旅游者提供优质的服务，使旅游团的整个旅游活动善始善终。对于领队，在旅游者离开前给他们留下一个良好的最后印象是十分必要的，能够让领队及其所代表的旅行社在旅游者心目中的形象保持完美。只有这样，旅游者才有可能再次要求这家旅行社甚至该领队继续为他们提供服务,或者介绍他们的家人、亲戚、朋友参加这家旅行社组织的旅游活动。领队在旅游活动的最后一天要做的工作很多,主要包括调动旅游者情绪;帮助旅游者整理行装,提醒旅游者不要将物品或行李遗忘在乘坐的交通工具上;主动征求旅游者对旅游活动的意见和建议;与旅游者相互交换联系地址或电话,以便继续保持联系;代表旅行社举行告别宴会,致欢送辞,感谢旅游者在一路上给予的支持与合作,并表达希望能再度为他们服务的意愿。

3) 总结阶段

送别旅游团后,领队应立即回到旅行社,处理各种遗留事项,并就旅游团接待经过及在途中发生的各种问题和处理的经过进行总结。在总结阶段,领队需要做的工作主要包括处理旅游团接待过程中的各种遗留问题,如旅游者的委托事项、可能的投诉等;向旅行社结清账目,归还启程前从旅行社借到的物品;填写领队日志,总结旅游团的接待经过,如旅游者的表现及反映,旅游目的地组团旅行社和各地接待旅行社执行旅游计划的情况,全陪和地陪的服务态度、知识水平、语言表达能力、处理问题的能力及与领队合作的情况等。

2. 全程陪同导游的接待服务程序

全程陪同导游(全陪),是旅游目的地组团旅行社派出的旅游团接待人员。全陪负责监督旅游接待计划的全面落实,并在沿途照顾旅游团的生活,协调领队、地陪、司机等旅游接待人员的协作关系等。全陪的接待服务程序分为四个阶段。

1) 准备阶段

全陪在准备接待阶段的工作主要包括熟悉情况、物质准备和与联系地陪三项。

(1) 熟悉情况。全陪在接受旅游团的接待任务后,应首先熟悉和研究旅游团的接待计划,熟悉旅游团的情况和旅游路线的情况,了解各地承担接待任务的旅行社情况,从而确定接待计划的重点和服务方向。

(2) 物质准备。全陪在准备阶段还应做好物质方面的准备,以便在以后的几个工作阶段中能够较好地完成接待任务。全陪所需准备的物品基本上与领队相同,这里不再赘述。

(3) 联系地陪。在旅游团抵达前一天,全陪应主动设法与负责接待的地陪进行联系,了解第一站接待工作的详细安排情况,并确定集合的地点和时间,以便在第二天准时前往旅游团抵达的地点迎接。如果由全陪兼任地陪,则应亲自同旅游汽车公司的调度人员联系,落实接站事宜。

2) 迎接服务阶段

旅游团抵达旅游目的地的前后一段时间,是全陪接待工作程序中的迎接阶段。在这个阶段,针对不同类型的旅游团,全陪需要提供不同形式的迎接服务。

(1) 入境旅游团的迎接服务。全陪在迎接入境旅游团时,应与地陪(如全陪兼任地陪,则由全陪单独前往迎接)一起提前半小时到达接站地点迎接旅游团。在接到旅游团后,全陪应主动与该旅游团的领队联系,了解并核实旅游团的实际到达人数、旅游团有无特殊要求和需要给予特殊关照的旅游者;与领队、地陪和接待旅行社的行李员一起清点和交接行李;代表旅游目的地组团旅行社和个人向旅游团致欢迎辞,做自我介绍,表达向全体旅游者提供服务的真诚愿望并预祝旅行顺利、愉快;协助地陪带领旅游团乘车前往预订下榻的饭店。

当旅游团所乘坐的汽车抵达饭店后,全陪应协助地陪和领队将旅游团带入饭店。在旅游团进入饭店后,全陪应协助旅游团领队办理入住手续;协助有关人员随时处理入住过程中可能出现的各种问题;与领队核对并商定旅游团的活动日程,掌握领队所住的房间号和电话号码,以便随时进行联系;掌握旅游团的住房分配名单和饭店总服务台电话号码;同地陪确定在紧急情况下的联系方法。

(2) 国内旅游团的迎接服务。参加国内旅游团的多数旅游者按照事先同组团旅行社商定的旅游计划,在规定的时间从组团旅行社所在的城市或地区汇集到双方同意的地点集合,开始旅游活动。因此,全陪向国内旅游团提供的迎接服务同其向入境旅游团提供的迎接服务有所不同。在迎接地点,全陪主要提供的服务包括进行自我介绍,并代表组团旅行社向旅游者表示欢迎;介绍旅游线路及沿线主要旅游景点概况、旅游目的地的风土人情、旅游线路沿途各城市或地区的接待条件、旅游目的地居民对外来旅游者的态度及旅游者应注意的其他有关事项等;向旅游团成员分发一些有关旅游目的地的资料,为旅游团分配饭店住房,介绍地陪,并请地陪向旅游团介绍在当地的活动日程;协助地陪办理旅游团入住饭店的手续。

3) 途中服务阶段

途中服务阶段是全陪向旅游团提供旅游接待服务的主要阶段。在这个阶段,担任入境旅游团接待工作的全陪,应建立起与旅游团领队和地陪之间良好的合作关系;而担任国内旅游团接待工作的全陪,则应同各地的地陪进行紧密的合作。全陪在旅游途中向旅游团提供的服务,主要是监督各地接待旅行社,严格按照旅游接待计划向旅游者提供符合合同规定和国家有关服务标准的导游讲解服务和生活服务。另外,全陪还要承担与各地旅行社联络和在旅行时对旅游团进行生活关照和讲解服务的任务。

全陪在旅游途中提供的服务主要包括做好旅游线路上各站之间的联络,通报旅游团旅游情况和旅游者在参观游览和生活上的特殊要求;协助各地地陪的工作,提醒他们认真落实旅游团在当地的抵离交通工具、饭店的入住与离店手续、旅游景点的导游讲解服务等;照顾旅游者的旅途生活,并解答旅游者提出的各种问题;注意保护旅游者的人身和财物安全,提醒旅游者保管好自己的随身物品及行李;征求旅游者对整个旅游接待工作的意见和建议;在旅游团预定的离境口岸送别入境旅游团,或带领国内旅游团返回原出发地;代表组团旅行社对旅游者在旅途中的合作致以谢意,并欢迎他们再度光临。

4) 结束阶段

全陪在送别旅游团后,应尽快返回旅行社,处理结束工作阶段的各种事务。在这个阶段,全陪所要做的工作包括结清账目、处理遗留问题、填写"全陪日志"和归还所借物品等。

3. 地方陪同导游的接待服务程序

地方陪同导游(地陪)由旅游目的地接待旅行社派出,并负责具体执行旅游接待计划,在地方旅游过程中起着关键的作用。地陪在当地的旅游接待过程中,应根据旅游接待计划和全陪反映的意见和建议,做好旅游团在当地食宿、购物、娱乐等各项活动的安排,落实旅游团离开当地前往其他地方交通票据的预订或确认事宜,并提供优质的导游讲解服务。地陪的接待服务程序分为准备、迎接、导游讲解及生活服务和结束四个阶段。

1) 准备阶段

地陪在接受接待旅游团的任务后,应及时、充分地做好各方面的准备,以便在旅游团到来后能够为他们提供良好的服务。在准备阶段,地陪的主要工作包括研究旅游接待计划、安排和落实旅游活动日程、做好知识准备和物质准备等。

2) 迎接阶段

在迎接阶段,地陪应做好下列工作:出发接站前,再次核实旅游团所乘交通工具抵达当地的确切时间,并通知旅行社的行李员;在旅游团抵达当地前半个小时到达接站地点,并与司机商定停车等候的位置;在旅游团乘坐的交通工具抵达后,应持接站标志牌(旗)站立在醒目的位置上,迎接旅游团的到来;在旅游团出站后,主动上前同旅游者及领队和全陪联系,进行自我介绍,向他们表示热烈欢迎;与领队和全陪核实旅游团成员的实到人数和托运的行李件数,并与旅行社行李员办妥行李交接手续;及时引导旅游者上车,协助旅游者就座并清点人数,待全部人员到齐后,请司机发车;致欢迎辞并进行沿途导游,在汽车行驶到旅游团预订下榻的饭店或旅馆的附近时,向旅游团介绍饭店的概况;在旅游者下车并进入饭店后,引导他们办理入住手续,介绍饭店的各项服务设施及其位置和营业时间,介绍用餐时间和就餐形式;在旅游团的行李抵达后,与行李员进行核对并协助行李员送至旅游者房间;同旅游团领队、全陪一起商定旅游团在当地的活动安排并及时通知每一位旅游者;掌握领队和旅游团其他成员的房间号码,并根据旅游者的要求,安排第二天的叫早服务;带领旅游团到餐厅用好第一餐。

3) 导游讲解及生活服务阶段

导游讲解及生活服务阶段,是地陪的主要工作阶段。一般来说,地陪应在每次活动前的10分钟到达预定集合地点,督促司机做好出发前的准备工作。旅游者上车后,地陪应及时清点人数,向旅游者报告当日的重要新闻、天气情况、活动安排和午、晚餐的就餐时间及地点。当全部旅游者到齐后,地陪应请司机发车,并开始介绍沿途的风景、建筑物等。到达景点后,地陪应介绍景点的历史背景、风格特点、地理位置和欣赏价值,并告知旅游者在景点的停留时间、集合地点和游览注意事项。在游览过程中,地陪应始终同旅游者在一起活动,注意旅游者的安全,随时清点人数,以防旅游者走失。与此同时,地陪还应使用生动形象的语言向旅游者讲解景点情况,使旅游者获得美的享受。

除导游讲解服务外,地陪还必须在旅游者就餐、购物和观看文娱节目时提供相应的服务,如介绍餐馆、菜肴特色、酒水类别、餐馆设施、当地商品特色、节目内容及特点,回答旅游者的各种问题,解决随时出现的问题等。旅游团结束在当地参观游览活动的前一天,地陪应向有关部门确认交通票据和离站时间,准备好送站用的旅游车和行李车,与领队或全陪商定第二天叫早、出行李、用早餐和出发的时间,并提醒旅游者处理好离开饭店前的有关事项。

在旅游团离开饭店乘车前往飞机场(火车站、船舶码头)前,地陪应主动协助饭店与旅游者结清有关账目,并与领队及全陪和接待旅行社的行李员一起清点行李,办好行李交接手续,然后招呼旅游者上车。上车后,地陪应清点人数,并再次提醒旅游者检查有无物品或旅行证件遗忘在房间里。

在为旅游团送站的旅游车到达飞机场(火车站、船舶码头)后,地陪应与领队、全陪和接待旅行社的行李员交接行李,帮助旅游者办理行李托运手续,并将交通票据和行李托运票据移交给全陪、领队或旅游者。旅游团离站前,地陪应致欢送辞,感谢旅游者在当地停留期间给予的合作,诚恳地征求旅游者对当地接待工作的意见和建议,并祝愿旅游者旅途愉快。如果旅游团乘坐国内航班(火车、轮船)离开当地前往国内其他城市或地区旅行,地陪须等到旅游者所乘的交通工具启动后,才能离开送别地点。如果旅游团乘坐国际航班离境,则地陪应在将旅游者送至海关前与旅游者告别。当旅游者进入海关后,地陪即可离开送别地点。

4) 结束阶段

送走旅游团后,地陪应及时返回旅行社,认真、妥善地处理旅游团在当地参观游览时遗留下的问题,按规定处理旅游者的委托事项,与旅行社结清账目,归还所借物品,做好旅游团在当地活动期间的总结工作,并填写"地方陪同日志"。

（四）团体旅游接待的管理

团体旅游接待是许多旅行社的重要经营业务之一,也是这些旅行社重要的经营收入渠道之一。旅行社团体旅游接待的水平高低,将直接影响到旅行社的最终经营效益和旅行社在旅游市场上的声誉。因此,旅行社必须注重对团体旅游接待三个阶段的管理。

1. 准备阶段的管理

旅行社接待部门在准备接待阶段实施的管理包括以下两个方面。

1) 委派适当的接待人员

接待部门在接到本旅行社销售部门或客源地组团旅行社发来的旅游计划后,应根据计划中对旅游团情况的介绍和提出的要求,认真挑选最适合担任该旅游团接待工作的导游人员。在对导游知识结构、能力水平、宗教背景等情况熟悉的前提下,旅行社应选派能最大限度满足旅游团需求的导游承担导游服务工作。

2) 检查接待工作的准备情况

在准备阶段,接待部门经理应注意检查承担接待任务导游的准备工作的进展情况和活动日程的具体内容。接待部经理应在平时对导游提出业务要求,并不断进行有针对性的检查。对于存在问题的导游,应提出改进意见或具体的指导；对于重点旅游团的接待计划和活动日程,应予以特别关照。总之,及时发现和填补漏洞,防患于未然。

2. 实际接待阶段的管理

实际接待阶段是旅行社接待管理的重要环节。由于担任接待工作的导游往往单独带领旅游团活动,接待部门难以随时保持对接待人员的控制,而接待过程中发生的问题又多集中在这个阶段,所以,这一阶段的管理是旅行社接待管理工作中最困难也是最薄弱的环节。旅行社接待部经理应该特别重视这个阶段的管理,使旅游团的接待服务工作能够顺利完成。实际接待阶段的管理包括以下两个方面。

1) 建立请示汇报制度

旅游团队接待工作是一项既有很强的独立性,又需要由旅行社加以严格控制的业务。一方面,担任旅游团接待工作的接待人员(特别是导游人员)应具有较强的组织能力、独立工作能力和应变能力,以保证旅游活动的顺利进行,导游对团队中出现的正常情况应具备独立处理的能力；另一方面,在遇到旅游接待计划发生重大变化的情况时要向有关管理人员请示,不擅作主张。为了加强对旅游团接待过程的管理,旅行社应根据本旅行社和本地区的具体情况,制定出适当的请示汇报制度。这种制度既要允许接待人员在一定范围内和一定程度上拥有随机处置的权利,以保证接待工作的高效率,又应要求接待人员在遇到旅游活动过程中的一些重大变化或发生事故时,及时请示旅行社有关管理部门,以取得必要的指导和帮助。只有建立和坚持这种适当的请示汇报制度,才能保证旅游团的接待工作顺利进行。

2) 接待现场抽查与监督

除了建立适当的请示汇报制度,以保证接待人员能够将接待过程中发生的重大情况及时、准确地传达给旅行社接待部门,使接待部经理和旅行社总经理等有关管理人员,能够随时掌握各旅游团接待工作的进展情况外,旅行社还应建立旅游团接待现场抽查和监督的制度,由接待部经理或总经理等人在事先未打招呼的情况下,亲自到旅游景点、旅游团下榻的饭店、就餐的餐馆等旅游团活动场所,直接考察导游的接待工作情况,并向旅游者了解对接待工作及各项相关安排的意见,以获取有关接待方面的各种信息。旅行社接待管理人员通过现场抽查和监督,可以迅速、直接地了解接待服务质量和旅游者的评价,为旅行社改进服务质量提供有用的信息。

3. 总结阶段的管理

总结阶段的管理,主要是通过对接待过程中发生的各种经验教训进行总结,处理旅游者对接待人员的表扬和投诉,增强接待人员的思想认识、知识水平和业务能力,以提高旅行社团体旅游接待的整体水平。旅行社在总结阶段的管理主要体现在以下两个方面。

1) 建立接待总结制度

为了达到提高旅游团接待工作效率和服务质量的目的,旅行社应建立接待总结制度。要求每一位接待人员在接待工作完成后,对接待过程中发生的各种问题和事故、处理的方法及其结果、旅游者的反映等进行认真的总结,必要时应写出书面总结报告,交给接待部经理。接待部经理应认真仔细地阅读这些总结报告,将其中的成功经验加以宣传,使其他接待人员能够学习借鉴,并对接待过程中出现的失误加以总结,提醒其他人员在今后的接待工作中避免犯同样的错误。通过总结,达到教育员工、提高接待水平的目的。

此外,接待部经理还可以采用其他方式对旅游团接待过程进行总结。例如,旅行社接待部经理可以采用听取接待人员当面汇报,要求接待人员就接待过程中发生的重大事故写出书面总结报告,抽查接待人员填写的"陪同日志""全陪日志""领队日志"等接待记录的方式,更好地了解对旅游者的接待情况和相关服务部门的协作情况,及时发现问题,采取补救措施。

总之,旅行社接待管理人员通过总结旅游团接待情况,能不断积累经验,便于进一步改进产品、提高导游人员的业务水平和完善协作网络。

2) 处理旅游者的表扬和投诉

处理旅游者对导游接待工作的表扬和投诉,是总结阶段中旅行社接待管理的另一项重要内容。一方面,旅行社通过对优秀工作人员及其事迹的宣传,可以在接待人员中树立良好的榜样,激励接待人员不断提高自身素质;另一方面,通过处理旅游者针对导游接待工作提出的投诉,既可教育受批评的导游本人,又能对其他接待人员起到鞭策作用,使大家在今后的接待工作中不再犯类似的错误。

三、旅行社散客旅游的接待管理

(一) 散客旅游业务的类别

散客旅游业务,主要包括单项委托业务、旅游咨询业务和选择性旅游业务。

1. 单项委托业务

单项委托业务,主要包括零散旅游者(简称散客)来本地旅游的委托、散客赴外地旅游的委托和散客在本地的单项委托业务。

1) 散客来本地旅游的委托业务

散客来本地旅游的委托业务,是指外地旅游者委托其所在地的旅行社,办理其前往旅游目的地旅游时所需的有关接待或其他旅游服务的业务。旅游者旅游目的地旅行社的有关工作人员,应在接到外地旅行社的委托通知后,立即按照通知的要求办理旅游者所委托的有关服务项目。如果旅游者要求旅行社提供导游接待服务,旅行社有关部门应及时委派导游按时前往旅游者抵达的地点接站并提供相应的服务。如果旅行社认为无法提供旅游者所委托的服务项目,应在接到外地旅行社委托后24小时内发出不能接受委托的通知。

2) 散客赴外地旅游的委托业务

多数旅行社规定,散客旅游者应在离开本地前3天,到旅行社办理赴外地旅游的委托申请手续。旅行社散客部在接到旅游者提出的委托申请后,必须耐心询问旅游者的旅游要求,认真检查旅游者的身份证件。如果旅游者委托他人代办委托手续,受托人必须在办理委托手续时出示委托人的委托信函及受托人的身份证件。

旅游者在旅行社办理旅游委托手续后又要求取消或变更旅游委托时,应至少在出发前一天到旅行社办理取消或变更手续并承担可能由此造成的损失。

3) 散客在本地的单项委托业务

有些散客在到达本地前并未办理任何旅游委托手续,但当到了本地后,由于某种需要也会到旅行社申请办理在本地的单项旅游委托手续。旅行社在接待这类旅游者时,应首先问清旅游者的要求,说明旅行社所能提供的服务项目及收费标准,并根据旅游者的要求,向其提供相应的服务。如果旅游者委托旅行社提供导游服务,旅行社应在旅游者办妥委托手续并交纳费用后,及时通知接待部门委派导游或派遣本部门的导游为旅游者服务。

2. 旅游咨询业务

旅行社咨询服务的范围很广,主要是有关旅游交通、饭店住宿、餐饮设施、旅游景点、各种旅游产品价格、旅行社产品种类等的咨询业务。虽然旅行社在提供旅游咨询服务时并不向旅游者收取费用,但是,通过提供咨询服务,往往可以引导旅游者购买本旅行社的产品。因此,旅游咨询服务是扩大产品销售和提高经营收入的一条重要渠道。

旅游咨询服务分为电话咨询服务、信函咨询服务和人员咨询服务三种。

1) 电话咨询服务(包括在线咨询)

电话咨询服务,是指旅行社工作人员通过电话回答旅游者关于旅行社产品及其他旅游服务方面的问题,并向其提供购买本旅行社有关产品的建议。旅行社工作人员在提供电话咨询服务时应注意以下两点:①尊重顾客。旅行社工作人员在接到旅游者打来的咨询电话时,应该表现出对顾客的尊重,要认真倾听他们提出的问题,并耐心地回答。回答时声调要友好、和气,语言应礼貌、规范。②积极主动。旅行社工作人员在提供电话咨询服务时应积极主动,反应迅速。在圆满地回答顾客问题的同时,应主动向旅游者提出各种合理的建议,抓住时机向他们大力推荐本旅行社的各种产品。

2) 信函咨询服务（包括电子信箱咨询）

信函咨询服务，是指旅行社工作人员以书信形式答复旅游者提出的关于旅游方面和旅行社产品方面的各种问题，并提供各种旅游建议的服务方式。目前，旅行社的信函咨询服务主要利用电子信箱进行。信函咨询的书面答复应做到语言明确、简练规范。

3) 人员咨询服务

人员咨询服务，是指旅行社工作人员接待前来旅行社门市柜台进行咨询的旅游者，回答他们提出的有关旅游方面的问题，向他们介绍本旅行社的散客旅游产品，提供旅游建议。在提供人员咨询服务的过程中，旅行社工作人员应做到以下两点：①热情友好。在咨询过程中，旅行社门市柜台的接待人员应热情友好，面带微笑，主动进行自我介绍，仔细认真地倾听旅游者的询问，并耐心地进行回答。与此同时，还应该认真地将旅游者的问题和要求记录下来。此外，还应向旅游者提供有关的产品宣传资料，让旅游者带回去阅读以便加深旅游者对本旅行社及其产品的印象，为旅行社争取客源。②礼貌待客。旅行社门市柜台的接待人员必须坚持礼貌待客，给旅游者一种宾至如归的感觉。礼貌待客显示了旅行社工作人员良好的素质和对顾客的尊重，将给旅游者留下良好的第一印象。

3. 选择性旅游业务

选择性旅游业务，是指由旅行社为散客组织的短期旅游活动，如小包价旅游的可选择部分、散客的市内游览、晚间文娱活动、风味品尝，到近郊及邻近城市旅游景点的"一日游""半日游"等项目。根据国际旅游市场的发展趋势和我国实行双休日制度后出现的周末远足旅游热潮，不少旅行社已将目光转移到选择性旅游这一大有潜力的新市场，纷纷推出各种各样的选择性旅游产品，以增加旅行社的经济效益和社会效益，扩大知名度。我国有些地区甚至出现了专营选择性旅游产品的旅行社。

1) 选择性旅游的销售

旅行社销售选择性旅游产品的主要渠道在过去是旅行社的门市柜台。目前还有互联网、外地的旅行社、饭店、旅游交通公司、海外经营出境散客旅游业务的旅行社等销售渠道。

旅行社在销售选择性旅游产品方面，应做好以下三个方面的工作。

（1）设立门市柜台。门市招徕是组织选择性旅游的主要途径。旅行社应根据散客的客源结构、旅行习惯等特点，有针对性地开展门市招徕业务。除了在旅行社散客部所在地设立门市柜台外，旅行社还应设法在当地的飞机场、火车站、长途汽车站、水运码头、旅游饭店及闹市区设立销售柜台，招徕散客旅游者。

（2）建立销售代理网络。建立销售代理网络是旅行社销售选择性旅游产品的另一途径。旅行社应与国内其他旅行社建立相互代理关系，代销对方的选择性旅游产品。此外，旅行社还应设法与海外经营出境散客旅游业务的旅行社建立代理关系，让其为本旅行社代销选择性旅游产品。

（3）设计选择性旅游产品。旅行社应针对散客旅游者的特点设计出各种符合散客旅游者需要的选择性旅游产品。这些产品包括"半日游""一日游""数日游"等包价产品，游览某一景点、品尝地方风味、观赏文娱节目等单项旅游服务产品，"购物游"等组合旅游产品。选择性旅游产品的价格应为组合式，即每一个产品的构成部分均有各自的价格，包括产品的成本和旅行社的利润。旅行社将这些产品目录通过各种渠道供旅游者选择。

2) 选择性旅游的接待

接待购买选择性旅游产品的旅游者,是散客旅游业务的另一个重要环节。由于选择性旅游具有品种多、范围广、订购时间短等特点,所以选择性旅游的接待工作比团体包价旅游更为复杂和烦琐。旅行社在选择性旅游的接待业务中,应重点抓好以下两个方面的工作。

(1) 及时采购。由于选择性旅游产品的预订期极短,所以旅行社的采购工作应及时、迅速。旅行社应建立和健全包括饭店、餐馆、景点、文娱场所、交通公司等单位在内的采购网络,确保旅游者预订的服务项目能够得以实现。此外,旅行社还应经常了解这些旅行社和单位的价格、优惠条件、预订政策、退订手续等情况及其变化,以便在保障旅游者服务供应的前提下,尽量降低产品价格,扩大采购选择余地,增加旅行社的经济效益。

(2) 搞好接待。选择性旅游团队多由来自不同地方的散客临时组成,一般不设领队或全陪。因此,与团体包价旅游的接待相比,选择性旅游团队的接待工作难度较大,需要配备经验比较丰富、独立工作能力较强的导游人员。在接待过程中,导游人员应组织安排好各项活动,并随时注意旅游者的反映和要求,在不违反对旅游者承诺和不增加旅行社经济负担的前提下,可对旅游活动内容做适当的调整。

(二) 散客旅游业务的特点

散客旅游业务呈现出以下五个方面的特点。

(1) 批量小。散客旅游多为旅游者本人单独外出或与其家属、亲友结伴而行,同团体旅游相比,散客旅游的批量一般比较小。

(2) 批次多。散客旅游的批量虽然比较小,但是采用散客旅游方式的旅游者日趋增加,加上许多旅行社大力开展散客旅游业务,更促进了散客旅游的发展,所以散客旅游的总人数在迅速增加。散客市场规模的日益扩大及其批量小的特征,使得散客旅游形式呈现批次多的特点。

(3) 预订期短。散客旅游决定的过程比较短,相应地使散客旅游形成了预订期短的特点。散客往往要求旅行社能够在较短的时间内,为其安排好旅游线路并办妥各种旅行手续。

(4) 要求多。散客当中有大量的商务、公务旅游者,他们的旅行费用多由所在单位全部或部分承担。另外,他们在旅游过程中有很多交际应酬活动和商务、公务活动。因此,他们的旅游消费水平较高且对旅游服务的要求也较多。

(5) 变化多。散客在旅行前常缺少周密的安排,而在旅行过程中临时变更旅行计划,提出各种新的要求或在旅行前突然由于某种原因而临时决定取消旅行计划。

同步思考

陈光甫的旅行社经营管理思想

陈光甫的旅行社管理思想今天还有用吗?

第三节 旅行社的质量管理

一、旅行社的质量及其衡量方法

制造业一般注重用是否符合标准来定义质量,而服务业则更多地用顾客的满意程度来定义质量。在竞争激烈的市场环境中,质量就是企业的生命,这一命题对于旅行社来说具有同样重要的意义。

(一)旅行社质量的含义

旅行社属于服务业,帕拉苏拉曼及其合作者认为,服务的质量是顾客感受到的服务与他们期望的服务之间的差距,顾客的期望在质量判断中起重要作用。而顾客期望的形成有赖于顾客过去使用这一产品的经历、旅行社的形象、口碑,以及旅行社公司的宣传公关与产品的价格。

目前,许多旅游发达国家都努力为不同国别和不同需求层次的旅游者设计不同的旅游产品,同时对旅游服务人员进行不同文化特点的培训及旅游心理培训,旨在提高旅游服务的针对性,最大限度地满足不同旅游者的需求。但除了旅游者的主观因素能影响对旅游产品质量的评价外,旅游产品本身也存在客观的质量标准。

旅行社的服务质量是旅行社所提供的产品与服务在使用价值方面适合与满足旅游者物质和心理需求的程度。旅游者物质需求的满足,是指旅行社设计的产品能满足不同层次旅游者的需求,在食、住、行、游、购、娱方面物有所值。与此同时,旅行社还要通过热情周到、谦和礼貌、舒适方便和迅速及时的服务,使旅游者在获得物质需求满足的同时又能获得精神上的满足。

(二)旅行社质量的衡量方法

旅行社产品属于服务产品,服务产品的质量衡量理论足可借鉴。下面介绍格鲁诺斯、帕拉苏拉曼、贝利、英国消费者协会的质量衡量思想,以启发旅行社质量控制的思路。

1. 格鲁诺斯的质量衡量思想

格鲁诺斯创造性地提出了"顾客认可才是质量,质量应被顾客所识别"的观点,它意味着对服务质量的研究应抛弃那种把质量作为单纯的内部管理的目标的传统观念。依据格鲁诺斯对服务质量的研究贡献,对服务质量更深入、更系统地理解可从以下几个方面展开。

(1)质量应是顾客感知的对象。质量不能由管理者单方面决定,它必须适应顾客的需求与欲望。

（2）质量既然是顾客感知的对象，就不能仅仅使用客观的方法加以规定、衡量和检验，而是应该更多地按照顾客主观的认识加以规定、衡量和检验。

（3）质量发生在生产和交易的过程中，对由此产生的买卖双方相互关系、相互作用的认识是全面服务质量管理的重要组成部分。

（4）质量是由服务企业与顾客交易的"真实瞬间"实现的，"真实瞬间"是服务企业抓住机会向顾客展示服务质量的关键点。这些关键点如同一个机遇稍纵即逝，机会一旦错过，一切挽救措施都显得为时已晚。一个服务过程，包含若干"真实瞬间"，它们是顾客衡量服务质量的关键因素。

（5）企业服务质量的提高需要组织内部形成一个有效的管理与支持系统，任何一个环节的疏忽，都会影响服务质量。因此，服务企业必须进行全面的服务质量控制。

2. 帕拉苏拉曼的质量衡量思想

帕拉苏拉曼在"服务质量是顾客感受到的服务与他们期望的服务之间的差距"的论断基础上，提出了五种差距的检测模型。

（1）顾客期望与管理层感觉之间的差距。旅行社质量标准来自顾客的期望。旅行社的管理层要了解旅游者的期望，必须经常深入旅游者群体中，倾听旅游者的意见，制定各种服务质量标准。

（2）管理层感觉与服务质量操作规范之间的差距。旅行社管理层虽然了解顾客的期望，但以顾客期望为基础建立的操作规范不能有效地保证员工能提供顾客期望的服务。

（3）服务质量标准与服务实际表现之间的差距。这一差距指员工提供的服务没有达到对顾客承诺的服务要求，这是服务的异质性决定的。在旺季任务重、时间紧的情况下，旅行社服务容易出现问题，这是旅行社加强质量控制的重要节点。

（4）服务实际表现与对外沟通之间的差距。这一差距指旅行社对外推广时的承诺与服务的实际表现有差距。一般夸大旅行社产品的品质，拔高游客对服务的实际表现的期望会导致这一差距的产生。

（5）期望的服务与感受到的服务之间的差距。受以往旅游经验、购买旅行社服务前其他旅游者口碑、旅行社推广的宣传承诺及旅游合同的承诺、旅游者的个人知识背景、人生经历等多种因素的影响，游客的期望与感受的服务会形成这一差距。

3. 贝利的质量衡量思想

贝利及其合作者提出了影响质量的五个关键因素。

（1）有形因素。有形因素主要包括硬件设施、设备，员工的仪容仪表等，如旅游车的档次、旅行社的设备质量、餐馆的卫生、导游的穿着打扮等。

（2）可靠性。它表现为一种准确、可靠、稳定地为顾客提供期望的服务的能力。当旅游者遇到麻烦时，旅行社工作人员能够协助其解决相关问题，即旅行社能准确、可靠地提供承诺的服务。

（3）快速反应。快速反应是指旅行社愿意帮助顾客并提供快捷的服务。当旅游者有需求和困难时，旅行社要尽快帮助顾客解决问题。许多管理学者认为，未来的旅行社竞争很大程度上是速度竞争，怠慢客人，意味着丧失良机。

（4）保证。保证是指给顾客带来信任与信心所要求员工具备的知识、态度与能力。员

工的知识、能力和态度等能让顾客产生信赖感。

(5) 移情。移情是指旅行社体贴旅游者,并给旅游者以个人关注,即对旅游者给予个人关照和设身处地为旅游者着想。

4. 英国消费者协会的质量衡量思想

英国消费者协会(1986)对质量也提出了衡量标准,总的要求是对消费者的要求反应要快,具体包括以下几点。

(1) 获得性。消费者得到他们想要的产品或服务了吗?

(2) 安全。消费者能安全地使用旅游产品吗?

(3) 选择。消费者可以在众多竞争产品中选择能满足其需要的产品吗?

(4) 信息。消费者可以拥有所有在售产品的信息并做出准确的选择吗?

(5) 投诉权利的保证。如果消费者被欺骗或者得到的服务达不到应有水平的话,他们投诉的权利能否得到保证?

(6) 代表性。如果消费者通过努力不能通过市场上的自由选择发现满足其愿望产品的信息,他们有其他途径了解这些信息吗?

(7) 物有所值。消费者的消费物有所值吗?价格与质量是否满足了所有消费者的需求?价格与成本的比例合理吗?

5. 其他质量衡量思想

也有人认为服务质量表现为旅行社满足与超出旅游者期望的能力。而服务质量的测定,主要依赖于旅游者感受到的服务质量。一般来说,服务质量包括以下三个要素。

(1) 技术质量。服务的技术质量是指服务操作过程的结果维度。它体现在旅游者的客观要求是否得到满足,如旅游者的饮食是否物有所值、旅游者的住宿是否与标准相符等。

(2) 功能质量。服务的功能质量是指旅游者与服务提供者互动交往的过程维度。它体现为旅行社导游在为旅游者服务过程中的言谈举止、仪容仪表和态度等,如旅游者是否受到充分的尊重,即导游如何对待旅游者。

(3) 社会质量。服务的社会质量,又称伦理质量,它反映旅行社向旅游者提供的服务是否符合社会的伦理道德规范。

毫无疑问,旅游者的满意来源于对旅行社产品与服务的评价,即对旅行社的线路安排、服务和价格等的评价。旅游者把在这些方面的感受同自己的期望及参考标准相比较,就可以得出满意还是不满意的评判。

满足旅游者期望是旅行社永久的关注点。虽然旅行社的服务质量也存在其客观标准,但由于决定产品质量的关键因素,是旅游者感受到的服务是否达到或超过了他们的期望,因此旅行社的质量管理不仅要保证提供好的产品与服务,而且还要影响旅游者的期望与感受,其关键是要站在旅游者的角度来看待服务质量。移情与换位思考在服务质量管理中具有十分重要的作用,旅行社要有以顾客为中心的服务质量意识。因为旅行社服务的起点是旅游者的旅游需求,终点是这种需求的满足。旅行社服务质量优劣的最终判断者是旅游者,旅游者的投诉或表扬是对一个旅行社质量的最好判断。

二、旅行社质量管理的内涵和内容

（一）旅行社质量管理的内涵

旅行社质量管理，是指旅行社为了保证和提高产品质量，综合应用一整套质量管理体系、思想、手段和方法所进行的系统的管理活动。即旅行社全体员工及有关部门共同努力，把经营管理、服务技术、数理统计等方法和思想教育结合起来，建立旅行社产品生产全过程的质量保证体系，从而用最经济的手段提供旅游者满意的产品。旅行社质量管理对象包括过程因素（消除失败环节）和人员因素（管理好员工与顾客接触的"真实瞬间"）。旅行社的质量管理是"三全"管理，即全面质量管理、全过程管理和全员参与管理。

1. 全面质量管理

全面质量管理，是指旅行社的一切经营管理活动都要立足于设法满足顾客的需要。这就要求旅行社从产品质量、服务质量与环境质量三个方面进行全面的考察，实施全方位、全因素的管理。

2. 全过程管理

全过程管理，是指旅行社就其产品质量形成的全过程实施系统管理。游前阶段重点管理好产品的设计、促销和销售的质量。游中阶段重点管理好服务质量与环境质量。服务质量管理要求对导游的服务态度、服务方式、服务项目、服务语言、服务仪表、服务时间和职业道德等方面实施标准化、程序化和规范化管理，使旅游者通过导游的服务，对旅行社产生信任与好感。环境质量管理是对各协作单位，如饭店、餐厅和车队等的服务质量实施管理监督。游后阶段重点是检查、评估、提供售后服务与处理旅游者投诉。

3. 全员参与管理

全员参与管理，是指旅行社要求全体员工对服务质量做出保证与承诺，大家一起为旅游者服务。旅行社员工之间要有一种团体协作精神，共同为旅游者的满意而努力。

（二）旅行社质量管理的内容

旅行社质量管理主要包括制定适用的规范、按照规范要求进行服务，以及按照规范要求进行监督检查等内容。旅行社的质量管理涵盖以下几个方面。

1. 标准与规范控制

旅行社对于自己直接控制的环节（如导游服务、线路设计等），应制定质量标准、操作规程与岗位责任，并通过与奖罚制度的结合使之得以贯彻。旅行社要明确规范服务人员的服务态度、服务语言、服务项目、服务技能、服务仪表、服务时间、服务时机等，同时要求服务人员在服务过程中，力求做到将规范化服务与个性化服务相结合。另一方面，旅行社应采用全面质量管理的方法，不断发现服务中的缺陷与质量问题，并及时研究解决措施，不断提高服务质量。

2. 合同约束

旅行社对于需要对外采购的食、住、行、游、购、娱等项目，要依靠完善合同的办法保证服务质量。旅行社应严格选择并定期筛选、更换旅游服务供应商，并通过合同要求供应商保证服务质量。旅行社在采购合同中应明确有关服务的质量标准，以及达不到标准的惩罚办法。

3. 避免不确定性

旅行社对无法控制,但又经常出问题的环节应设法尽力避免,如运力不足、客房供应紧张、严重传染病、恶劣气候等。

4. 补救措施

对已经发生的事故,旅行社要努力做好善后补救工作,尽可能减少其影响。如尽快恢复打乱了的行程、救护伤病旅游者、查找遗失物品、为旅游者理赔等。旅行社工作人员要详细记录相关情况,总结经验与教训。

5. 信息反馈与监督检查

旅行社应加强服务质量的信息反馈,及时发现问题并予以解决,还要广泛征求旅游者的意见,不断改善和改进服务水平。旅游者的意见一般分为以下三个部分:一是对旅游路线、日程安排和节目内容的意见,这需要通过改进线路设计来解决;二是对住宿、餐饮、交通等方面的意见,旅行社要通过向相关单位反映与交涉,或另择供应商,或改进采购来解决;三是对旅行社接待工作和接待人员的意见,这需要旅行社通过加强自身的质量管理予以解决。旅行社对旅游者的投诉,一定要查明情节,并及时处理和做出答复。旅行社要经常对服务过程与旅行社员工进行监督检查以保证服务质量,坚决杜绝服务过程中的违纪现象,如私带亲友、索要回扣与小费、私自增加旅游项目,以及自行收取费用等。

(三) 旅行社质量管理的问题

1. 旅行社质量管理的效益

旅行社的企业性质决定了旅行社质量管理也要讲效益。那么,旅行社质量管理可以带来哪些效益呢?第一,可以提高忠诚顾客的比例,降低营销费用。接受了旅行社高质量的服务并且满意度高的客人通过口碑义务为旅行社进行推销,同时本人成为旅行社产品的重复购买者,这在多方面降低了旅行社的促销费用。第二,旅行社通过质量管理实现了高质量的差异化服务,避免了旅行社被迫选择成本领先战略的情况,增加了旅行社竞争战略的选择余地。第三,旅行社通过质量管理,增强了旅行社的竞争力,增强了旅行社的效益,提升了旅行社的形象,从而可以留住优秀的员工,这从另一个方面提高了旅行社的效益。

2. 游客满意度与游客忠诚度

旅行社质量管理效果的直接衡量指标就是游客满意度。游客满意度是形成游客忠诚的必要条件,但不是充分条件。这是因为一次性游客的存在、游客喜欢不同的体验、价格敏感游客的存在等原因,即使游客满意旅行社的服务,也不可能形成对旅行社的忠诚。经调查得知,转换旅行社进行旅游消费的旅游者中,90%都对转换前的旅行社服务是满意的,这说明游客满意度与游客忠诚度之间呈弱相关性。即使是这样,游客满意度仍然是培养旅行社忠诚游客的重要因素。

3. 游客满意度的调查方法

游客满意度既然这么重要,那么如何对游客满意度进行调查呢?

1) 建立游客意见调查制度

每次旅行社接待旅游者后,都由导游收集游客意见调查表。游客意见调查表主要包括游客满意度调查项目和游客对旅游产品与服务的投诉及建议项目。

2）伪装购买

伪装购买即由旅行社质量调查员扮成普通游客咨询、购买旅行社产品，从而掌握第一手资料。伪装购买可用来验证、发现存在的质量问题。运用伪装购买方法进行调查，要注意成本与收益的考虑。

3）加强对转换旅行社游客的分析

通过对转换游客的调查，可以发现与竞争对手的主要差距，有利于旅行社产品的改善。无论采用何种调查方法，都要注意在不同目标市场使游客满意的难度是不同的，也要避免考察员工做出故意表现，这些都会影响游客满意度调查的准确性与客观性。某些游客知道满意度调查的结果对导游及其他接待人员的影响而故意刁难，在进行旅行社游客满意度调查时要避免因这类情况产生的游客满意度调查误差。

三、旅行社的售后服务

（一）旅行社售后服务的内涵与作用

旅行社的售后服务是指在旅游者结束旅游之后，由旅行社向顾客继续提供的一系列服务，旅行社售后服务对旅行社发展特别是持续发展，意义重大。

1. 良好的售后服务有利于树立旅行社品牌

主动性的售后服务可以加深顾客对旅行社品牌的记忆，良好的售后服务使旅行社品牌根植于顾客的脑海中。

2. 良好的售后服务有利于保持已有客源，降低营销成本

旅行社招徕的客源数量、市场占有率、利润率等指标都可以衡量旅行社的经营业绩，而在市场占有率中，由稳定的老顾客群体重复购买而形成的市场，其承担风险的能力显然大于由流动顾客构成的市场。开发一个新顾客的成本比说服一个老顾客再次购买的成本要高出许多。从顾客的角度来看，由于旅游产品生产与消费的同一性，不消费就不可能感知其质量，因此重复购买经过考察的同一旅行社的产品，也降低了风险。

3. 通过开展售后服务可以及时发现顾客的不满，化解顾客的抱怨

通过开展售后服务，旅行社可以及时发现顾客的不满，了解旅游过程中出现的麻烦及顾客可能提出的投诉，争取主动、尽快解决问题。开展售后服务还可以帮助旅行社收集反馈信息，了解各部门的工作情况，发现自身不足之处，不断加以改进和完善，使自己更具竞争力。尽管说服一个因不满意而离开的老顾客重新购买要比开发一个新顾客的成本还要高，但对他们提供良好的售后服务还是必要的。妥善处理好顾客的投诉，既可能使其重复购买，缩小负面影响的扩散范围，也有利于开发新的客源。

4. 售后服务可以起到客流导向作用，平衡淡旺季

在旅游旺季，特别是旅游高峰期，售后服务对指导游客选择目的地非常重要。客流高度集中对旅行社资源会造成压力，良好的售后服务表现为为老顾客提供建议，尽量避开高峰期，这样不但可以提高旅游质量，而且对旅行社充分利用自身资源也非常有益。

5. 通过售后服务可以更好地把握旅游市场动向

售后服务是联结旅游者和旅行社的桥梁和纽带，旅行社可以通过售后服务收集的顾客

反馈,把握顾客的心理,从而了解旅游市场的动向与预期方向。售后服务往往能发现一些潜在的旅游需求,如果这些潜在的旅游需求具有普遍性,就会为旅行社在竞争中带来较大的优势。

(二)旅行社售后服务的方式

1. 电话访问

旅行社售后服务的电话访问分为两类。第一类是在顾客旅游返回后的第二天就向顾客打电话,可使顾客感受到旅行社的人情味。旅游者大多是在权益受到很大的损害、忍无可忍时才会投诉,大部分人对旅途中的不满意最多采用消极抗议的方式,及时了解旅游者的不满,可以平缓其不满情绪。因此,通过开展售后服务,可以吸引更多的重复购买。第二类是向重要的顾客打电话,这是旅行社关系营销的一部分。

2. 意见征询单

由于时间和条件所限,旅行社不可能给每一位返回的旅游者打电话,但却可以给每位旅游者线上线下发送意见征询单。这种意见征询单应制作精美,既可以向顾客表示问候,又可以让他们对此次旅游发表意见。意见征询单可以使旅行社掌握第一手资料,以便安排以后的旅游。为使顾客毫无顾虑地发表意见,旅行社可以不要求顾客在征询单上署名和注明地址,但旅行社要对每份意见征询单进行编码,以便在分类整理时参考顾客意见并改进工作。

意见征询单内容有简有繁,但条目必须清楚,要便于顾客填写。若是纸质征询单,应附有回寄信封,以提高征询单的回收率。

3. 信件访问

信件访问在过去也是一种普遍的方式,富有人情味,但费用较高。亲笔信也不是仅仅写给刚刚旅游归来不久的顾客,如果一个旅行社好久没有联系老顾客了,也可向这类顾客寄去亲笔信。在互联网日益普及的今天,电子邮件可部分代替纸质信件的功能。

采用信件访问时要注意以下几点:①制作精美,易吸引顾客注意;②条目清楚,对于需要顾客填写的信件,在编排上要便于顾客回答和填写;③讲究时效,如新产品的信息要在顾客的假期来临之前送到顾客手中;④讲究信件的个性化,如对中老年顾客的信件,采用的字号不要太小。

4. 问候性明信片

此类明信片应附有旅行社的社徽、地址、电话等内容,并由旅行社工作人员亲笔写上欢迎光顾或祝贺旅游顺心之类的语句,并且希望顾客能给旅行社来信或来电话谈谈此次旅行的情况,可以是纸质的,也可以是电子的。一旦顾客接到明信片并与旅行社联络,旅行社便可利用这一机会向顾客推销新的旅游产品。

5. 促销性明信片

此类明信片是旅行社工作人员在考察旅游胜地时向顾客寄送的有关旅游胜地的明信片。寄送此类明信片是旅行社同顾客保持经常联系的行之有效的联络手段。旅行社工作人员在旅游目的地向游客发送明信片,既可向顾客介绍该地的风景名胜,引起顾客到那里旅游的兴趣,同时表明旅行社工作人员自己已经游览过该地,暗示该地确实值得一游。

6. 游客招待会

邀请旅游者到旅行社聚会,通过多媒体材料了解各国风景名胜、历史古迹和奇风异俗,或者座谈旅游中的感想,以促使旅游者在会上相互推荐与介绍。也有旅行社举办旅游者野餐聚会或狂欢节舞会,密切旅行社同顾客的联系。此举还能提高旅行社的知名度,提升旅行社的企业形象。

邀请的人以重要游客为主,包括旅游频率高的人和企业或单位的相关决策者。有的旅行社还开发出旨在加强不同陌生人之间交流的游客招待会式的旅游产品。

7. 节日祝贺

云技术为保留顾客档案提供了极大的便利,旅行社可建立顾客档案,在节日或顾客重大纪念日向顾客表示祝贺。这些祝贺常使顾客在惊喜之余觉得旅行社同他的个人关系很亲近,从而乐意购买该旅行社的产品。

8. 宣传材料

旅行社向顾客推送的宣传材料应以顾客个性化的需要为基础,包括顾客最感兴趣的旅游胜地的报道、关于旅游的趣味性消息和文章,还有顾客外出旅游时家乡发生的一些重大文体新闻等。

9. 旅行社报

旅行社可根据自己顾客的多少及营业额的大小每年出若干旅行社小报,主要介绍旅游知识和经验,帮助顾客消除诸如害怕坐飞机等恐惧心理。报上的文章要富有人情味,供顾客茶余饭后消遣用,这种小报已成为旅行社与顾客保持联系的纽带。

10. 旅行社开放日

为密切与顾客的关系,西方旅行社每年都举行一次旅行社开放日活动,届时旅行社有针对性地邀请一些顾客到旅行社参观及观看录像,还向大家介绍一些有名望的顾客、旅游专家、飞机机长、旅游新闻工作者或旅游题材的作家。这些活动可以让顾客了解旅行社的各种设备设施及社会联系,从而使顾客坚信这家旅行社完全有能力为他们提供旅游咨询,以及为他们安排好旅游活动。这样,许多顾客就会乐意继续订购这家旅行社的旅游产品了。

11. 微信问候

在通信日益发达的条件下,微信成为人们联络感情、沟通信息的重要手段。对重要客户,旅行社可以建立微信联系,根据旅行社与旅游者个人情况有针对性地发送原创性微信,以产生更明显的作用。

12. 利用旅行社网站与顾客交流

大型旅行社建立网站有资源上的优势。网站作为售后服务具有全天候、信息量大和互动性强的特点,网站在任何时候都可接受顾客的来访。通过网站,旅行社可以向顾客提供大量最新的信息,还可以用先进的虚拟现实界面使顾客有身临其境的感觉。在网站设立售后服务专区,可以为顾客提供咨询、答疑和受理投诉等服务,使旅行社和顾客之间的交流更为便捷,这是前几种售后服务方式无法做到的。

四、ISO9000 与旅行社的质量管理

(一) ISO9000 的基本内容

ISO9000 系列标准,是国际标准化组织在总结过去传统的产品检验、测试及质量控制工作的基础上,针对制造业与服务业所制定的质量管理及质量保证标准。主要内容包括术语标准、质量管理与质量保证的实施指南标准、质量保证标准、质量管理标准和支持性技术标准。

ISO9000 系列标准有四类标准规范,即硬件类、软件类、流程类和服务类。众所周知,产品的质量受诸多因素的影响,从原料的选购、仓库管理、各生产工序的衔接,到各级主管部门的职权范围、全体员工的质量意识和产品设计等,任何一个环节发生问题均会影响产品质量。ISO9000 系列标准从根本上改变了过去传统的对产品进行单一质量检验的做法,转而从生产、管理、设计诸多环节对产品质量进行全方位评估,是对产品质量检验的新突破。

欧共体国家首先接纳了 ISO9000 系列标准,并于 1987 年 11 月将 ISO9000 标准转变为欧洲标准(EM2900),同时宣布任何欧共体以外的厂商要进入欧共体市场,首先必须具备 ISO9000 证书。受此影响,现在全球大多数国家的出口厂商都采用了 ISO9000 系列标准。因为只有这样,他们的制成品才能进入欧共体市场。由此可见,ISO9000 系列标准已经成为通往国际市场的通行证。

(二) ISO9000 与旅行社的质量管理

ISO9000 主要是一种通过制度标准来保证服务质量的方法。ISO9000 不仅是一套质量标准体系,而且是旅行社管理系统化、程序化、标准化的一种管理模式。

1. ISO9000 与旅行社的产品设计

旅行社产品主要是一系列的服务,其表现形式是旅游线路与旅游历程。ISO9000 规定了设计控制要素,对产品的策划、设计、开发中的技术接口、设计输入、输出及设计评审、检验、确认和更改等,都做了程序控制的规定。旅行社产品的设计过程是一个团体合作的过程,要有与之相关的各方专业代表参加,包括熟悉产品、顾客和采购等方面的人员。旅行社产品设计主要有三个方面的内容,即交通、住宿与游览。旅行社选择这三个方面的合作伙伴要有合同依据。旅行社的产品设计应力求细致、可量化和易监控。旅行社的产品设计主要包括以下三个方面的工作。

1) 设计输入

设计输入包括旅游产品的各要素及各要素的保证情况。产品承诺、合同前提和不确定性等都要有控制文件。相关的法令、法规和社会要求都应列入设计任务书。对于含混或矛盾的情况,应在设计前与责任单位共同解决。

2) 设计输出

设计输出包括所有设计成果,如产品说明、产品设计草案等。

3) 设计评审、验证及确认

对设计过程的评审,要审核设计人的资格及审核设计过程是否合乎程序、在组织与技术接口上是否做了相关规定、不确定性因素是否得到了最大限度的防范等。对设计结果的评审,要判断设计输出是否合理、旅游线路是否满足旅游者的需求等。

2. ISO9000 与旅行社的市场营销

旅行社在营销过程中的质量控制，以过程控制为纲要，具体涉及营销过程中的合同评审、文件和资料控制、采购、不合格品的控制、纠正和预防措施、质量记录控制及培训等。其核心是保证一切均处于受控状态，使涉及产品质量的技术、管理和人员均处于严密的受控状态，受控是保证服务质量的最好办法。

1）市场销售

在制订销售计划时要做大量的调查，对涉及的重大业务与技术接口，要有严格的合同约束。根据 ISO9000 的要求，销售计划要详细阐明所要开展的活动、这些活动的目标以及这些活动执行人的资格，要提供相关的技术与质量保证措施。在考察与选择中间商时应根据 ISO9000 的采购要求，首先了解旅行社的资信和满足合同要求的能力。过程控制要素，要求销售程序包括市场调研、产品设计、制订市场销售计划、确定市场促销活动和签订合同等。

2）员工素质要求

ISO9000 提出要对所有对质量有影响的员工进行培训，对关键人员要进行资格考核，对考核与培训要做完整的记录。对员工要严格挑选，以保证其有资格、有能力保证产品与服务的质量。

3）客户管理制度

客户管理的目的主要是强化公司形象，减少个人行为，以避免因员工跳槽导致客户流失，影响服务质量。

ISO9000 的思想精髓是重视证据，强调过程管理与结果管理并重，说到就要做到，做到就要记录到，记录到就要有人签字，可以有失误，但要不断改进，直到顾客满意为止。

本章小结

本章对旅行社质量管理的理论工具、接待业务管理、售后服务进行了介绍。全面质量管理涉及旅行社管理的各个方面、各个部门。接待部门是旅行社质量的最前线，导游服务的质量水平、团体接待水平体现了旅行社的质量水平。ISO9000 体系为全面质量的衡量提供了一套技术标准与规范。

旅行社接待对象中，国内团、入境团及出境团各自有不同的特点，旅行社应针对各自的特点提供个性化、标准化的服务。

旅行社售后服务是旅游产品的重要组成部分，也是旅行社促销推广的重要组成部分。

关键概念

导游的管理作用　　旅游团队的共性特点　　出境游团队的特点　　旅行社售后服务的作用与形式

复习思考题

□ 讨论题

1. 导游的管理作用体现在哪些方面?
2. 帕拉苏拉曼的五种差距模型的主要内容是什么?
3. ISO9000 在旅行社质量管理中有什么作用?
4. 出境旅游团消费有哪些突出特点?旅行社接待出境团时如何针对这些特点提供针对性的服务?
5. 旅行社开展售后服务的主要方式有哪些?

案例分析

取消旅游计划,旅行社是否该负责?

【问题】

在该案例中,旅行社应承担哪些责任?

分析提示:

1. 按《旅行社质量保证金赔偿试行标准》的规定,旅行社应支付预付款的 10% 违约金。
2. 刘某的经营活动是职务行为。
3. 当事人双方协议成立。
4. 旅行社不构成欺诈。

第八章

旅行社企业文化建设及其制度保障

学习目标

通过本章的学习,使学生掌握旅行社企业文化的内涵、特点与作用;掌握旅行社人力资源考评的性质、特点、原则、内容和种类,能对具体旅行社的人力资源政策及旅行社企业文化提出建设性意见与建议;掌握旅行社旅游服务意外与突发事故的处理步骤与原则。

案例引导

春秋航空的企业愿景和使命

思考题:
上海春秋航空的企业愿景和使命如何体现在它的企业文化中?

第一节 旅行社企业文化建设

一、企业文化的内容与结构

企业文化是企业在长期的经营管理实践中逐步形成的共同的文化观念,是由企业领导者倡导、被全体员工认同的本企业的群体意识和行为准则。企业文化由物质文化、制度文化、精神文化三个层次构成,如图8-1所示。

物质文化是指可见之于形、闻之于声、触之于物的表层文化,如企业内部的设施设备、企业环境、员工形象、产品形象等;制度文化是指企业的领导体制、各项规章制度、组织机构,以及人际关系等中间层文化;精神文化是由企业的经营哲学、行为规范、价值取向、道德观念等组成的内层文化。

企业文化中物质文化、制度文化和精神文化是紧密相连的。物质文化是企业文化的外在表现,是制度文化和精神文化的物质载体;制度文化则制约和规范着物质文化和精神文化的建设,没有严格的规章制度,企业的文化建设也无从谈起;精神文化是企业文化的核心和灵魂,是形成物质文化与制度文化的基础和原因,是决定物质文化和制度文化的企业之魂。因此,狭义的旅行社企业文化,是指以旅行社的价值观为核心的精神文化。而包括制度文化与物质文化的旅行社文化,则是广义的旅行社企业文化。

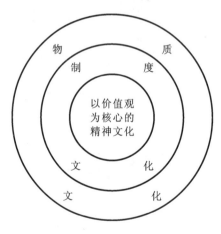

图8-1 企业文化的结构

二、旅行社企业文化的构成要素

(一)企业目标

目标对人的行为具有导向、激励的功能,现代企业管理学强调通过目标的设置来激发动机、引导行为,使员工的个人目标与企业目标结合起来,以激励员工的积极性。旅行社可以设定在一定时期内能够达到的、明确具体的、对企业发展有重大意义的某种目标,以此来提升员工的信心,进而激发员工的积极性。

(二)企业价值观

企业价值观是指企业在追求经营成功过程中所推崇的基本信念和奉行的目标。从哲学上来说,价值观是关于对象对主体有用性的一种观念。而企业价值观是企业全体或多数员工一致赞同的关于企业意义的终极判断。在西方企业的发展过程中,企业价值观经历了多种形态的演变,其中最大利润价值观、经营管理价值观和社会互利价值观是比较典型的企业价值观,分别代表了三个不同历史时期西方企业的基本信念和价值取向。当代企业价值观的一个最突出的特征就是以人为中心,以关心人、爱护人的人本主义思想为导向。

(三)企业道德

企业道德是指员工在工作过程中调整内外关系的特定职业行为规范的总和。它以善良与邪恶、正义与非正义、公正与自私、诚实与虚伪等相互对立的道德范畴为标准,来评价旅行社及其员工的各种行为,从而调整企业与员工、员工与员工以及企业与社会等方面的关系。旅行社作为服务性企业,要特别注意在员工中提倡职业道德,以维护企业的声誉和旅游者的权益。无论是旅行社还是员工,均不得为了自身利益而采取违反职业道德的行为。

(四)企业精神

企业精神是指旅行社在为谋求生存与发展、为实现自己的价值体系和社会责任而从事经营的过程中,所形成的一种人格化的群体心理状态的外化;是经过长期培育而形成的并被员工认同的一系列群体意识的信念和座右铭;是旅行社的精神支柱和精神动力。它通常被高度概括为几个字或几句话,或以口号、标语等形式表达出来。这种口号有的是总结本企业的优良传统,有的是针对目前存在的缺点而倡导树立的新风尚,也有的是为适应形势发展需要而提出的奋斗方向等。

(五)企业民主

企业民主即企业的民主管理。它作为旅行社制度的一个方面,包括员工的民主意识、民主权利、民主义务等一系列参与企业经营管理的措施和活动。企业在强调总经理负责制的同时还必须发扬企业民主。《中华人民共和国公司法》规定,职工有参加企业民主管理的权利,还规定职工代表大会是企业实行民主管理的基本形式。旅行社应当按照《中华人民共和国公司法》的规定,通过发扬民主和进行民主管理,调动员工的积极性,提高旅行社的经营管理水平。

(六)企业制度

企业制度是旅行社企业文化的基本要素之一。广义地说,它不仅包括硬性的或有形的管理制度,如管理体制、组织机构、社规、社纪等,还包括员工在实际工作岗位上所形成的思想准则、习惯方式、道德规范等软性的或无形的、固定化的行为模式。

(七)企业环境

广义的企业环境包括竞争对手、顾客、相关单位以及政府的影响等,可以分为政治环境、经济环境、文化环境、工作场所和人的心理环境。旅行社应当努力创造条件,改善员工的工作环境和生活环境,激发员工对企业的忠诚和工作热情。

(八)企业形象

企业形象是指旅行社及其行为在人们心目中留下的印象和获得的评价。旅行社的形象有两个方面:一是无形形象,如通过过去的努力,在顾客及社会上所形成的诸如经营能力、服务质量、工作效率等方面的印象;二是有形形象,如企业标志、员工着装、办公楼样式、营业厅装潢以及公关活动等。

三、旅行社企业文化建设的重要作用

(一)观念导向

旅行社企业文化在不同层次上为旅行社解决具体问题提供了思路与原则,旅行社价值观为其企业行为提供了终极价值判断,旅行社精神与目标激励员工共同奋斗,旅行社民主为旅行社经营提供了政治生活上的保障。旅行社的文化建设和制度建设互相补充,从精神到行动把旅行社员工的努力引导到旅行社的发展与壮大上。旅行社企业文化建设对弘扬优秀文化传统和推陈出新、标新立异有重要作用,能引导员工自觉地按经济规律办事,为实现企业的目标而努力。

(二)制度完善

旅行社企业文化建设通过民主与集中的形式,鼓励员工参与制定和修订企业的各项制度,从而实现企业制度的完善与落实。

(三)群体识别

企业作为市场经济活动的主体,在激烈的市场竞争中必须练好两种功夫,即内功与外功。内功,主要是指一个企业应加强内部团结与合作,提高企业自身的凝聚力和战斗力;外功,则是指在千变万化、错综复杂的市场竞争中,企业应当拥有自己的特色。旅行社企业文化建设在上述两个方面都是可以有所作为的。

(四)员工激励

生产力的解放归根到底是人的解放。为了充分调动旅行社员工的积极性与创造性,管理者不仅要用先进的知识与技术去教育每一个员工,而且还应用生动活泼、丰富多彩的企业文化去熏陶每一个员工。旅行社企业文化建设不仅应运用有效的物质刺激来激励员工,还应充分运用先进的观念去鼓励员工。总之,旅行社企业文化的建设应立足于国家、企业、个人三者的共同利益,激励员工为企业的生存与发展做出自己最大的努力。

四、旅行社企业文化的特点

作为通过为旅游者提供代理旅游服务而获取经济效益的企业,旅行社企业文化应具有下列六种意识。

(一)服务意识

旅行社的产品是旅游服务,旅游者评价其产品优劣的基本标准是满意程度。而影响旅游者满意程度的因素是多方面的,如旅游者的期望值、旅游者的文化背景与旅游目的地文化背景的差异、接待设施情况和社会环境等,其中最主要的是旅行社员工的服务意识、服务态度和努力程度。宾客至上原则就是旅行社产品服务性质的体现。因此,培养员工的服务意识是旅行社企业文化建设的一项中心任务。在这个方面,既要克服因传统封建意识而产生的自卑心理,又要克服唯利是图的倾向,要树立通过服务获得游客认同而实现自身价值的观念。

(二) 文化意识

旅行社企业文化建设要加强文化意识的培养,要加强文化知识的学习,特别是跨文化知识的学习。对自己民族的文化要热爱,对不同的文化要尊重,在此基础上对文化进行客观的介绍与解释,从而达到文化交流与传播良好习俗的目的。

(三) 协作意识

旅行社产品的综合性及多环节性决定了旅行社企业文化必须包含协作意识。

(四) 经营意识

旅行社的企业性质决定了旅行社企业文化是一种经营文化,这一点要求旅行社企业文化建设在符合社会道德的前提下,不断提高其产品适应社会需要的能力,不断提高其功能质量与技术质量,使旅行社在社会上持续生存,不断发展。

(五) 创新意识

缺乏创新意识,将很快丧失市场上取得的优势。只有坚持创新,才能保持企业的核心竞争力。而创新意识的树立,又需要一种学习的氛围,旅行社应该是一个强调不断创新的学习型组织,旅行社企业文化应具备创新意识。

旅行社要保证组织的不断创新,其保证在于把旅行社建设成为一个学习型组织,把旅行社的每一位员工都纳入学习型组织的体系之中,具有适应市场持续变化并不断变革的能力。

在设计旅行社学习型组织时,要有具体的任务组建团队,并适当授权。不同的组织间,虽然职能分工明确,但是职能部门为游客服务是无边界的,即有分工,无边界。每一个部门在为游客服务时都有责任,这和组织分工不矛盾,原因在于,在信息化时代,旅行社不同部门、不同层次之间的信息是共享的,而且这些共享的信息在不同部门之间是开放的、及时的和准确的。信息的共享协调了部门分工与无边界的矛盾。旅行社的管理层与被管理者之间通力协作,增强团体意识,旅行社成员之间互相关爱,在合同的范围内互相信任,表现出一种强势的旅行社企业文化。

(六) 竞争与危机意识

在社会主义市场经济条件下,旅行社为了自身的生存和持续发展,必须对多变的市场环境进行把握,必须对竞争态势了然于胸,必须在市场环境发生变化的前提下调整经营策略,以应付旅游业的脆弱性特点。这些都要求旅行社企业文化要有危机意识。

总之,企业文化要素的有机组合及其与旅行社行业特点的紧密结合,构成了旅行社企业文化的全部内容。

同步思考

途牛的"让旅游更简单"的企业使命是如何影响它的企业文化的?

第二节 旅行社员工绩效的考评

旅行社企业文化的核心是旅行社的价值观与精神文化,而旅行社的价值观要靠旅行社的制度文化来塑造。旅行社的人力资源政策是制度层中最重要的制度,它通过奖惩、调整职称职位等手段对旅行社企业文化产生重要影响。可以毫不夸张地说,旅行社人力资源政策是旅行社企业文化的雕刻师,有什么样的旅行社人力资源政策,就会有什么样的旅行社企业文化。而旅行社企业文化反过来又会对旅行社人力资源政策产生重要的影响。

一、绩效的特性

工作绩效,是指经过考评的工作行为、工作表现及其结果。对于旅行社来讲,绩效就是工作完成的数量、质量及效率状况;对于员工来讲,绩效就是上级和同事对自己工作状况的评价。绩效必须经过考评,未经考评的绩效是无效的。绩效有以下三个特性。

(一) 多重性

这种多重性主要表现为多因性、多维性和动态性。绩效的多因性,是指绩效的优劣受主客观多种因素的影响,而非单方面因素的影响。一般来讲,影响绩效的因素有四种,即激励、技能、环境、机会,其中前两种是与员工自身有关的、主观的、直接的影响因素;后两种是客观的、间接的影响因素。它们之间的关系可以用下列函数关系来表达:

$$P = f(S, O, M, E)$$

式中,P 为绩效,S 为技能,O 为机会,M 为激励,E 为环境,f 代表函数关系。此函数关系式说明,绩效是上述四种影响因素的函数,是因变量,而四种影响因素是自变量。

激励和技能是影响绩效的直接因素,二者缺一不可。有技能而缺少干好工作的愿望,难以取得高绩效;有干劲和热情而无必要的技能也难以取得好的绩效。管理者要善于调动员工的积极性,要通过培训提高员工的技能,进而提高工作绩效。

环境和机会是影响绩效的客观因素,其作用是间接的。环境包括旅行社的内部环境和外部环境,如领导作风、规章制度、工资福利、工作氛围、教育培训、企业文化以及社会环境和经济状况等。机会则是可能对员工的利益(如工作岗位的分配、学习培训机会的提供等)产生直接或间接影响的偶然性因素。作为管理者,在对员工进行考评时,应当了解影响员工绩效的客观因素,并尽力为员工提供有利于绩效提高的条件。

(二) 多维性

绩效要从多角度、多方面进行分析和考评,不能只抓一点,不顾其他。如不仅要考评员工完成的工作数量,还要综合考评工作质量、工作态度以及团结、服从、纪律等各个方面,以全面评价员工的工作。

(三) 动态性

员工的工作绩效是变化的。随着时间的推移,绩效差的可能变好,绩效好的可能变差。因此管理者不能以僵化的观点看待员工的绩效,要破除偏见、成见,以新的考评结论全面而客观地评价员工的绩效。

二、旅行社绩效考评的作用

(一) 绩效考评是维持和提高工作效率的手段

通过对员工进行绩效考评,并以结果作为奖优罚劣的依据,可以鼓励绩效突出的员工,鞭策绩效不良的员工,进而维持和提高工作效率。

(二) 绩效考评是贯彻按劳分配和建立合理的奖酬制度的基础

将客观、公正、全面的绩效考评结果与员工的工资、奖金及福利有机地结合起来,能使员工普遍感到公平合理,进而增强其工作的满意感。

(三) 绩效考评是合理任用员工,充分调动员工积极性,发现人才的重要途径

通过绩效考评,可以了解员工对现任职务的胜任程度,发现更适合其工作的岗位,这就为员工的调动、轮岗、晋升、降职、淘汰提供了客观、公正的依据。

(四) 绩效考评是制定和调整员工培训计划的重要依据

通过绩效考评,能够发现员工的长处和不足,以便对其长处加以保护和发扬,对其不足进行有针对性的培训,这对于提高培训工作的效果,提高员工队伍素质都具有积极作用。

三、旅行社绩效考评的原则

绩效考评是每个员工在工作中都要面对的。每一位员工都希望自己的工作成绩能够得到上级的承认并获得应有的待遇,希望通过自己的努力取得事业上的进步,同时也希望了解自己的不足,希望上级能够对自己今后的努力方向给予指导。总之,员工从根本上是寄希望于绩效考评的。为了满足员工渴望得到公正评价的愿望,发挥绩效考评的积极作用,在绩效考评工作中应当遵循以下基本原则。

(一) 明确、公开原则

在绩效考评工作中,考评的标准、程序和责任都应当有明确、公开的规定,并且在考评过程中严格遵守这些规定,才能使员工对考评工作产生信任感,理解和接受考评的结果,并保证考评的权威性,使考评发挥作用。

(二) 客观原则

绩效考评应当依据明确规定的考评标准,针对客观考评资料进行评估,"以客观事实说

话",尽量避免掺入主观因素和感情色彩。

(三)单头考评原则

对员工的考评,应当由最了解员工实际工作表现的(如成绩、能力和适应性)、也最有可能反映真实情况的直接上级进行。间接上级只有在对考评结果的疑问调查清楚后,通过直接上级对考评结果进行必要的调整和修订。单头考评有利于明确考评职责,把日常管理与考评有机地结合起来,有利于今后加强管理。

(四)反馈原则

考评结果如不反馈给被考评者本人,就起不到考评的教育作用。在反馈考评结果时,应明确被考评者的成绩、进步、缺点和不足,为其提供努力方向及有关意见。

(五)差别原则

差别原则主要体现在等级差异明显及不同的考评等级的工资、晋升、使用等方面,这样考评结果才能起到激励与鞭策的作用。

四、旅行社绩效考评的种类和内容

旅行社绩效考评的具体目的不同,考评的种类也各不相同,常见的对员工的考评可分为以下几种。

(一)职务考评

职务考评主要从两方面入手:一是考察员工对本职工作的熟练程度;二是考察员工的工作能力和适应性,以决定是否需要调动工作或调整职务。职务的调整,可能带来工资的变化。

(二)奖金考评

奖金是对超额劳动的报酬,奖金考评实际上是对员工工作成绩的客观考评。

(三)提薪考评

提薪考评的结果会影响员工的收入,但它与奖金考评不同。奖金考评是"回顾性"的,是根据被考评者过去的工作成绩决定报酬的多少;提薪考评则是"展望性"的,是预计被考评者今后可能发挥多大的作用,以决定其未来相应的工资水平。提薪考评既然是预计被考评者今后可能的贡献,当然要参考其过去的工作成绩,同时还要对被考评者工作能力的提高程度做出评价。

(四)晋升考评

这是对晋升对象的特殊考评,由于晋升工作关系到旅行社管理者队伍的素质,关系到旅行社的发展前途,因此历来受到旅行社的高度重视。晋升考评是对被考评者的全面、综合的考评,主要依据是平时积累的考评资料。晋升审查过程中的重点问题,也是依据平时的考评资料确定的。

上述旅行社绩效考评的种类与内容可以概括为表 8-1。

表 8-1　旅行社绩效考评

考评种类	考评因素	考评手段、方法	考评对象	主要目的
职务考评	职务熟练程度、能力、适应性	熟练度评定表、能力评定档案、适应性考察	符合考评条件者	工作安排
奖金考评	成绩、工作态度	考评档案	全体员工	分配奖金
提薪考评	能力、成绩、工作态度	考评档案	全体员工	决定提薪与否
晋升考评	能力、成绩、工作态度、适应性、人品	考评档案、晋升推荐书、面谈答辩、适应性考察、论文审查	符合晋升条件者、被推荐的晋升对象	决定晋升与否

第三节　旅行社旅游服务意外与突发事件的处理

旅行社管理者通过人力资源政策等制度来落实旅行社的价值观，通过各种制度的建设与实践来使旅行社企业文化体现在旅游接待服务的每一个细节中，因此旅行社管理者不仅应注重旅游产品的开发与销售、团体与散客旅游的接待服务工作，而且必须重视旅游服务过程中意外与突发事件的处理，对这些事件的处理，将直接影响旅游者的满意度，直接影响旅行社的服务质量，直接影响旅行社的企业形象。可以说，人力资源等制度的建设，是为了减少甚至杜绝不符合旅行社价值观与精神文化的现象与行为的出现，但是服务业的异质性与旅游服务的综合性，使意外与突发事件在旅游接待服务中不可避免，更不可能杜绝。因此，对意外与突发事件的处理就成为旅行社企业文化建设、制度建设以及提高服务质量与游客满意度的一个重要方面。

虽然旅游事故发生的概率较低，但一旦发生，将会对旅行社的正常经营产生不良影响。因此，旅行社必须高度重视对旅游事故的防范，尽量避免或减少事故的发生，至少避免重大责任事故的发生。

一、旅游事故的种类

按旅游事故的性质划分，旅游事故可以分为安全事故和业务事故。

（一）旅游安全事故

旅游安全事故是指在旅游过程中涉及旅游者人身、财产安全的事故，包括交通事故、治安事故、火灾事故和食物中毒事故等。

1. 旅游安全事故的等级

文化和旅游部颁布的《旅游安全管理暂行办法实施细则》将旅游安全事故分为轻微事故、一般事故、重大事故和特大事故四个等级（见表 8-2）。

表 8-2 旅游安全事故等级

旅游安全事故等级	对旅游者人身造成伤害的程度	对旅游者财产造成伤害的程度
轻微事故	旅游者轻伤	经济损失在1万元以下
一般事故	旅游者重伤	经济损失为1万—10万元(含1万元)
重大事故	旅游者重伤致残或死亡	经济损失为10万—100万元(含10万元)
特大事故	旅游者死亡	经济损失在100万元及以上,或性质特别严重,产生重大影响

(资料来源:根据文化和旅游部《旅游安全管理暂行办法实施细则》整理。)

2. 旅游安全事故的类型

根据事故的内容,旅游安全事故可以划分为旅游交通事故、旅游治安事故、旅游火灾事故和食物中毒事故四种类型(见表 8-3)。

表 8-3 旅游安全事故类型

事故类型	造成事故的原因	事故的种类	对旅游者造成的危害
旅游交通事故	交通工具故障;驾驶员操作失误;旅游者行为不当	飞机失事;火车失事;轮船失事;汽车相撞、翻车;旅游者被过往车辆撞伤(死)	旅游者受伤、残疾或死亡;旅游者旅游活动受到严重影响
旅游治安事故	犯罪分子作案	偷窃;诈骗;骚扰;抢劫;凶杀	旅游者财产蒙受损失;旅游活动受到干扰;旅游者生命受到威胁
旅游火灾事故	有关人员疏忽大意;犯罪分子作案	饭店或旅馆失火;餐馆失火;旅游景点失火;娱乐场所失火;购物商店失火	旅游者生命受到威胁;旅游者财产蒙受损失;旅游活动受到影响
食物中毒事故	食物变质;食物不卫生;犯罪分子作案	轻度食物中毒至重度食物中毒	旅游者身心健康受到影响;旅游者生命受到威胁;旅游活动受到影响

(二)旅游业务事故

旅游业务事故是指旅行社工作人员在工作中出现的疏忽和失误造成的事故,包括漏接、误接旅游者,使旅游者误机(车、船)和由于导游的失职而使旅游者走失等事故。业务事故又分为责任事故和非责任事故。责任事故是指旅行社方面的原因造成的事故;非责任事故是指天气变化、自然灾害等造成的自然事故。

二、旅行社工作事故的预防

(一)建立和健全规章制度

为了预防工作事故的发生,旅行社应建立和健全各种规章制度,规范旅行社工作程序和监督机制,要求全体工作人员严格按照接待程序提供旅游服务,任何人不得违反旅行社制定的规章制度和接待程序,确保旅游接待工作标准化、规范化,从根本上减少或杜绝工作事故的发生。

（二）加强工作人员的培训

加强对旅行社工作人员的培训是保证旅游接待工作顺利进行、防止旅行社工作事故发生的重要保障。首先,要使旅行社工作人员遵循"宾客至上""服务至上"的原则,心中想着旅游者,时刻关心旅游者,一丝不苟地做好各项接待业务；其次,要使全体工作人员熟悉旅游接待程序；最后,要提高工作人员对旅游事故危害性的认识,增强工作责任心。

（三）提高工作人员的业务能力

工作人员要详细了解旅游行程,根据具体情况和旅游者特点周密安排旅游计划。

安排活动日程要留有余地,参观游览项目不能太多,易于疲劳的游览项目要分散安排,晚间活动不宜太晚,要给旅游者留有充分的休息、调整时间。去另外一个地方游览,尤其是离境时,要安排充分的时间前往机场（车站、码头）。一般情况下,离境前到达机场的时间要提前2个小时,到火车站则要提前1个小时。

要重视预报,主要包括：①报告全天行程。在出发前或旅游车离开饭店后,地陪要向旅游者报告一天的行程,上、下午游览点和中、晚饭餐厅的名称及地址。②预报天气、地形。出发前,地陪要预报当天的天气和游览点的地形,提醒旅游者增减衣服、更换鞋子。③介绍游览路线。到达游览点后,在景点示意图前,地陪要向旅游者介绍游览路线,告知旅游车的停车地点,强调集合时间和地点,再次提醒旅游车的车型、颜色和车号。

要做好日常提醒工作,主要包括：①提醒游客量力而行。在爬山时,地陪须提醒旅游者要量力而行,注意安全,速度不要太快,避免太累、摔伤。②提醒游客不要走失。团体游览时,地陪要提醒旅游者不要走散；自由活动时,提醒游客不要走得太远,不要回饭店太晚,不要去热闹、拥挤、秩序乱的地方。③提醒游客保管好财物。导游要随时提醒旅游者保管好自己的财物,特别是证件和贵重物品。在饭店住宿时,提醒游客贵重物品要放在饭店的保险箱内。

游览中工作人员应时刻不离旅游者,主要包括：①不得擅离职守。带团游览期间,全陪、地陪不得擅离职守,不得为私事而置旅游团于不顾。②时刻不离旅游者。参观游览期间,导游应随时与旅游者在一起,留意他们在精神、行为方面的异常变化；若出现异常变化,导游不能掉以轻心,而要热情询问,以示关心；若旅游者感到不适,导游要采取相应措施,或让其在旅游车上休息,或让其回饭店,必要时去医院治疗。③随时观察周围环境。游览期间,地陪不仅要导游讲解,还要认真观察周围环境,全陪更要注意周围是否有异常动向,一旦发现异常动向,应立即采取应变措施,防患于未然。④注意游客行踪。导游尤其是全陪,要随时注意旅游者的行踪,及时提醒他们跟上队伍,以免个别游客走失。

（四）其他注意事项

第一,购买必要的保险。

第二,团体旅游时,要整理团体旅游者的名单、日程表,加以妥善保管,向相关的部门传送复印件,一旦发生紧急情况,可以供查询信息（姓名、年龄、性别、住所、电话号码、工作单位、紧急联络地址）。

第三,发生紧急事故时的第一次报告非常重要,要事先制订周密的通信计划,通信保障工作要落实好。

第四,事先制定紧急事故发生时的部署,列出应该采取行动的核对清单。

第五,保管好护照。关于护照的注意事项主要有:①领队不应替游客保管护照,应交游客自行保管,如此才不会有整团护照遗失的情况发生。如要使用,待使用后马上交回游客。②领队应记录团员护照的副本,尤其是护照的1—4页,若遗失,导游能立即获得有关资料。③带额外的团员照片,以备不时之需,这在证件申请时可争取较高的效率。④让团员养成多用饭店保险箱的习惯,尤其是定点旅游日渐普遍后,护照随时随身携带的情况日渐减少,也降低了遗失率。⑤领队应随身备有我国派驻海外相关单位的地址名册以便紧急之需。

第六,关注签证。关于签证的注意事项主要有:①保留团体签证的副本以备不时之需。②出发前了解行程的路线,以便取得符合需要进入同国次数的签证。③最好在所有的签证签下来后再出团,因为沿途等签证的体验不佳,且容易产生意外事故。

第七,关注机票。关于机票的注意事项主要有:①领队对团体票的票据应完全了解,同时对航空公司的飞机误点、机票遗失、行李晚到等的相关作业流程应完全掌握。②机票往往有撕错段的现象,尤其在机场为了争取时间往往出错,因此不妨先把各段机票先行撕下放在不同的信封里,如此不但可使自己在机场航空公司柜台前办理登机手续时从容不迫,也可以避免撕错票,但请保留票壳,按航空公司的要求,机票应是整体使用的。③在规定时间内必须及时与航空公司再次确认机位,否则过时机位将被电脑自动洗掉,而形成无订位记录的现象,造成不可挽救的错误。

第八,关注行李。关于行李的注意事项主要有:①对于机场行李,要确定每一件行李均挂上了正确的行李牌,并完全通关,领队在机场应花时间切实执行这一项。②对于饭店行李,要严格要求团员在规定时间内将行李收集好;领队应正确清点行李件数,按房号人名详细记录,并和原先进入时的行李数进行比较,看看是否有增加或减少,再和团员求证;在搬运行李前应请每一位团员确认自己的行李已拿下来,待确认无误后再搬上车。

三、旅游安全事故的预防

(一)旅游交通事故的预防

这里主要指公路交通事故,它是各种旅游安全事故中发生频率最高的。旅行社应尽量避免此类事故的发生,为此可采取如下六条预防措施。

(1)妥善安排活动日程,为旅游者前往各游览景点或飞机场、火车站、码头等处预留充分的行车时间,避免驾驶员因时间紧迫超速行驶,造成交通事故。

(2)出车前提醒驾驶员检查车况,发现事故隐患时,必须及时更换车辆。

(3)提醒驾驶员行车时要注意交通安全,不能开快车,尤其当交通拥挤时,在较窄路段、山区行车,或在雨、雪、雾等天气条件恶劣的情况下行车,要随时注意前方路况,谨慎驾驶。

(4)阻止驾驶员与人飙车。

(5)阻止驾驶员酒后驾车或疲劳驾驶。

(6)阻止非本车司机驾车。

（二）旅游治安事故的预防

为了预防旅游治安事故的发生，旅行社接待人员应协助或提醒旅游者或驾驶员采取以下十一条措施。

（1）提醒旅游者不要将大量的现金放在手提包里，装有现金的钱夹应放在上衣里面贴胸的口袋里，并扣上纽扣，以防被窃。

（2）提醒旅游者不要将贵重物品放在饭店的客房里，而把它们存放在饭店为住店客人专门设立的保险柜里。

（3）提醒旅游者对身边的可疑人员提高警惕，在繁华的街道上行走时，应特别留心那些似乎无意撞到旅游者身上或总是在旅游者身边挤来挤去的人，因为在他们中间很可能隐藏着伺机行窃的小偷。

（4）在机场、车站、码头等处，导游和行李员应随时照看旅游者集中的行李，不能让它们离开视野。

（5）在行车路上，提醒驾驶员不要让无关人员上车。如遇不明身份者拦车，不得停车。

（6）在旅游景点停车游览时，应提醒驾驶员关好车门、车窗。

（7）在旅游者住进饭店后，应提醒他们不要将房号告诉陌生人，也不要让陌生人或自称饭店维修人员的人随便进入房间。

（8）提醒旅游者不要在房间内与陌生人兑换外币，应到酒店外币兑换处兑换。

（9）旅游者在自由活动时间单独外出时，导游应提醒他们注意安全，不要到偏僻的地方，要遵守交通规则，注意路上的过往车辆。

（10）提醒旅游者晚间在房间休息时，如有人敲门，不要贸然开门，离开房间或睡觉前要将房门锁好。

（11）告诉旅游者，如遇紧急情况可用房间里的电话拨打饭店总机或报警服务电话报警。

（三）旅游火灾事故的预防

这里主要介绍饭店火灾事故的预防。为减轻发生火灾给旅游者带来的损失，旅行社接待人员可以采取下列八条措施。

（1）当旅游团进入饭店并办理好入住手续后，向饭店的前台服务员了解该饭店火灾报警系统的位置、功能和操作方法。

（2）确定太平梯和安全出口的位置，熟悉饭店安全通道。

（3）掌握旅游者所住房间的号码，以便在发生火灾时能够及时通知所有的旅游者。

（4）提醒旅游者了解并牢记其所住的房间与安全出口之间的房门数目。因为一旦发生火灾，浓烟将使人无法看清道路，只能摸索前进。旅游者如果能够记住房间与安全出口之间的房门数目，将有利于迅速找到安全出口，及时离开火场。

（5）提醒旅游者在住进房间后，及时对房内的设施和设备进行检查，确定是否有壁架，熟悉窗户的开关方式和方向及其与邻近建筑物的距离或连接情况。

（6）提醒旅游者仔细阅读客房门后张贴的安全撤离示意图及其说明。

（7）告诫旅游者不要在床上吸烟，睡觉前将未吸完的香烟掐灭，放入烟灰缸内。

(8) 告诫旅游者不得携带易燃易爆物品,如确实带有此类物品,应交给饭店有关部门妥善保管,不能带进客房。

（四）食物中毒事故的预防

为预防旅游者食物中毒,旅行社所能够采取的措施主要有以下四条。

(1) 安排旅游者在经过有关部门审查合格的定点餐馆就餐。

(2) 劝阻旅游者在卫生条件较差的食品摊上购买食品或饮料。

(3) 在旅游者用餐时,注意饭菜的质量,如发现变质或有异味的饭菜,应立即要求餐馆方面予以撤换。

(4) 提醒旅游者勿食用不新鲜的水果等。

四、漏接、错接、误机(车、船)事故的处理

（一）漏接事故的处理

漏接事故是指旅游团(者)抵达后无导游迎接的现象,针对不同原因造成的漏接事故,旅行社接待人员应采取不同的处理措施。

如果漏接事故是由于旅行社接待人员或其他人员工作疏忽或内部沟通不及时造成的,接待人员应当设身处地为游客着想,尽快消除游客的不满情绪,做好工作,挽回影响。具体来说,接待人员首先应实事求是地向旅游者说明情况,诚恳地赔礼道歉,努力取得旅游者的谅解,查明原因,分清责任。此外,接待人员应采取必要的弥补措施,高质量地完成计划内的全部活动内容。

如果漏接事故是由于旅游中间商、组团旅行社在交通工具或出发时间变更后未及时通知接待旅行社所造成的,则事故的责任并非应由接待旅行社承担。尽管如此,在旅游者抱怨时,接待人员应该勇于代人受过,除了客观地讲明情况外,还要向旅游者表示歉意,并要努力做好导游服务工作,挽回不利影响。

如果因交通工具出现故障或天气原因,旅游者临时更换其他航班(车次、船次)提前或滞后抵达造成旅行社漏接事故,接待人员应实事求是地向旅游者说明原委,但是不能表明旅行社不承担任何责任,而是应该提供热情周到的服务,照顾好旅游者在当地旅游期间的生活和游览活动,使旅游者不因漏接事故而影响其参加旅游活动的情绪。

当发生空接的情况时,即接待人员按照旅游计划规定的时间抵达机场(火车站、码头)后,发现旅游者所乘坐的航班(车次、船次)发生延误,未能接到旅游者时,应该立即和旅行社接待部联系,查明原因,并将变更情况及时通知饭店等有关部门,以便采取适当的应变措施,减少或避免损失。

（二）错接事故的处理

错接事故是指导游接了不应由他接的旅游团(者)。导游粗心大意、工作疏忽是造成错接事故的主要原因。

处理错接事故,首先要确认错接的团(旅游者)是否由同一家旅行社接待。如果错接发生在同一家旅行社接待的两个旅游团,导游应立即向领导汇报,地陪可不再交换旅游团,全陪应交换旅游团并向旅游者道歉。如果错接的是另外一家旅行社的旅游团,导游应立即向

旅行社领导汇报,设法交换旅游团,并向旅游者实事求是地说明情况,诚恳道歉。

（三）误机（车、船）事故的处理

误机（车、船）事故是指由于某些原因或旅行社有关人员工作的失误,旅游团（者）没有按原定车次、船队离开本站而导致误机（车、船）,这类事故属重大事故,会给旅行社带来严重的影响。旅行社可采取以下补救措施,尽量使不利影响降到最低。

(1) 立即设法与机场（火车站、码头）联系,争取安排旅游者乘最近班次的交通工具离开。

(2) 如果无法获得当天其他航班（车次、船次）的交通票据,可设法购买最近期的飞机票（火车票、船票）使旅游者尽快赶赴旅游计划的下一站。

(3) 如果时值旅游旺季,旅行社无法购买到近期的正常航班（车次、船次）的交通票据,可采取包机（车厢、船）或改乘其他交通工具的方式,使旅游者能够尽快前往下一站。

(4) 旅游者无法立刻离开本地时,必须稳定旅游者的情绪,妥善安排他们在当地滞留期间的食宿、游览等事宜。

(5) 及时通知下一站对行程做出调整。

(6) 旅游者离开后,要认真查清造成事故的原因和应承担的责任,并处理好善后事宜。

五、旅游者丢失证件的处理

（一）丢失外国护照的处理（如美籍华人持美国护照）

(1) 由当地接待旅行社开具遗失证明,失主持证明去当地公安局挂失。

(2) 持公安局的证明去所在地国家驻华使领馆申请新护照。

(3) 领到新护照后再去当地公安局办理签证手续。

（二）丢失中国护照的处理（如华侨持中国护照）

(1) 华侨丢失护照,应由当地接待旅行社开具遗失证明,失主持遗失证明到当地省、自治区、直辖市公安厅（局）或授权的公安机关报失并申请新护照。

(2) 去侨居国驻华使领馆办理入境签证手续。

（三）丢失《港澳居民来往内地通行证》的处理

(1) 香港或澳门同胞在内地旅游期间丢失《港澳居民来往内地通行证》,应由接待旅行社开具遗失证明,并由失主持此证明到遗失地的市、县公安机关挂失。

(2) 公安机关出入境管理部门经审查后签发一次性有效的《中华人民共和国出入境通行证》。

（四）丢失《台湾同胞旅行证明》的处理

台湾同胞在大陆旅行时不慎丢失《台湾同胞旅行证明》的,应向当地的中国旅行社或户口管理部门或侨办报失,发给一次性有效的《中华人民共和国出入境通行证》。

（五）丢失身份证的处理

(1) 中国公民在国内旅游期间丢失身份证,应由负责接待的旅行社出具遗失证明,由遗失者持证明到当地公安机关挂失。

（2）公安机关经核实后开具身份证明。

（3）如航空公司不允许登机，游客可乘其他交通工具去目的地，费用由丢失责任人负担。

（六）签证遗失的处理

（1）立即向当地警察机关报告，并取得证明文件备用。

（2）领队设法取得签证批复的号码、日期及地点。

（3）分析遗失的签证可否在所在国或其他前往国家申请，并考虑时效性及前往国家的入境通关方式。

（4）通过当地旅行社代理商担保的方式，担保团队中遗失签证者入境，或寻求落地签证的可行性。一般情况下，如果仅为团体中的个别签证（如英国签证）遗失，则还比较容易入境；如为整团遗失，则难度较大。

（5）如为整团遗失，又无任何取代方案，则应割舍部分行程，减少损失；如为个人遗失，则可请其先行前往下一目的地。

（七）机票遗失的处理

（1）查明遗失的机票和姓名，到当地所属的航空公司报失，并请航空公司确认。

（2）填写表格，再购买一张新机票，并在表格中注明，以作为日后申请退款的凭证。

（3）如整团的机票遗失，则应取得原开票的航空公司同意，并授权给当地航空公司重新开一套机票，领队暂不需付款。

（4）回国后出示上述表格和重新购买的机票原存根，按照航空公司规定向原开票公司申请退回机票款。

六、旅游者丢失钱物的处理

（一）旅游者金钱及贵重物品丢失的处理

当旅游者反映其在旅游期间不慎丢失钱物时，接待人员应首先详细了解丢失钱币的币种与数量或失物的形状、特征与价值，丢失的大致时间与地点；弄清楚是确实丢失还是放错了地方，如确实丢失，应迅速向有关部门报案，同时向旅行社报告。

旅游者如果丢失现金，接待人员可协助游客报案，若旅游者经费不足，可协助其给其家人打电话，请其家人转账，以保证其旅游活动继续正常进行。

旅游者如果丢失信用卡，接待人员应提醒其尽快用电话通知发行该信用卡的银行或公司。有些信用卡发行银行或公司提供在数小时内给持有人补发临时信用卡的服务，多数信用卡公司或银行则要等旅游者返回居住地后，再补发新卡。

入境旅游者如果丢失其在入境时已向海关申报过的贵重物品，接待人员应协助其持旅行社证明到当地公安部门开具丢失证明书，以备出境时供海关查验或之后向保险公司索赔。

（二）旅游者行李丢失的处理

1. 乘坐飞机途中行李丢失的处理

乘坐飞机途中丢失行李一般是游客所乘飞机的航空公司的责任，导游所能做的是帮助旅游者追回行李。

导游应带失主到机场失物登记处办理行李丢失和认领手续。由失主出示机票及行李牌,详细说明始发站、转运站、行李件数及丢失行李的大小、形状、颜色、标记、特征等,并填写失物登记表;将失主所下榻饭店的名称、房间号和电话号码(如果已经知道的话)告诉登记处并记下登记处的电话和联系人,记下有关航空公司办事处的地址、电话,以便联系。

旅游者在当地游览期间,导游要不时打电话询问寻找行李的情况,如一时找不回行李,则需协助失主购置必要的生活用品。

如离开本地前行李还没有找到,导游应帮助失主将接待旅行社的名称、全程旅游线路以及各地可能下榻的饭店名称转告有关航空公司,以便行李找到后及时运往相应地点交还失主。

行李确定丢失,失主可向有关航空公司索赔。

2. 在旅游途中行李丢失的处理

旅游者在旅游途中丢失行李,一般是交通公司或行李员的责任。当发现行李遗失时,导游要认真分析遗失可能发生在哪个环节并积极寻找行李。

如果行李确已来到本地并已进入饭店,可能就是行李员将行李运错了楼层、房间,或搞混了旅游团,导游应帮助查找,找到后应及时送到旅游者房间。

如果在往返途中行李丢失,地陪应报告接待旅行社,并要求饭店行李部和保卫部负责处理。

在其他环节丢失行李,导游应详细了解情况,找出线索,采取积极措施帮助寻找;及时报告旅行社,请领导派人协助寻找;安慰失主,帮助其解决因丢失行李造成的生活方面的困难。若找到行李应及时归还,若找不回行李,则应由旅行社领导或导游向失主说明情况,表示歉意,并帮助失主根据国际惯例向有关部门索赔。

七、旅游者走失的处理

(一)游览活动中旅游者走失

游览过程中,个别旅游者可能由于不经心滞留,或对某一景物产生兴趣,或因摄影而脱离团队而走失,也可能由于导游照顾不周而走失。

发现旅游者走失后,地陪与全陪、领队要密切配合,立即组织寻找,同时也要照看好其他旅游者。一般由地陪负责继续讲解,而全陪与领队负责寻找、联系。

一时找不到走失者时,可向派出所和管理部门求助,告知走失者可辨认的特征,请求协助;地陪向旅游团下榻饭店打电话询问走失者是否自己回到了饭店。

采取必要措施后仍找不到走失者时,地陪需报告旅行社,请旅行社派人到现场寻找。

请旅游目的地景点管理部门将走失者的特征告知各出入口的业务人员,请他们注意来往人员,若发现走失者立即报告或让其直接回饭店。

找到走失的旅游者后,如系接待人员的责任,应向其赔礼道歉;若责任在走失者,应问清情况,进行安慰,并提醒其以后如何防止走失。

若发生严重的走失事故,导游要写书面报告,详细记述走失者的情况、走失原因、寻找经过、善后处理等。

若走失后发生其他事故,按其他事故处理。

(二)自由活动时旅游者走失

若有旅游者要外出自由活动,尤其是晚间,导游要建议他们带好饭店的店徽,提醒他们不要走得太远,不要去热闹混乱的场所,不要回来太晚,以免迷路而回不了饭店。

对自由活动中单独外出的团友,可发给饭店的卡片,万一迷路可请出租车送回,但最好是分组结伴而避免单独行动。

若旅游者在自己外出时走失,导游得知后应立即报告旅行社,请求指示和协助,通过有关部门通报管区的公安局、派出所和交通部门,提供走失者可辨认的特征,请求沿途寻找。

走失者回饭店,导游应表示高兴,问清情况,必要时提出善意的批评,但不应过多指责,例如提醒旅游者要引以为戒,避免走失事故再次发生。

八、旅游者患病的处理

(一)旅游者患一般疾病的处理

旅游者患一般疾病时,导游应劝其及早去医院看病,并留在饭店内休息。如果需要,应陪同患者前往医院就医。

如果旅游者留在饭店休息,导游应前去询问其身体状况,并安排好用餐,必要时可通知餐厅为其提供专用餐服务。

导游应向旅游者讲清楚看病费用自理。严禁导游擅自给患者用药。

(二)旅游者患重病的处理

在旅途中旅游者突患重病,导游应在所乘交通工具上寻找医生,采取措施先就地抢救,并通知下一站急救中心和旅行社准备抢救。

若旅游者在乘旅游车前往景点途中突然发病,导游应拨打120,请急救中心前来救治,或立即将其送往就近医院。同时,还应通知旅行社,请求指示和派人协助。

若旅游者在饭店患重病,应先由饭店医务室抢救,然后送往医院救治。

(三)旅游者病危时的处理

导游应立即协同领队和患者亲友送病人去急救中心或医院抢救,或请医生前来抢救。

患者若是国际急救组织的投保者,还应提醒领队及时与该组织的代理机构联系。

在患者抢救过程中应注意三点,一是导游应要求领队或患者亲友在场,并详细记录患者患病前后的症状及治疗情况;二是需要签字时,导游应请患者亲属或领队签字;三是导游应随时向当地接待社反映情况。

若患者病危,其亲属不在身边时应注意三点,一是导游应提醒领队及时通知患者亲属,若患者亲属系外籍人士,应提醒领队通知所在国使领馆;二是患者亲属来到后,导游应协助其解决生活方面的问题;三是若找不到亲属,一切按使领馆的书面意见处理。

患者转危为安但仍需住院治疗,不能随团离境时,旅行社领导和导游要去医院探望患者。同时,应帮助患者办理分离签证、延期签证以及出院、回国手续和交通票证等。

患者住院及治疗费用自理;患者离团住院时未享受的综合服务费,由旅行社与旅游者结算,按规定退还本人;患者亲属的一切费用自理。

导游同时应继续按行程安排旅游团其他旅游者的活动,全陪继续随团活动。

九、旅游者死亡的处理

(一)及时报告

如果旅游者在旅途中死亡,接待人员必须尽力保护好现场,同时迅速向接待旅行社的有关领导报告旅游者的死亡经过,并请示处理办法。

如果发现旅游者在饭店内死亡,接待人员应立即向饭店的有关负责人、保卫部门、驻店医生报告,请求他们前来检查旅游者是否确实死亡,并设法查清其死亡的原因。

主动征求在场的死者亲属或旅游团领队的意见。

(二)通知死者亲属

出境旅游者或国内旅游者在旅游过程中不幸病故或因事故死亡后,旅行社应及时通知其亲属。

入境的外籍旅游者在我国境内旅游时病故或因事故死亡后,旅行社应陪同该旅游者的领队与死者所在国驻华使领馆联系,通知其亲属。同时接待旅行社应尽快通知国内组团社,并请国内组团社及时将此情况通知组织该旅游者来华旅游的境外组团社。

(三)办理有关手续

如旅游者系正常死亡或因病死亡,应请承担治疗抢救工作的医院出具相关证明。这些证明包括:①由县或县级以上医院出具的死亡证明;②如死者生前曾住院治疗或抢救,则可由其亲属出面,要求医院提供诊断书或病历摘要。

如旅游者系非正常死亡,即因某种事故身亡,则应请参加抢救的主治医生向死者亲属、领队、使领馆代表及旅行社代表等报告抢救经过,并出具下列证明:①抢救工作报告;②诊断证明书;③请公安机关或司法机关的法医出具死亡鉴定书。

因病正常死亡者或死因明确的非正常死亡者,一般不需做尸体解剖。如果死者亲属或其所属国使领馆要求解剖,可予以同意。但是必须提供下列两项书面请求之一:①由死者亲属提出并签名的遗体解剖书面请求;②由死者所属的外国驻中国大使馆或总领事馆有关官员签名的遗体解剖书面请求。遗体解剖书面请求应为一式数份,分别由有关方面保存。

(四)旅游者遗体的处理

对于下列旅游者的遗体可采取火化:①死者亲属以书面形式提出遗体火化请求的;②死者所在国驻中国大使馆或总领事馆以书面形式提出遗体火化请示的;③遗体已经腐烂的;④旅游者因患检疫传染病死亡的。

(五)骨灰运送

已故旅游者的亲属要求将其骨灰带回或运送回国时,旅行社有关人员应协助其办好以下证明:①由医院提供的死亡证明书或由法医出具的死亡鉴定书;②由丧葬部门出具的火化证明书。

(六)遗体运关

如果死者亲属要求将尸体运送回国,在运送前,除应办理上述有关手续外,还需办理如下手续:①由医院对遗体做防腐处理,并出具尸体防腐证明书;②由殡仪馆成殓并出具装殓证明书;③由防疫部门检疫后出具棺柩出境许可证明书;④在遗体运送出境前,旅行社、当地旅游局或政府有关部门可为死者举行简单的追悼仪式,若死者亲属要求举行宗教祭祀仪式,可尊重其习俗。

(七)旅游者的遗物处理

清点旅游者遗物时须有死者亲属、偕同人员或其所在国驻中国大使馆、总领事馆的代表在场。

遗物清点结束后,应将所清点的全部遗物开列清单,并请有关人员签字。向死者亲属、偕同人员或其所在国驻中国大使馆或总领事馆的代表交接遗物。接受遗物者须开出收据,注明接受时间、地点、在场人员等,并经有关人员签字后办理手续。如果死者生前留下遗嘱,应将遗嘱拍照或复制,并将遗嘱的原件交给死者亲属或其所在国驻中国大使馆或总领事馆的代表。

(八)保险赔偿

如果旅游者系因重大旅游安全事故而死亡,接待旅行社要协助保险公司办理入境旅游者旅游意外保险赔偿。

(九)总结工作

各种善后处理工作结束后,旅行社应填写《死亡善后处理情况报告》,上报地方旅游部门和国家文化和旅游部、外办、公安厅(局)、外交部,内容包括死亡原因、抢救措施、诊断结果、善后处理情况、其他旅游者的反映、经验教训等。

十、旅游安全事故的处理

旅游途中发生安全事故时,导游应采取下列措施,以保证旅游者的生命财产安全。

(一)立即向旅行社及有关部门汇报

发生交通事故后,导游应立即向旅行社领导和交通、公安及急救部门汇报,报告交通事故的发生及旅游者伤亡情况,听取相关人员对救援工作的指示,请求有关部门的协助。

(二)迅速组织抢救

交通事故中有人员伤亡时,导游应迅速组织现场人员抢救受伤的游客,特别是重伤游客。如能就地抢救,应立即将伤员送往距出事地点最近的医院抢救。

(三)保护现场

交通事故发生后,不要在忙乱中破坏现场,应该指定专人在现场,等待交通、公安部门进行现场调查处理。

(四)做好旅游团全体游客的安抚工作

事故发生后,旅游者心理上肯定会产生极大的恐慌,导游此时应做好旅游者的安抚工作,如有可能,应继续组织参观游览活动。事故原因查明后,要向全团旅游者说明情况。

(五)写出书面报告

交通事故处理完毕后,导游要填写书面报告。内容包括事故的原因和经过,抢救、治疗的情况,事故责任及对责任者的处理,旅游者的情绪及对处理的反映等。报告要求详细、准确、清楚。

十一、饭店火灾事故的处理

当饭店发生火灾事故时,导游应迅速采取措施,保证旅游者能够尽快疏散,逃离火场。

（一）立即报警

导游平时应牢记火警电话(119),以备发生火灾时,能立即通知消防部门。

（二）迅速通知领队和全体旅游者

旅游团入住饭店后,导游应掌握领队和全体团员所住房间的号码。当有事故发生时,能在第一时间通知到全体旅游者。

（三）配合工作人员,迅速通过安全出口疏散旅游者

在入住饭店时,导游应主动了解饭店楼层的太平门、安全出口、安全楼梯的位置以及安全转移的路线,并告知所有的旅游者。当发生火灾时,导游应指导旅游者用湿毛巾等捂住口鼻,指挥旅游者从上述安全通道逃离火场,告诫旅游者千万不要搭乘电梯或随意跳楼。

（四）引导大家自救

在消防人员赶到事故现场之前,导游可以根据火情,引导大家自救。

（五）协助处理善后事宜

旅游者得救后,导游应立即组织抢救受伤人员,将重伤员立即送往附近医院;采取各种措施安抚旅游者的情绪,帮助旅游者解决因为火灾造成的生活方面的困难,设法使旅游活动继续进行;协助领导处理好善后事宜;写出详尽的书面报告。

十二、旅游治安事故的处理

当旅游者遭遇犯罪分子行凶、偷盗或抢劫时,在场的旅游接待人员应毫不犹豫地挺身而出,保护旅游者,迅速将旅游者转移到安全地点,并积极配合当地公安人员和在场群众缉拿罪犯,追回赃物、赃款。

如果旅游者在事故中不幸受伤,应立即组织抢救,及时将其送往医院治疗。如果罪犯在作案后脱逃,接待人员应立即向当地公安部门报告案件发生的时间、地点、经过,作案人的特征(性别、年龄、体型、长相、衣着等),受害旅游者的姓名、性别、年龄、国籍、伤势,损失物品的名称、件数、大小、型号以及特征等,努力协助公安人员迅速破案。

接待人员应尽快向旅行社主管领导汇报事故发生的情况,包括出事地点、时间,旅游者姓名、性别、年龄、受害情况、现在何处、现状如何,受理案件的部门名称、地点、电话号码及办案人姓名等,请领导指示。

接待人员应迅速写出事故情况报告,内容包括受害者的姓名、性别、年龄,受害者情况,脱险情况,在场其他旅游者的反映,采取的紧急措施,报案及公安部门侦破情况,作案人基本情况,受害者及其他旅游者的目前情况、有何反映和要求等。

十三、食物中毒事故的处理

如发生游客食物中毒事故,应立即将食物中毒的旅游者送往医院抢救。如果一时无法

找到车辆,可打电话请急救中心派救护车前来抢救。在赶赴医院途中,应当让中毒者多喝水,以加速排泄,缓解毒性。当食物中毒的旅游者经治疗脱离危险后,接待人员应陪同旅行社有关领导到医院看望,表示慰问。接待人员应及时写出书面报告,如实记述事故发生的全部经过。

十四、业务性事故的处理

(一)机位不足

当因机位不足而需要游客分组分批离开时,如果下一目的国的签证为团签就按签证的人数来分组,否则在机场将出现无法出境的状况。

因航空公司超售机位而引发的机位不足等问题,领队应坚持团体意识,要坚决表示抗争的意念和决心,争取到底,通常是会成功的。

(二)行程延误

无论因何种原因造成预定行程的延误或更改,一定要通知当地的旅行代理商以协助调整相关的安排。其他如发生无法前往预定的餐厅用餐等情况,也应通知对方,不可弃之不顾,否则日后会给团体带来无比多的困扰。

(三)住宿

当因沿途行车延误,到达目的地会超过预定的时间时,应事先和下榻饭店联系,并告知将到达的时间,最好能先取得所需的房号,如此一来,便可以保障自己的房间不会被卖出,这种情形尤以旺季为多。

当预订的下榻饭店无法给予房间时,如果问题是因饭店的超售而引起的,则领队应坚持要求饭店给予所订的房间。如饭店要以其他饭店代替,则此饭店等级必须和原饭店相等或比原饭店更高,否则不予接受。同时,因此而造成的不便,领队可要求饭店给予适当的补偿,如可要求饭店给每一个团体房间送鲜花、水果等作为补偿,领队要有保护自己权益及旅游者权益的意识。

本章小结

旅行社企业文化的核心是旅行社的精神文化,旅行社制度文化对旅行社物质文化及精神文化起到制约与规范的作用,旅行社物质文化是旅行社企业文化的物质表现。旅行社人力资源政策特别是绩效考评制度是旅行社企业文化最重要的制度保证。旅行社绩效考评是维持和提高工作效率的手段,是贯彻按劳分配、建立合理奖惩制度的基础,是发现人才,制订、调整员工培训计划的重要依据。

旅行社企业文化渗透到旅行社服务与经营管理的每一个方面,既体现在日常的服务与管理工作上,更重要的是体现在对突发与意外事故的处理上。对突发事件与意外事件的处理,直接影响到旅行社的游客满意度、服务质量、企业形象,对旅行社的经营管理非常重要。因此,旅行社对每一类突发事件与意外事故都要认真处理、对待。

关键概念

旅行社企业文化的特点　旅行社绩效考评　旅行社突发、意外事件的处理

复习思考题

☐ 讨论题
1. 旅行社企业文化的结构如何？有什么特点？
2. 旅行社绩效考评有什么作用？旅行社绩效考评主要分几类？
3. 旅游者走失，如何处理？
4. 旅游团出现误机事故，如何处理？
5. 发生火灾时，导游应如何引导游客自救？

案例分析

旅行社应负什么责任？

【问题】
该旅行社在接待张先生一家时有哪些责任？
分析提示：
1.《中华人民共和国民法典》。
2. 不可抗力。
3. 旅游服务质量。

第九章

旅行社财务管理

学习目标

通过本章的学习,使学生掌握旅行社财务管理的任务与特点;能利用财务报表计算财务管理数据;能从财务管理数据中掌握旅行社的经营状况,并能对旅行社的财务状况进行评价。

案例引导

搜索一家以旅行社为主业的旅游上市企业最新的财务报表

思考题:

如果你所在的旅行社年度内要和该上市旅游集团合作,作为总经理,你应该考核该上市集团的哪些指标?

旅行社财务管理,是旅行社管理的重要组成部分,指旅行社根据资金运作规律,通过资金筹集、运用、管理和分配,实现旅行社利润的最大化和所有者权益的最大化,使旅行社财务状况处于良好态势,并以货币形式对旅行社经营活动进行全面管理。

第一节 旅行社资产管理

资产管理是旅行社财务管理的一项重要内容。旅行社资产构成与其他旅游企业区别较大,具有自己的特殊性。

一、旅行社流动资产的管理

旅行社流动资产,指旅行社在一个营业周期(一般为1年)内将其转变成现金或耗用的资产。旅行社流动资产构成比例比其他旅游企业高,因此,控制流动资产规模与结构、加速流动资产的周转便成为旅行社财务管理的重要内容。一般旅游企业流动资产由货币资产、生息资产、债权资产、存货资产构成,旅行社经营过程中不需要保存大量的存货资产,因此旅行社流动资产的管理主要是对货币资产、生息资产、债权资产的管理。

(一)货币资产管理

旅行社货币资产,主要包括现金和银行存款,它是旅行社流动性最强的一种资产。现金的支付能力很强,但在未使用前不能为旅行社带来任何利润,反而要承担一定的筹资成本,银行存款的利率也很低,因此,在保证旅行社正常经营活动的前提下,旅行社货币资产管理的主要任务是尽量缩短货币资产在周转过程中占用的时间,减少实际占用现金总量。具体管理措施有以下五种。

1. 确定旅行社的现金库存限制

在社会主义市场经济条件下,许多商业银行不再为企业设置库存现金的限额,因此旅行社必须根据企业经营活动的需要,设置现金库存限额,限额确定的原则为既不影响经营活动的正常进行,又没有资金的闲置与浪费。

2. 严格控制现金的使用范围

除以下各项款项可用现金支付外,旅行社不得随意扩大现金的使用范围:①员工工资、各种工资性津贴及支付给个人的各种奖金;②各种劳保福利费用及国家规定的各种对个人的现金支出;③个人劳动报酬,包括稿费、讲课费和其他各种专门工作报酬;④出差人员必须携带的差旅费;⑤结算起点以下的零星支出;⑥确实需要现金支付的其他支出。

3. 严格现金收支管理

旅行社应将现金收入于当日存入开户银行,旅行社不得坐支现金,即不得从本企业的现金收入中直接支取。

4. 加强银行存款管理

根据国家规定,旅行社设立时必须在所在地银行开立账户。银行记账应与旅行社记账相符,旅行社财务管理人员应有人专门定期和银行对账,如发现不符之处,要及时查明、调整,旅行社不准出租、出借账户,不准套取银行信用,不准签发空头支票或远期支票。

5. 严格控制现金支出

旅行社应充分利用商业信用所提供的方便,减少现金的占用时间,严格控制现金支出,

在合法合理的范围内尽量推迟一些支付的时间,从而达到节约现金的目的。

(二)生息资产管理

为了减少旅行社因保持超出日常开支所需的货币资金而蒙受的利润损失,旅行社可将暂时闲置的货币资金投资于生息资产。生息资产也称短期有价证券或者金融资产,主要包括期限在1年以下(包括1年)的国库券、商业票据、银行承兑汇票及可转让的定期存单等,生息资产的利息比银行存款产生的利息多,且能在短期内变成现金,因此常被看作"准现金"。但生息资产的风险也比银行存款的风险大,个别情况下,某些票据可能存在违约风险等。

(三)债权资产管理

旅行社的债权资产管理主要指应收账款的管理。应收账款在旅行社经营中占的比例很大,这是因为在旅游市场呈买方市场的条件下,多数旅行社难以坚持"先收费,后接待"的原则,导致旅行社在接待后难以马上收回现金,要经过一系列的结算过程才能收回,这种特点也决定了旅行社会计原则是权责发生制,而不是收付实现制。在接待发生后到收入以现金的形式回收的这段时期,旅行社被占用的资金被称为应收账款。旅行社在加强债权资产管理方面可采取下列措施。

1. 制定和执行适当的信用策略

信用策略对旅行社应收账款影响很大,当旅行社严格执行信用策略时,业务量及应收账款数目下降,反之则上升。所以,旅行社要根据所处的市场条件及客户的自身资信状况,制定恰当的信用策略。

1)因时因势制定信用策略

应针对不同旅行社制定不同的信用策略。对第一次合作的其他企业,要进行充分的资信调查,设法了解其财务状况,以便决定是否对其执行信用策略。对已经建立良好合作关系的企业,只要没有大幅度增加赊欠的应收账款,旅行社就继续对其执行信用策略。

2)规定赊欠条件

旅行社对赊欠应规定条件,规定赊欠最高界限等,还可以为提前还款的客户提供现金折扣等优惠,以减少旅行社呆账、坏账的比例。

3)规定应收账款的程序

对于应收账款管理中出现的常规问题制定可选择的应对策略,如催付、停止赊欠、法律诉讼等,如不可能追回应收账款或追款得不偿失时,应报批作为坏账注销。

2. 应收账款的管理办法

对应收款项的管理,要定期检查,检查欠款客户对本旅行社业务的重要程度,对应收账款的情况及拖欠的原因进行分析,并对欠款客户信用建立动态评估档案。

二、旅行社固定资产的管理

根据《企业会计准则》,固定资产是指使用年限在1年以上,单位价值在规定标准以上,并在使用过程中保持原来物质使用形态的资产,包括房屋及机器设备、运输设备、工具器具等。旅行社的固定资产主要包括营业用房、办公设备、通信设备和少量运输工具等。对旅行社固定资产的管理可从以下几个方面入手。

（一）计提固定资产折旧

计提固定资产折旧的资产包括房屋和建筑物，在用的设备、车辆，季节性停用、修理停用的设备，融资租入的设备，以经营租赁方式租出的固定资产。

不准计提固定资产折旧的资产包括未使用、不需用的机器设备，以经营租赁方式租入的固定资产，已提足折旧仍在使用的固定资产及未提足折旧提前报废的固定资产，国家规定的不准计提折旧的其他固定资产（如土地）等。

（二）固定资产提取折旧的方法

《企业会计准则》规定，固定资产折旧应当根据固定资产原值、预计净残值、预计使用年限或预计工作量，采用平均年限法或工作量法计算。《企业财务通则》还规定，固定资产折旧，从固定资产投入使用的次月起，按月计提；停止使用的固定资产，从停止使用的次月起，停止计提折旧。

1. 平均年限法

平均年限法又称直线法，是我国目前最常用的计提折旧法，通常用于房屋、建筑物和贵重办公设备的折旧计提。平均年限法的计算公式为：

$$年折旧率 = (1 - 预计净残值率) / 固定资产预计使用年限 \times 100\%$$

$$月折旧率 = 年折旧率 / 12$$

固定资产残值，一般按固定资产原值的3%—5%确定。

2. 工作量法

有些固定资产（如接待旅游者用的旅游大客车）在不同的经营期间使用程度不均衡，发生的磨损程度也相差较大，难以用平均年限法确定每年的折旧额，对这类以其使用时间或工作量为自变量，与年限无直接关系的固定资产，旅行社采取工作量法计提折旧。

$$单位工作量折旧率 = 资产原始价值 \times ((1 - 预计净残值率) / 预计期内可以完成的工作量) \times 100\%$$

（三）固定资产的处理

1. 修理费用的提取

旅行社发生的固定资产修理费用，计入当期成本费用。对数额较大、发生不均衡的修理费用，可以分期摊入成本费用，也可以根据修理计划分期从成本中预提。

2. 固定资产盘亏、盘盈及报废的处理

对盘亏及毁损的固定资产应按原价扣除累计折旧、过失人及保险公司赔款后的差额计入营业外支出。对盘盈的固定资产应按其原价估计折旧后计入营业外收入。

对出售或清理报废固定资产变价净收入（变价收入、残料价值减清理费后的净额）与固定资产净值（原价减累计折旧）的差额，计入营业外收入或营业外支出。

第二节 旅行社成本费用管理

成本费用管理是旅行社财务管理的重要组成部分。旅行社管理者通过对旅行社成本费

用进行计划、控制、核算和分析,可以不断促进旅行社资源的合理开发与利用,不断降低成本费用,提高经济效益。

一、旅行社成本费用的构成

旅行社的成本费用主要是由营业成本、营业费用、管理费用、财务费用构成的。

(一) 营业成本

旅行社的营业成本是指为组织接待旅游者而发生的直接费用,包括已计入营业收入总额的房费、餐费、交通费、文娱费、行李托运费、票务费、门票费、专业活动费、签证费、陪同费、劳务费、宣传费、保险费和建设费等代收费用。

(二) 营业费用

旅行社的营业费用是指旅行社各营业部门在经营中发生的各项费用,包括广告宣传费、展览费、差旅费、保险费、燃料费、水电费、运输费、装卸费、清洁卫生费、低值易耗品摊销、物料消耗、经营人员的工资(含奖金、津贴和补贴)、员工福利费、服装费和其他营业费用等。

(三) 管理费用

旅行社的管理费用是指旅行社因组织管理经营活动而发生的费用,以及由企业统一负担的费用,主要包括企业管理部门的工资、工会经费、员工教育经费、劳动保险费、待业保险费、劳动保护费、董事会费、外事费、租赁费、咨询费、审计费、诉讼费、税金、燃料费、水电费、折旧费、修理费、无形资产摊销、低值易耗品摊销、交际应酬费、坏账损失、上级管理费和其他管理费用。

(四) 财务费用

旅行社的财务费用是指为筹集资金而发生的费用,包括旅行社在经营期间发生的利息净支出、汇兑净损失、金融机构手续费及筹集资金引发的其他费用。

旅行社的下列支出,不能列入旅行社的成本和费用:①为购置和建造固定资产、购入无形资产和其他资产产生的支出;②对外投资支出和分配给投资者的利润;③被没收财物的损失;④支付的各种赔偿金、违约金、滞纳金、罚款,以及赞助、捐赠支出;⑤国家规定不得列入成本费用的其他开支。

二、旅行社成本费用的核算

旅行社成本费用的核算通常是根据经营规模和业务范围的情况由旅行社自行决定的。目前,旅行社采用的成本费用核算方法主要有以下三种。

(一) 单团核算

单团核算是指以旅行社按接待的每一个旅游团(者)为核算对象进行经营盈亏的核算。单团核算有利于考核每个旅游团的经济效益,有利于各项费用的清算和考核,有利于降低成本。但是单团核算工作量较大,一般适用于业务量较小的旅行社。

(二) 部门批量核算

这种核算方法是以旅行社的业务部门为核算单位,以业务部门每月接待的旅游团的批量为对象进行经营盈亏的核算。按部门批量核算有利于考核各业务部门完成经济任务指标的情况。这种核算方法适用于业务量较大的旅行社。

（三）等级核算

等级核算是旅行社按照接待的旅游团（者）的不同等级为核算对象进行经营盈亏的核算，如豪华型、标准型、经济型等，也可以按团的人数进行等级核算。等级核算可以提供不同等级的旅游团的盈亏状况。

三、旅行社成本费用的分析

成本是影响旅行社经济效益的一个重要因素。在营业额一定的前提下，营业成本越低，经济效益就越高；反之，营业成本越高，经济效益就越低，甚至会造成直接的亏损。对成本费用的分析可以采用单团成本费用分析，也可以采用部门批量成本分析。不管采用哪种分析方法，都要做到事前有计划（预算）、事后有分析、分析结果有反馈。单团成本分析是旅行社成本费用分析的关键。

四、旅行社成本费用的控制

制定成本费用标准常用的方法有三种，即分解法、定额法及预算法。

分解法是将目标成本费用和成本费用降低目标，按成本费用使用项目进行分解，明确各成本费用项目应达到的目标和降低的幅度。

定额法是旅行社首先确定各种经营成本或费用的合理定额，并以此为根据制定成本费用标准。能直接确定定额标准的成本费用，都应制定定额标准，不能直接确定定额标准的成本费用，可比照行业平均水平或竞争对手水平决定定额标准。

预算法是旅行社在把经营成本费用划分为同销售收入成比例增加的变动成本费用、不成比例增加的半变动成本费用及与销售收入增减无关的成本费用的基础上，按各部门的业务量分别制定预算。

旅行社在制定了成本费用标准后，在日常经营活动中按标准严格控制各项消耗与支出，并根据发生的误差，及时调整成本费用标准，以指导当前的经营活动。旅行社成本费用的日常控制活动主要包括以下几种。

（一）建立成本控制信息系统

这个系统包括成本指标、定额、标准的输入系统，核算、控制、反馈系统以及分析、预测系统。

（二）实行责任成本制

旅行社应将层层任务落实到具体的管理者与旅行社员工身上。

（三）进行重点控制

在旅行社成本费用控制的日常管理中，把占成本费用较大的部门、成本费用降低幅度较大的部门、成本费用降低较难的部门或岗位作为重点控制对象，加强控制，降低成本。

旅行社管理者还要定期对各部门的成本费用控制情况进行检查和考核，检查成本费用计划的落实情况，综合分析、比较产生成本差异的原因，评价各部门各员工的成果并进行恰当的奖惩,总结经验和教训,推广或预防有关的做法。

制定标准、日常控制、检查考核是一个反复的过程,是旅行社管理日常工作的一个重要方面。

第三节 旅行社营业收入和利润管理

作为以盈利为目的的旅游企业,旅行社通过向旅游者提供各种旅游服务获得其所预期的营业收入和利润。旅行社的营业利润来源于旅行社的营业收入,营业收入增加有利于利润增加。同时,利润又是旅行社在一定时期内的经营成果,利润的多寡反映了旅行社经营水平的高低。因此,旅行社管理者必须重视对营业收入和利润的管理。

一、旅行社营业收入管理

(一)旅行社营业收入的构成

旅行社的营业收入是指旅行社在一定时期内,由于向旅游者提供服务而获得的全部收入。旅行社的营业收入主要由以下几个部分构成。

1. 综合服务费收入

综合服务费收入指为旅游团(者)提供综合服务所收取的收入,包括导游费、餐饮费、市内交通费、全程陪同费、组团费和接团手续费。

2. 房费收入

房费收入指旅行社为旅游者代订饭店的住房后,按照旅游者实际住房等级和过夜天数收取的住宿费用。

3. 城市间交通费收入

城市间交通费收入指旅游者为旅游期间在旅游客源地与旅游目的地之间,及在旅游目的地的各城市或各地区之间乘坐各种交通工具所付出的费用而形成的收入。

4. 专项附加费收入

专项附加费收入主要指旅行社向旅游者收取的汽车超公里费、风味餐费、游江(湖)费、特殊游览门票费、文娱费、专业活动费、保险费、不可预见费等项收入。

5. 单项服务收入

单项服务收入主要指旅行社接待零散旅游者和代办委托事项所取得的服务收入,如代理代售国际联运客票和国内客票的手续费收入,以及代办签证收费等收入。

(二)旅行社营业收入的管理

在旅行社营业收入中,代收代支的款项占了很大比重,这是旅行社在业务经营方面区别于其他旅游企业的一个重要特点。旅行社在核算其营业收入时应根据这一特点,加强管理,准确地对营业收入进行确认和时间上的界定。

1. 确认营业收入的原则

按照国家的有关规定,旅行社在确认营业收入时应采用权责发生制。根据权责发生制,旅行社在符合以下两种条件时,可确认其获得了营业收入。

(1) 旅行社已经向旅游者提供了合同上所规定的服务。

(2) 旅行社已经从旅游者或者组团旅行社处收到价款或取得了拥有收取价款权利的证据。

2. 界定营业收入实现时间的原则

由于旅行社经营的旅游产品不同,其营业收入实现的时间也不同。根据有关规定,旅游业务类型不同,对旅行社营业收入实现时间的界定原则也不同。

(1) 入境旅游。旅行社组织境外旅游者到境内旅游,应以旅游者离境或离开本地的时间为确认其营业收入实现的时间。

(2) 国内旅游。旅行社组织国内旅游者在国内旅游,接团旅行社应以旅游者离开本地的时间、组团旅行社应以旅游者旅行结束返回原出发地的时间为确认其营业收入实现的时间。

(3) 出境旅游。旅行社组织中国公民到境外旅游,应以旅游者旅行结束返回原出发地的时间为确认其营业收入实现的时间。

二、旅行社利润管理

利润,是旅行社在一定时期内经营活动的最终财务成果,是旅行社经营活动的效率和效益的最终体现。它不仅是反映旅行社经营状况的一个基本指标,也是考核、衡量旅行社经营成果与经济效益最重要的标准。

(一) 旅行社利润的构成

旅行社的利润由营业利润、投资净收益和营业外收支净额构成。它是旅行社在一定时期内经营的最终财务成果。旅行社通过对利润指标进行考核和比较,能够综合分析企业在这段时间内取得的经济效益。

1. 营业利润

旅行社营业利润,是指营业收入扣除营业成本、营业费用、营业税金、管理费用和财务费用后的净额。

2. 投资净收益

旅行社投资净收益,是指投资收益扣除投资损失后的数额。投资收益包括对外投资分得的利润、取得的股利、债券利息、投资到期收回或中途转让取得的款项与投出资产账面净值的差额。投资损失是投资不当而产生的投资亏损额,或指投资到期收回或中途转让取得的款项与投出资产账面净值的差额。

3. 营业外收支净额

旅行社营业外收支净额,是指营业外收入减营业外支出后的差额。营业外收入包括固定资产盘盈和变卖的净收益、罚款净收入、确实无法支付而按规定程序批准后转做营业外收入的应付账款、礼品折价和其他收入等。营业外支出包括固定资产盘亏和毁损、报废的净损失、非常损失、赔偿费、违约金、罚息和公益性捐赠等。

(二) 旅行社利润分析

旅行社利润分析是指旅行社根据营业期之初的利润计划,对本期内所实现的利润进行的评价。它主要包括利润总额分析、利润总额构成因素分析和营业利润分析三个方面的内容。

1. 利润总额分析

利润总额分析，是指旅行社运用比较分析法将本期的利润总额同上期的利润总额或本期的计划利润指标进行对比，分析其增减变动的情况。计算本期利润比上期利润增长（减少）的量，可以使用下面的公式：

$$本期利润比上期增长（减少）额 = 本期利润总额 - 上期利润总额$$

$$利润增长（减少）率 = \frac{利润增长（减少）额}{上一期利润总额} \times 100\%$$

计算本期计划利润完成情况可以使用下面的公式：

$$完成计划百分比 = \frac{本期实际利润总额}{本期计划利润总额} \times 100\%$$

$$超额或未完成计划百分比 = 完成计划百分比 - 100\%$$

2. 利润总额构成因素分析

旅行社在分析其利润总额增长情况后，还应对利润的构成因素进行分析，以便发现导致本期利润变化的主要因素，并采取相应的措施。如果发现某项因素的增长比例或绝对额与上一期相差较大，则应对其发生的原因进行深入的分析。

3. 营业利润分析

营业利润分析，是指旅行社通过将利润计划指标与实际结果对比，运用因素分析法，找出影响营业利润实现的因素。它能指导旅行社采取措施、加强管理，并为进一步增加营业利润指明方向。在营业收入一定的情况下，影响营业利润高低的因素是营业成本、营业费用、营业税金、管理费用和财务费用。尽可能降低成本费用，特别是严格控制费用的支出是增加营业利润的有效途径。

（三）旅行社利润的管理

利润管理，是旅行社财务管理的一项重要任务，其主要内容是确定目标利润和进行利润分配。

1. 确定目标利润

旅行社应该在每一个营业期之初确定希望在这个营业期内获得多少利润，即确定其目标利润，以便采用各种合理而且可能的方法努力实现这个目标。此外，旅行社确定了目标利润后，还应在营业期结束时将实际完成的利润同目标利润进行对比，以加强对利润的管理。旅行社计算目标利润的公式为：

$$目标利润 = 预计营业收入 - 目标营业成本 - 预计营业税金 - 预计费用$$

旅行社在确定了目标利润之后，可以运用各种方法来测算出为实现目标利润所应完成的销售量及所产生的各种成本和费用。业务量-成本-利润分析法（简称量本利分析法）是进行这种测算的一种有效的方法。量本利分析法将成本分解为固定成本和变动成本，并根据由此获得的信息，预测出旅行社的保本销售量和为完成目标利润而需增加的销售量。

量本利分析法的计算公式为：

$$保本销售量 = \frac{固定成本费用总额}{单位销售价格 \times (1 - 税率) - 单位变动成本}$$

$$\text{实现目标利润的销售量} = \frac{\text{固定成本费用总额} + \text{目标利润}}{\text{单位销售价格} \times (1-\text{税率}) - \text{单位变动成本}}$$

$$\text{实现目标利润的销售收入} = \frac{\text{固定成本费用总额} + \text{目标利润}}{(1-\text{税率}) - \text{单位变动成本}/\text{单位销售价格}}$$

对于产品单一、售价和成本稳定的旅行社,使用量本利分析法能够做出比较准确的预测。但是,对于多数旅行社来说,其产品、成本和售价会受市场供求关系、同行之间的竞争激烈程度以及其产品的规格、内容和档次等因素的影响,使用量本利分析法存在一定的难度。旅行社可以参考上一期的平均成本和营业收入按照上述公式进行估算。

2. 进行利润分配

进行利润分配是旅行社利润管理的另一重要内容。由于旅行社的经营体制不同,利润分配的方式也存在一定的差异。目前,我国旅行社大致可以分为股份制旅行社和非股份制旅行社两类,其利润分配方法各不相同。

根据国家有关规定,股份制旅行社在依法向国家交纳所得税后,应首先提取公益金,然后按照以下顺序分配所剩余的利润:①支付优先股;②按公司章程或股东会议决议提取盈余公积金;③支付普通股股利。

非股份制旅行社应在依法向国家交纳所得税后,按照下列程序分配税后利润:①支付被没收的财务损失和各项税收的滞纳金、罚款;②弥补旅行社过去年度的亏损,根据国家有关规定,旅行社发生亏损,可用下一年度的利润弥补,延续5年未弥补的亏损,可用所得税后的利润弥补;③提取法定盈余公积金;④提取公益金;⑤向投资者分配利润,旅行社过去年度未分配利润,可以并入本年度利润一并分配。

根据国家有关规定,旅行社提取的法定盈余公积金应为税后利润的10%;法定盈余公积金达旅行社注册资金的50%后,可不再提取。旅行社提取的盈余公积金用于弥补亏损或按规定转增资本金。旅行社提取的公益金主要用于员工集体福利设施支出。

第四节 旅行社结算管理

在旅行社行业中,除少数新建旅行社和部分信誉较差的旅行社,在向其他旅行社及各种旅游服务供应部门或企业采购旅游服务时,必须采取现金支付的方式外,多数旅行社都利用商业信用进行结算。因此,在旅行社之间和旅行社与其他旅游服务供应部门或企业之间,产生了大量因赊购或赊销而造成的应收账款和应付账款。旅行社结算业务就是指对应收账款和应付账款的结算。

根据旅游季节及旅游过程中发生的不同情况,旅行社的结算业务,分为正常情况的结算业务和特殊情况的结算业务。

一、旅行社正常情况的结算业务

旅行社之间正常情况的结算业务,分为综合服务费的结算和其他旅游费用的结算两大部分。

(一)综合服务费的结算

综合服务费的结算业务,包括审核结算内容和确定结算方式两个方面的内容。

1. 审核结算内容

旅行社财务人员在审核综合服务费结算内容时,应对照旅游计划和陪同该旅游团(者)的导游所填写的结算通知单,对所需结算的各项费用进行认真审查。旅行社之间结算所涉及的综合服务费一般包括市内交通费、杂费、领队减免费、地方导游费、接待手续费和接待宣传费。其结算方法是:

$$综合服务费=实际接待旅游者人数\times 实际接待天数\times 人天综合服务费价格$$

当旅游团内成年旅游者的人数达到 16 人时,应免收 1 人的综合服务费;旅游者所携带的 2~12 周岁(不含 12 周岁)的儿童,应按照成年旅游者标准的 50% 收取综合服务费;12 周岁以上(含 12 周岁)的儿童、少年旅游者按照成年旅游者标准收取综合服务费;2 周岁以下的儿童在未发生费用的情况下,不收取综合服务费。如果发生费用,由携带儿童的旅游者现付。

2. 确定结算方式

旅游者在一地停留时间满 24 小时的,按 1 天的综合服务费结算;停留时间超过 24 小时、未满 48 小时的或停留时间未满 24 小时的,按照有关标准结算。目前,我国旅行社主要采用的结算方式有中国国际旅行社的结算标准(简称国旅标准)、中国旅行社的结算标准(简称中旅标准)和中国青年旅行社的结算标准(简称青旅标准)三种。其具体结算标准如下:

1) 国旅标准

国旅系统采用的结算方式,是按旅游者用餐地点划分综合服务费结算比例,其具体标准如表 9-1 所示。

表 9-1 国旅综合服务费结算标准

地　　点	综合服务费(扣除餐费)
用早餐(7 时)地点	33%
用午餐(12 时)地点	34%
用晚餐(18 时)地点	33%

2) 中旅标准

中旅系统采用的结算方式,是按旅游者抵离时间分段划分综合服务费结算比例,其具体标准如表 9-2 所示。

表 9-2 中旅综合服务费结算标准

抵达当地时间	百　分　数	离开当地时间	百　分　数
0:01—9:00	100%	0:01—9:00	20%
9:01—11:00	85%	9:01—11:00	30%
11:01—13:30	70%	11:01—13:30	60%
13:31—17:00	45%	13:31—17:00	80%

续表

抵达当地时间	百 分 数	离开当地时间	百 分 数
17:01—17:30	35%	17:01—17:30	100%
17:31—24:00	15%	17:31—24:00	—

3）青旅标准

青旅系统采用的结算方式，是按照旅游者停留小时划分综合服务费结算比例，其具体标准如表 9-3 所示。

表 9-3　青旅综合服务费结算标准

停留小时数	综合服务费（扣除餐费）
4 小时以内	按 10 小时结算
4—10 小时	按 15 小时结算
11—18 小时	按 18 小时结算
18 小时以上	按实际停留小时结算
去外地一日游当天返回驻地的外地接待旅行社	按 16 小时结算

（二）其他旅游费用的结算

这里所说的其他旅游费用，包括旅游者的房费、餐费、城市间交通费、门票费和专项附加费，其中后三项费用统称为其他费用。

1. 房费的结算

房费分自订房和代订房两种。自订房房费由订房单位或旅游者本人直接与饭店结算。代订房房费由接待旅行社结算。其结算公式为：

$$房费＝实用房间数×实际过夜数×房价$$

在实际经营中，旅行社一般为旅游团队安排双人房间。有时，旅游团队因为人数或性别原因可能出现自然单间，由此而产生的房费差额可根据事先达成的协议由组团旅行社或接待旅行社承担。

旅行社应按照规定在旅游团队（者）离开本地当天 12 时以前办理退房手续。凡因接待旅行社延误退房造成的损失，由接待旅行社承担；如果旅游者要求延迟退房，则由旅游者直接向饭店现付房差费用。

2. 餐费的结算

餐费的结算有两种形式：一种是将餐费（午、晚餐）纳入综合服务费一起结算；另一种是将餐费单列，根据用餐人数、次数和用餐标准结算。餐费的计算公式为：

$$餐费＝用餐人数×用餐次数×用餐标准$$

3. 其他费用的结算

如前所述，其他费用是城市间交通费、门票费和专项附加费的统称。在结算这些费用时，旅行社应按照双方事先达成的协议及有关旅游服务供应企业和单位的收费标准处理。

（三）付款方式

旅行社之间结算业务多采用汇付方式进行，汇付方式也有多种类型。

二、旅行社特殊情况的结算业务

旅行社在组团或接团过程中往往会遇到一些特殊的情况,并相应地反映到会计核算中。旅行社应根据不同的情况分别妥善处理。

(一)跨季节的结算

我国旅行社多以每年的12月初至转年的3月底为旅游淡季,其余的月份为旅游旺季或平季。旅游者在一地停留的时间恰逢旅游淡季与旺季交替时,旅行社应按照旅游者在该地实际停留日期的季节价格标准分段结算。

(二)等级变化的结算

1. 因分团活动导致等级变化

旅游团成员在成行后因某种特殊原因要求分团活动,并因此导致旅游团等级发生变化时,应按分团后的等级结算。等级变化结算的方式有两种:一种是由旅游者现付分团后新等级费用标准和原等级费用标准之间的差额;另一种是接待旅行社在征得组团旅行社同意后按新等级标准向组团旅行社结算。

2. 因部分旅游者中途退团造成等级变化

参加团体包价旅游团的旅游者,在旅行途中因特殊原因退团,造成旅游团队因退团后人数不足10人而发生等级变化时,原则上仍按原旅游团的人数和等级标准收费或结算。退团的旅游者离团后的费用由旅游者自理。

3. 晚间抵达或清晨离开的旅游团队结算

包价旅游团队在晚餐后抵达或早餐后离开某地时,接待旅行社按照人数和等级标准向组团旅行社结算接送费用。其计算公式为:

接送费用=人数×计价标准

第五节 旅行社财务分析

财务分析是旅行社财务管理的重要方法。旅行社管理者应以各种财务报表的核算资料为基础,对旅行社财务活动的过程和结果进行研究和评价,以分析其经营过程中的利弊得失、财务状况及发展趋势,为日后进行经营决策提供重要的财务信息。

一、旅行社的财务报表

旅行社的财务报表是反映旅行社财务状况和经营成果的书面文件,主要包括资产负债表、损益表和现金流量表及有关附表。我们在此重点介绍与旅行社经营关系最为密切的资产负债表、损益表和现金流量表。

(一)旅行社资产负债表

资产负债表,是反映旅行社在某一特定日期财务状况的报表。它以"资产=负债+所有者权益"这一会计基本等式为依据,按照一定的分类标准和次序反映旅行社在某一个时间点上资产、负债和所有者权益的基本状况。

资产负债表包括三大类项目,即资产、负债和所有者权益。资产类部分,反映旅行社的资产状况。资产分为流动资产、长期投资、固定资产、无形及递延资产和其他长期资产五个类型。负债类部分,分为流动负债、长期负债和递延税项三个类型。负债和所有者权益部分反映了旅行社资金的来源情况。

同步案例

某国际旅行社资产负债表

编制单位:某国际旅行社　　　　　　　　　　　　　　　　　　　金额单位:元

项　目	2019 年	2018 年
货币资金	215,988,880.00	303,523,520.00
短期投资	0.00	124,425,544.00
减:短期投资跌价准备	0.00	0.00
短期投资净额	0.00	0.00
应收票据	0.00	165,219.80
应收股利	0.00	6,250,000.00
应收利息	0.00	0.00
应收账款	230,667,760.00	192,242,384.00
减:坏账准备	0.00	0.00
应收账款净额	0.00	0.00
预付账款	46,542,220.00	32,095,348.00
应收补贴款	0.00	0.00
其他应收款	82,766,560.00	72,858,592.00
存货	1,142,467,456.00	49,833,884.00
减:存货跌价准备	0.00	0.00
存货净额	1,142,467,456.00	49,833,884.00
待摊费用	2,759,928.25	2,126,086.50
待处理流动资产净损失	0.00	0.00
1 年内到期的长期流动资产净损失		
其他流动资产	0.00	0.00
流动资产合计	1,721,192,832.00	783,520,576.00
中长期贷款		
逾期贷款		

续表

项　目	2019 年	2018 年
减:贷款呆账准备		
长期股权投资	118,223,656.00	179,497,744.00
长期债权投资	0.00	0.00
长期投资合计	118,223,656.00	179,497,744.00
减:长期投资减值准备(相当于投资风险准备)		
长期投资净额(或长期资产、投资合计)		
固定资产原价	656,702,272.00	530,977,760.00
减:累计折旧	187,276,000.00	171,129,856.00
固定资产净值	469,426,272.00	359,847,904.00
工程物资	0.00	0.00
在建工程	617,821,376.00	394,386,464.00
固定资产清理	0.00	0.00
待处理固定资产净损失	0.00	0.00
固定资产合计	1,082,567,936.00	747,496,064.00
无形资产	40,467,288.00	33,170,688.00
开办费	0.00	0.00
长期待摊费用	15,287,978.00	3,562,105.25
其他长期资产	62,770,344.00	90,524,392.00
无形资产及其他资产合计	118,525,608.00	127,257,184.00
递延税款借项	0.00	0.00
资产总计	3,040,509,952.00	1,837,771,648.00
短期借款	50,000,000.00	55,000,000.00
应付票据	0.00	0.00
应付账款	194,933,904.00	172,817,216.00
预收账款	136,315,376.00	43,279,520.00
代销商品款	0.00	0.00
应付工资	4,558,958.50	2,377,200.25
应付福利费	3,109,508.50	2,692,642.25
应付股利	4,810,734.50	216,401.05
应交税金	20,410,434.00	5,130,566.50
其他应交款	947,006.50	687,422.00
其他应付款	365,811,328.00	62,947,764.00
预提费用	6,469,939.00	1,813,698.62

续表

项　　目	2019 年	2018 年
1 年内到期的长期负债	95,000,000.00	0.00
其他流动负债	0.00	0.00
流动负债合计	882,367,168.00	346,962,432.00
长期借款	613,000,000.00	100,000,000.00
应付债券	0.00	0.00
长期应付款	43,428.34	102,655.83
住房周转金	0.00	0.00
其他长期负债	0.00	0.00
长期负债合计	613,043,456.00	100,102,656.00
递延税款贷项	0.00	0.00
负债总计	1,495,410,688.00	447,065,088.00
少数股东权益	295,251,552.00	154,271,824.00
股本	267,000,000.00	267,000,000.00
资本公积金	608,040,512.00	607,675,136.00
盈余公积金	89,701,056.00	80,030,056.00
其中:公益金	16,372,824.00	13,286,353.00
未分配利润	289,966,528.00	237,496,528.00
股东权益总计	1,249,847,808.00	1,237,065,216.00
负债和股东权益总计	3,040,509,952.00	1,837,771,648.00

资产负债表揭示了旅行社的资产结构、流动性、资金来源、负债水平、负债结构等方面的状况,反映了旅行社的变现能力、偿债能力和资产管理水平,为旅行社的投资者和管理者提供了重要的决策依据。

(二) 旅行社损益表

损益表又称收益表、利润及利润分配表,是反映旅行社在一定期间的经营成果及其分配情况的报表。其基本公式为:

$$利润(亏损) = 收入 - 费用(成本)$$

损益表分为五个主要部分即主营业务收入、主营业务利润、营业利润、利润总额和净利润。

损益表为旅行社的投资者和管理者提供了有关旅行社的获利能力、利润变化原因、利润发展趋势等的大量信息,是考核旅行社利润计划完成情况和经营水平的重要依据。

同步案例

某国际旅行社损益表

编制单位:某国际旅行社　　　　　　　　　　　　　　　　　　　　　　金额单位:元

项目	2019年	2018年	2017年
一、主营业务收入	2,307,503,972.00	1,744,906,624.00	1,097,749,352.00
减:折扣与折让	0.00	0.00	0.00
主营业务收入净额	2,307,503,972.00	1,744,906,624.00	1,097,749,352.00
减:主营业务成本	2,041,679,090.00	1,569,930,916.00	975,496,400.00
主营业务税金及附加	15,327,979.00	10,006,006.00	4,409,057.00
二、主营业务利润	250,497,909.00	165,969,909.00	117,953,956.00
加:其他业务利润	21,664,024.00	19,079,730.00	12,963,915.00
减:存货跌价损失	0.00	0.00	0.00
营业费用	95,519,994.00	70,414,144.00	69,147,990.00
管理费用	110,139,594.00	92,075,090.00	93,509,544.00
财务费用	347,469.29	2,494,672.50	17,603,994.00
销售费用			
三、营业利润	66,155,900.00	30,074,649.00	−49,542,640.00
加:投资收益	1,490,931.25	47,594,516.00	79,143,240.00
补贴收入	22,000.00	0.00	497,264.47
营业外收入	2,619,075.75	976,231.75	2,504,635.75
减:营业外支出	943,699.50	479,466.44	694,527.44
四、利润总额	69,333,120.00	79,156,929.00	32,907,972.00
减:所得税	16,505,460.00	9,424,042.00	7,917,334.00
减:少数股东损益	−9,617,292.00	−3,539,599.25	−5,920,914.50
加:财政返还(含所得税返还)			
五、净利润	61,729,412.00	72,165,924.00	32,503,072.00
加:年初未分配利润	237,496,529.00	224,215,569.00	196,597,969.00
盈余公积金转入	0.00	0.00	0.00
六、可供分配的利润	299,225,920.00	296,391,409.00	229,091,040.00
减:提取法定公积金	6,172,941.00	7,216,592.00	3,250,307.25
提取法定公益金	3,096,470.50	3,609,291.00	1,625,153.62
七、可供股东分配的利润	299,966,529.00	295,556,512.00	224,215,569.00

续表

项 目	2019年	2018年	2017年
减：应付优先股股利	0.00	0.00	0.00
提取任意盈余公积			
提取任意公积	0.00	0.00	0.00
应付普通股股利	32,040,000.00	49,060,000.00	0.00
转做股本的普通股股利	0.00	0.00	0.00

制表人： 　　　　　　　　　　　　　　　　　某省财政厅统一印制

（三）旅行社现金流量表

在旅行社经营活动中，现金所起的作用非常重要。旅行社在偿还到期的各种债务、向旅游服务供应部门和企业支付其所采购的旅游服务及向其员工支付工资时，都需要使用现金。如果旅行社未能及时获得其经营活动所必需的现金，就会给其经营活动带来严重的影响。

除了经营活动以外，旅行社从事的投资和筹资活动同样影响着现金流量，从而影响其财务状况。如果旅行社进行投资，而没有能取得相应的现金回报，就会对其财务状况（比如流动性、偿债能力）产生不良影响。通过对旅行社现金流量进行分析，可以大致判断其经营资金周转是否顺畅。

由于在采取权责发生制的条件下，旅行社在计提折旧、计算递延税款等方面使用的分配手段具有很大的随意性，所计算出的现金流量与旅行社实际的现金流量相差较大。所以，自1999年起，按照我国财政部的新规定，旅行社不再编制财务状况变动表，而改为编制现金流量表。

同步案例

某国际旅行社现金流量表

编制单位：某国际旅行社　　　　　　　　　　　　　　　　　　金额单位：元

项 目	2019年	2018年	2017年
销售商品、提供劳务收到的现金	2,402,139,369.00	1,705,013,120.00	1,190,340,964.00
收到的租金	0.00	0.00	0.00
收到的增值税销项税额和退回的增值税款	0.00	0.00	0.00
收到的增值税销项税额和退回的增值税款	22,000.00	0.00	2,361,074.50

续表

项　目	2019 年	2018 年	2017 年
收到的其他与经营活动有关的现金	0.00	0.00	29,904,994.00
现金流入小计	2,402,160,394.00	1,705,013,120.00	1,222,606,949.00
购买商品、接受劳务支付的现金	2,541,297,169.00	1,494,795,264.00	963,697,024.00
经营租赁所支付的现金	0.00	0.00	0.00
支付给职工以及为职工支付的现金	56,237,760.00	49,692,536.00	53,740,560.00
支付的增值税款	0.00	0.00	0.00
支付的所得税款	0.00	0.00	0.00
支付的除增值税、所得税以外的其他税费	19,462,929.00	29,235,932.00	25,359,794.00
支付的其他与经营活动有关的现金	105,027,194.00	91,599,609.00	136,959,760.00
现金流出小计	2,722,015,232.00	1,653,312,256.00	1,179,757,056.00
经营活动产生的现金流量净额	−319,954,720.00	51,700,764.00	42,949,796.00
收回投资所收到的现金	333,624,224.00	466,542,794.00	166,969,616.00
分得股利或利润所收到的现金	9,040,795.00	13,401,749.00	71,704,049.00
取得债券利息收入所收到的现金	0.00	0.00	0.00
处置固定资产、无形资产和其他长期资产而收到的现金净额	96,696,192.00	543,000.00	3,615,957.25
收到其他与投资活动有关的现金	0.00	93,994,609.00	57,932,464.00
现金流入小计	429,361,216.00	564,372,160.00	300,022,090.00
购建固定资产、无形资产和其他长期资产所支付的现金	349,919,240.00	404,566,720.00	174,392,752.00
权益性投资所支付的现金	99,290,232.00	125,762,729.00	2,195,977.25
债权性投资所支付的现金	0.00	0.00	0.00
支付的其他与投资活动有关的现金	1,749,764.75	0.00	0.00
现金流出小计	449,947,264.00	530,329,440.00	176,579,640.00
投资活动产生的现金流量净额	−20,496,042.00	34,042,699.00	123,443,449.00
吸收权益性投资所收到的现金	15,650,000.00	90,979,016.00	0.00
发行债券所收到的现金	0.00	0.00	0.00
借款所收到的现金	919,514,916.00	530,000,000.00	0.00
收到其他与筹资活动有关的现金	0.00	2,541,772.75	0.00
现金流入小计	934,164,900.00	623,420,900.00	
偿还债务所支付的现金	622,175,499.00	559,500,032.00	95,100,000.00
发生筹资费用所支付的现金	0.00	0.00	0.00

续表

项　　目	2019 年	2018 年	2017 年
分配股利或利润所支付的现金	59,131,536.00	11,749,947.00	50,126,212.00
偿付利息所支付的现金	0.00	0.00	0.00
融资租赁所支付的现金	0.00	0.00	0.00
减少注册资本所支付的现金	0.00	0.00	0.00
支付的其他与筹资活动有关的现金	0.00	0.00	0.00
现金流出小计	691,307,009.00	571,249,932.00	145,226,209.00
筹资活动产生的现金流量净额	252,957,776.00	52,171,940.00	−145,226,209.00
汇率变动对现金的影响额	−51,655.45	7,709.42	−1,399,914.99
现金及现金等价物净增加额	−97,534,632.00	137,923,104.00	19,679,119.00
以固定资产偿还债务	0.00	0.00	0.00
以投资偿还债务	0.00	0.00	0.00
以固定资产进行长期投资	0.00	0.00	0.00
以存货偿还债务	0.00	0.00	0.00
融资租入固定资产	0.00	0.00	0.00
净利润	61,729,412.00	72,165,924.00	32,503,072.00
少数股东权益			
加:计提的坏账准备或转销的坏账	445,403.29	3,476,056.25	−13,917,096.00
固定资产折旧	29,392,172.00	30,965,524.00	29,552,726.00
无形资产摊销			
处置固定资产、无形资产和其他长期资产的损失(减:收益)	−214,721.62	93,519.69	410,155.94
固定资产报废损失	0.00	0.00	0.00
财务费用	−990,206.56	2,494,672.50	17,603,994.00
投资损失(减:收益)	−1,490,931.25	−47,594,516.00	−79,143,240.00
递延税款贷项(减:借项)	0.00	0.00	0.00
存货的减少(减:增加)	−479,420,000.00	30,425,700.00	−2,666,776.00
经营性应收项目的减少(减:增加)	−95,117,720.00	−129,073,040.00	93,530,929.00
经营性应付项目的增加(减:减少)	155,791,329.00	96,407,592.00	−23,709,700.00
增值税增加净额(减:减少)	0.00	0.00	0.00
其他	0.00	0.00	0.00
经营活动产生的现金流量净额	−319,954,720.00	51,700,764.00	42,949,796.00
现金的期末余额	215,999,990.00	0.00	0.00
减:现金的期初余额	303,523,520.00	0.00	0.00

续表

项 目	2019年	2018年	2017年
加:现金等价物的期末余额	0.00	0.00	165,600,400.00
减:现金等价物的期初余额	0.00	0.00	145,922,299.00
现金及现金等价物净增加额	-97,534,632.00	137,923,104.00	19,679,119.00

制表人: 　　　　　　　　　　　　　　　　　　　　某省财政厅统一印制

现金流量表向旅行社管理者及其他有关单位和部门提供旅行社在一定会计期间现金和现金等价物流入和流出的信息,以便他们了解旅行社获取现金和现金等价物的能力,并据此预测旅行社未来的现金流量。同财务状况变动表相比,现金流量表能够更好地反映旅行社的经营成果和财务状况,并真实地体现旅行社资产流动性和对社会经济环境变动的适应能力,使人们能够对旅行社的整体财务状况做出客观评价。

二、旅行社的财务分析

财务分析,是在财务报表的基础上对旅行社在一定时期内的财务状况和经营成果进行的一种评价。通过对财务报表的分析,旅行社管理者能够了解本企业财产的流动性、负债水平、资金周转情况、偿还债务能力、获利能力及其未来发展的趋势,从而对旅行社的财务状况和经营风险做出比较合乎实际的评价,避免因方向性决策失误给旅行社带来重大损失。

财务分析以财务报表为主要依据,采取一定方法进行计量分析,以反映和评价旅行社的财务状况和经营成果。旅行社常用的财务分析方法有增减分析法和比率分析法。

(一)增减分析法

增减分析法是将两个会计期间的财务报表数字加以对比,计算两个期间的增减变动差额并编制成比较对照表,通过对差额的分析对企业的经营状况和经营结果进行评价。通过比较对照表比较旅行社连续两年财务报表的历史数据,分析其增减变化的幅度及其变化原因,判断旅行社财务状况发展的趋势。我国大多数旅行社在采用增减分析法分析财务报表时,主要的分析对象是资产负债表和损益表。

1. 资产负债表增减分析

旅行社对资产负债表进行增减分析的目的,是了解企业资产、负债和所有者权益方面的发展趋势及其存在的问题。在分析时,旅行社财务人员把连续几期的资产负债表汇总起来,制成一个底表,然后分别从资产、负债、所有者权益等几个方面进行比较,从中发现问题及变化的趋势,从而在把握旅行社经营财务状况的基础上,对旅行社经营状况进行正确的诊断,为旅行社以后的发展决策提供依据。

通过对前文案例《某国际旅行社资产负债表》进行比较与分析可发现,2019年该国际旅行社的流动资产总额与2018年相比有了大幅度的提高,而其货币资产从2018年的303,523,520.00元减少为2019年的215,988,880.00元,减少了28.8%;和上年度相比,短期投资没有了,应收票据和应收股利也没有了;应收账款增加了约20%,其他应收款也增加了1000多万;但是存货增加了近10亿元。长期借款显著增加。而分析资产情况发现,在建项目规模很大,可以看出,该旅行社2019年业务扩展很快,从总体上看,该旅行社资产负债率显著提高,经营风险显著增加,而且由于业务的扩大,应收欠款问题也有所加剧。

2. 损益表增减分析

损益表增减分析是通过对旅行社连续几个财务时期的经营状况进行比较分析,发现经营中存在的问题,分析问题产生的原因,并提出解决问题的措施的一种方法,是财务风险控制的重要内容和方法。损益表的编制方法,也是把要比较的几个年度的损益表相同项目内容编制在一起。

从前文案例《某国际旅行社损益表》可以看出,该国际旅行社2019年经营业绩很突出,比上年度有了很大的进步。在全国旅游市场竞争激烈、价格战不断的情况下,该国际旅行社营业收入提高了32%。虽然营业成本有所提高,约提高了30%,但营业收入提高幅度比营业成本大,说明经营是成功的。而如果考察利润水平,成绩就更为可观,利润比上年度增加了50.9%,同时财务费用大幅度下降,说明该国际旅行社财力雄厚或信用良好;管理费用上涨幅度为20%,营业费用上涨了35.9%;营业成本上升幅度稍高于营业收入上涨幅度,但远低于利润上涨幅度,可以看出,该旅行社管理成本控制很有效率。营业外投资收益大幅度下降,营业外净收入也变化不大,可能是受集中精力投入了主营业务的影响。通过对损益表的分析,可以看出该公司在2019年倾力投入主营业务,且成绩突出。

(二)比率分析法

比率分析法,是指在同一财务报表的不同项目之间,或在不同报表有关项目之间进行对比,以计算出来的比率反映各项目之间的相互关系,据此评价旅行社财务状况和经营成果的一种方法。旅行社分析和评价本企业财务状况和经营成果的主要财务指标包括流动比率、速动比率、应收账款周转率、资产负债率、资本金利润率、营业利润率和成本费用利润率。

1. 流动比率

流动比率,是反映旅行社短期偿债能力的一项指标。它表明旅行社偿还流动负债的保障程度。其计算公式为:

$$流动比率 = 流动资产/流动负债 \times 100\%$$

2. 速动比率

速动比率是速动资产(流动资产－存货资产)和流动负债之间的比率。它反映旅行社在最短时间内偿还流动负债的能力。速动比率的计算公式为:

$$速动比率 = \frac{速动资产}{流动负债} \times 100\%$$

3. 应收账款周转率

应收账款周转率,是旅行社赊销收入净额与应收账款平均额的比率。它反映应收账款的周转速度。目前,我国旅行社行业商业信用的使用日趋广泛,应收账款成了旅行社的重要流动资产。旅行社的管理者应该运用应收账款周转率这个工具,对企业应收账款的变现速度和管理效率进行了解和分析。应收账款的周转率越高,则旅行社在应收账款上冻结的资金越少、坏账的风险越小、管理效率越高。应收账款周转率的计算公式为:

$$应收账款周转率 = \frac{赊销收入净额}{应收账款平均余额}$$

其中,赊销收入净额=营业收入－现金销售收入

$$应收账款平均余额 = \frac{期初应收账款余额 + 期末应收账款余额}{2}$$

4. 资产负债率

资产负债率又称举债经营比率,是旅行社负债总额(短期负债＋长期负债)与其资产总额的比率。资产负债率是反映旅行社偿债能力大小的一个标志,揭示出负债在全部资产中所占的比重,及资产对负债的保障程度。资产负债率越高,旅行社偿还债务的能力就越差;越低,偿还债务的能力就越强。资产负债率的计算公式为:

$$资产负债率 = \frac{负债总额}{资产总额} \times 100\%$$

5. 资本金利润率

资本金利润率,是旅行社利润总额与资本金总额的比率。它被用来衡量投资者投入旅行社资本金的获利能力。其计算公式为:

$$资本金利润率 = \frac{利润总额}{资本金总额} \times 100\%$$

资本金利润率说明旅行社每投入1元的资本金可以获得的利润。这个比率越高,说明资本金获利水平越高。当资本金利润率高于同期银行贷款利率时,旅行社可适度运用举债经营的策略,适当增加负债比例,优化资金来源结构。如果资本金利润率低于同期银行贷款利率,则说明举债经营的风险大,应适度减少负债以提高资本金利润率,保护投资者的利益。

6. 营业利润率

营业利润率,是旅行社利润总额与营业收入净额的比率。它是衡量旅行社盈利水平的重要指标,表明在一定时期内旅行社每100元的营业净收入能够产生的利润。其计算公式为:

$$营业利润率 = \frac{利润总额}{营业收入净额} \times 100\%$$

其中,营业收入净额=营业收入－营业成本。

通过对旅行社营业利润率的分析,可以了解旅行社在经营中赚取利润的能力。该比率越高,则旅行社通过扩大销售额获得利润的能力就越强。

7. 成本费用利润率

成本费用利润率反映的是旅行社在营业过程中为取得利润而消耗的成本和费用情况。它是利润总额与成本费用总额的比率。成本费用是旅行社为了获取利润而付出的代价。成本费用利润率越高,说明旅行社获利付出的代价越小、获利能力越强。旅行社管理者运用这一比率,能够比较客观地评价旅行社的获利能力、对成本费用的控制能力和经营管理水平。该比率可以用下列公式表示:

$$成本费用利润率 = \frac{利润总额}{成本费用总额} \times 100\%$$

第六节　旅行社经营方案财务风险分析

一、概率分析法

一般来说，旅行社经营风险概率分析的依据主要有三个来源，即统计数据、理论分析和主观估计。统计数据是对旅行社经营风险历史观察统计的结果，是旅行社经营过程中发生某种经营风险的相对频率。理论分析是利用经营学、管理学的一般理论来说明和确定产生某种经营风险的概率。主观估计是根据人的经验判断对某种经营风险进行主观认定，得出发生概率。旅行社可以利用经营风险的可能性的概率分布来研究经营方案。

例如，某旅行社考虑两个经营方案，根据旅游市场动态和产生风险的概率，其经营成果如表9-4所示。

表9-4　某旅行社的经营方案及成果

市场状态	A经营方案(万元)		B经营方案(万元)	
	发生概率	经营利润	发生概率	经营利润
衰退	0.3	70	0.3	10
正常	0.5	90	0.5	110
繁荣	0.2	130	0.2	170

将A、B两个方案中的各个可能利润结果，乘以对应发生的概率并相加，便可得出经营利润的期望值。A方案的期望利润为92万元，B方案的期望利润也为92万元。虽然两个方案的期望利润相同，但B方案的利润变动范围远远大于A方案的变动范围，从这个意义上讲，B方案的经营风险要高于A方案。

二、期望值分析法

用期望值分析法来评估旅行社经营风险，首先，要根据信息资料来确定不同方案的市场情况，发生的概率以及损益值，列出比较分析表；其次，根据比较分析表计算各种方案的期望值；最后，根据风险控制目标，比较各种方案经营风险的大小，选取较优的经营方案。

例如，某旅行社准备向市场推出三种产品，根据经营的历史资料分析，每个品种的销售收入可分为较好、一般和较差三种情况，这三种情况发生的概率分别是0.2、0.4、0.4。这三种产品的经营收益如表9-5所示。

表9-5　某旅行社的经营收益

市场情况	较好	一般	较差	年经营收益期望值(万元)
发生概率	0.2	0.4	0.4	
A	60	40	30	40
B	85	55	25	49

续表

市场情况	较好	一般	较差	年经营收益期望值(万元)
发生概率	0.2	0.4	0.4	
C	100	60	0	44

根据上表计算结果，B产品的年收益期望值最大，经营风险最小，应选择B产品为经营重点。

三、敏感性分析法

在经营风险评估中，还可以采用敏感性分析法来评价经营风险的大小。敏感性分析法是研究不确定因素一定幅度的变化对经营结果的影响程度。这种分析法是从敏感因素变化的可能性以及测算的误差来评价经营风险的大小的。

首先，确定敏感性分析的评价指标，确定是什么因素；其次，将选定的不确定因素按一定幅度变化，计算出相应的评价指标变动结果，并对各种评价结果进行排列，做出旅行社经营风险情况的大致估计。

例如，某旅行社准备开发一条新旅游线路，资金占用额为400万元，预计月发团量为220人次，单位售价为3800元/人次，成本费用为3400元/人次，在各因素不变的情况下，该旅游产品的年利润及资金利润率为：

年营业收入总额＝12×发团量×单位人员售价＝1003.2万元

年总成本费用＝12×发团量×单位人次成本费用＝897.6万元

年总利润＝年营业收入总额－年总成本费用＝105.6万元

年资本金利润率＝年总利润/资金占用额×100%＝26.4%

如果旅行社提价一成、成本降低一成，或发团量增加一成，资本金利润率分别提高25.08%、22.44%、2.64%，说明售价是最高敏感性因素，成本费用、发团量次之。

本章小结

本章对旅行社财务管理的基本理论与基本技能进行了介绍。旅行社的资产管理包括流动资产的管理与固定资产的管理，对不同资产的管理和对旅行社成本费用管理的目标都是一致的，都是为了降低旅行社的经营风险，获取更高利润。旅行社利润管理包括对旅行社利润的管理和进行利润分配。在利润管理中重点介绍了量本利分析法，量本利分析法是计算最低保本销售量的重要工具。此外，本章还介绍了旅行社常用财务报表，包括资产负债表、损益表、现金流量表，这些基本财务报表是对旅行社经营状况进行分析、判断、管理的基础，特别是旅行社的财务风险管理是从这些报表得出一些重要指标来进行判断的。本章的最后介绍了旅行社管理者如何从财务报表中得到一些基本数据并运用到旅行社的经营管理中去。

关键概念

量本利分析法　旅行社财务分析　概率分析法　期望值分析法　敏感性分析法

复习思考题

□讨论题
1. 旅行社固定资产折旧的月折旧率如何得出？
2. 股份制旅行社利润分配顺序是怎样的？
3. 量本利分析法的含义是什么，其计算公式是什么？
4. 旅行社产品经营方案如何用期望值分析法进行分析？

某国际旅行社的各项财务指标

【问题】
二维码中的表格是根据本章财务报表计算得出的，试根据所学公式进行验算，并说明每个财务指标对旅行社经营状况的意义。

分析提示：
1. 根据财务指标公式进行计算。
2. 有关数据在本章的财务报表中查询。

第十章

旅行社与信息技术

学习目标

通过本章的学习,使学生了解信息技术在旅游业中的重要作用和应用领域,掌握旅行社与信息技术结合的发展状况和趋势,了解旅游电子商务的概念和应用。

案例引导

2020年度文化和旅游信息化发展典型案例名单

思考题:

搜集所在地五年旅游信息化的一个典型案例,分析旅游信息化对旅游者、旅行社的益处。

第一节 旅游信息化发展对旅游业的影响

所谓信息化,是指信息技术得以普遍应用并发挥积极作用的过程。对于旅行社而言,信息化就是将相关信息技术(主要是互联网)应用于旅游企业的经营管理中,通过发挥新技术的优势,形成一种新的经营管理模式。这种模式能够为旅行社带来更大的商机、更低的成本和更多的利润,能帮助旅行社实现信息手段与传统优势的结合,发展成以传统业务为依托、高效率、服务创新的企业。具体来说,旅游信息化可为旅游业带来以下几大优势。

第一,提高效率,降低成本。近年来,我国很多城市和地区开展旅游商品展览会,其中一种主要商务活动就是电子商务方式。传统的商务活动最典型的情景就是"推销员满天飞""采购员遍地跑""说破了嘴、跑断了腿"。现在,人们通过互联网可以进入网络平台浏览、采购各类产品,而且还能得到在线服务;商家可以在网上与客户联系,利用网络进行货款结算服务;政府还可以方便地从事电子招标、政府采购等活动。

第二,有助于旅行社营销。信息技术的出现,提高了旅行社自身的竞争力。部分旅行社在内部管理和营销活动中应用了信息技术,节约了人工成本,提高了工作效率和自身的竞争力,从而加剧了传统旅行社之间的竞争。

一、信息技术在旅游业中的应用

随着社会经济的不断发展,提高企业的经济效益和竞争力是管理信息化的目的,也是实现现代企业管理科学标准中的重要内容。因为要实现管理科学,就必然要借助于信息技术等现代高新技术手段。一个企业对信息技术的应用情况反映出这个企业的管理水平,进而也可以看出这个企业是否符合现代企业制度标准。

在国际方面,不少旅游企业开始注意应用现代信息技术,如虚拟现实等。在我国也出现了一批旅游网站,如中国旅游网等。其实,文化和旅游部早在1990年就开始抓信息化管理并筹建信息中心,1994年,信息中心独立出来,专为国家旅游局和旅游行业的信息化管理提供服务与管理技术。2001年1月11日,国家正式启动"金旅工程",实现了政府旅游管理电子化和利用网络技术发展旅游电子商务,以最大限度整合国内外旅游信息资源。与传统的旅行社相比,信息化旅游提供的信息量不仅多、快、内容丰富,而且经营服务的方式也更趋合理。

一般来说,旅游业主要由目的地旅游组织部门、交通运输部门、住宿接待部门、旅游业务组织部门等组成。信息技术已在各部门中得到广泛应用,并已形成各部门具有代表特色的信息系统,对旅游业的发展产生了重大的影响。

(一)旅游目的地信息系统

随着世界旅游市场竞争的不断加剧,特别是随着世界旅游的市场格局逐步从以团体旅游为主转化为以散客旅游为主,旅游者对旅游目的地的信息传播提出了前所未有的全面、系统、快捷、准确的动态要求。由于传统的信息传播方式已越来越无法满足旅游者的这种要求,旅游目的地信息传播系统便应运而生,并迅速成为旅游目的地国家或地区旅游组织部门重要的竞争手段。旅游目的地信息系统(destination information system，DIS)，是近年来迅速发展起来的一种新的旅游信息传播方式，它采用计算机网络技术，将旅游目的地的各类旅游信息，按照一定的规则储存于数据库内，并通过与相关部门的计算机联网，实现旅游信息与旅游业发展动态的同步变化，从而为旅游者的旅游决策和实际旅程，提供了一条更方便、更快捷、更准确的信息渠道，同时也为旅游经营者提供了一种更加有效的信息传播途径。

(二) 计算机预订系统

第二次世界大战以后，特别是20世纪60年代以后，西方航空业得到迅速发展。航班和机位的大量增加，使原有的电话、电传预订方式和人工出票程序变得耗时费力，效率低下。于是许多航空公司便逐步以计算机操作取代人工预订，实现了内部票务系统的自动化。此后，一些大型航空公司为了提高内部票务系统的效率，在原有系统的基础上扩大了数据库，并吸收其他公司的信息加入数据库，逐步形成了网络化的计算机中央预订系统，并在发展中形成了欧美地区计算机预订系统(computer reservations systems，CRS)寡头垄断的局面。

计算机预订系统的发展，极大地促进了旅行代理业的发展，同时也使得旅行代理商成为航空公司计算机预订系统举足轻重的用户。

(三) 饭店管理系统

饭店管理系统(property management system，PMS)，是集计算机软件、硬件技术和饭店组织管理于一体，为饭店经营和管理工作服务的计算机应用网络系统。其在饭店业中的广泛应用，不仅实现了前台管理的自动化，而且实现了后台管理的自动化，同时还使得前后台之间的联系更加通畅、更加紧密。

(四) 旅行社管理信息系统

旅行社管理信息系统是利用计算机技术和通信技术，对旅行社经营的所有信息进行综合管理和控制的以人为本的人机综合系统。它必须围绕旅行社的经营特点进行设计，以一切为旅游消费者提供完美服务为目标，提高旅行社的经营管理效率和市场竞争能力。旅行社管理信息系统大多数以Windows操作平台为基础。随后延伸出的旅行社管理信息系统是基于互联网网络、采用Web技术的开放型信息系统，即基于Web的旅行社管理信息系统。

旅行社管理信息系统的功能包括外联管理、接待管理、陪同管理、信息管理、成本核算和财务管理等，接待客人的每一笔业务都涉及各个管理部门，而且旅游信息千变万化。旅行社管理信息系统与饭店管理系统基本相似，系统的信息服务主要是以旅行接待和内部管理为目的，不考虑旅行社管理信息系统与外部网的连接。如果采用互联网网络，企业内部建立Web服务器，则需要考虑与外部网连接的功能需求。

此外，近年来，国际互联网在旅游业各部门也得到了广泛应用，并对旅游业的发展产生了重要的影响。

总之，信息技术的飞速发展是当今社会不可阻挡的潮流，给世界旅游业带来了机会，也带来了挑战。如何发挥和利用信息技术的最新成果，改进和完善各种现有计算机系统的功能和作用，使之更有效地服务于旅游目的地、交通运输设施、住宿接待部门以及旅游业务部门的运作和管理，是未来数年摆在旅游业界人士面前的一个艰巨任务。如何实现现有各类系统之间的交叉运作、功能互补、优势共享,也将是业内人士重点研究的课题。

同步思考

最近几年信息化的热点技术对旅游业应用的哪些方面会产生影响(如区块链技术)?

二、旅游信息化建设中存在的问题

随着旅游网站的成长、成熟和网络旅游的推行,旅游电子商务已经成为电子商务中一道美丽的风景。但是中国整体电子商务仍缺乏一些相关的法律法规、网上安全保证措施等,且网络质量尚有待提高,一些非技术、非经济的困扰仍然存在。

在未来的旅游市场上,旅游电子商务在旅游模式上还会占有很大比重,并将会以此为主体。但是,我国旅游业应用电子商务还存在种种问题。

第二节 旅游电子商务

一、旅游电子商务的概念

旅游电子商务是指以网络为主体,以旅游信息库、电子化商务银行为基础,利用最先进的电子手段运作旅游业及其分销系统的商务体系。它集合了客户心理学、消费者心理学、商户心理学、计算机网络等多门学科,展现和提升了"网络"和"旅游"的价值,具有运营成本低、用户范围广、无时空限制以及能与用户直接交流等优点,提供了更加个性化、人性化的服务。

二、旅游电子商务的特性

旅游电子商务在网站建设、信息安全、认证和支付等方面与传统产业的电子商务没有过多的区别。但是,旅游行业的自身性质,决定了旅游电子商务和其他行业电子商务具有不同之处。在产业电子商务中,消费者和商家在网上直接完成交易和支付。旅游电子商务的产品不是有形的实物,而是旅游及其相关的服务,其产品的购买与消费是同时发生的,不发生产品所有权的转移和交换,购买和消费贯穿于游客的整个旅游过程。旅游行程结束,整个消费也就自动终止。从而导致旅游电子商务具有聚合性、有形性、服务性、个性化等特性。

三、旅游电子商务的基本功能

旅游电子商务可提供网上交易全过程的服务,具有网络促销、网络订购、咨询洽谈、网络支付、传递服务、交易管理等各项功能。

（一）网络促销

旅游电子商务正在改变传统的旅游商务活动方式，web网的广泛应用为旅游业提供了一个全新的信息传播媒体和市场分销渠道。网络广告具有交互性、广泛性、针对性、形式的多样性、易于统计性等特征，已成为当前旅游企业普遍认可的一种宣传形式。利用网络促销渠道，将特色旅游线路、旅游饭店、旅行社、旅游汽车公司、旅游景点、旅游纪念品等，配备景点风光照片或音频、视频图像，生动地展示出来，发布在旅游专用网站或世界范围内有影响力的网站上，可展现各旅游目的地的自然风光、人文风情和配套设施，吸引潜在游客，以达到旅游产品促销的目的。

（二）网络订购

网络订购是旅游电子商务的主要功能。旅游企业和旅游消费者个人的网络订购通常都是由订购网页提供十分友好的订购提示信息和订购交互格式框。在客户填完订购信息后，系统会以网页跳转、弹窗、电子邮件等形式确认订购信息。

（三）咨询洽谈

旅游电子商务可以使旅游消费者通过非实时的电子邮件、新闻组和实时讨论组来了解旅游市场信息和旅游产品信息，洽谈交易事务。旅游企业制作的内容丰富的网页，能充分体现各旅游企业的经营特色，向网络用户提供旅游相关信息、旅游企业中介服务和其他一些信息增值服务。

（四）网络支付

如果已经在网上进行了订购，可以在网上直接通过信用卡、电子钱包等多种电子支付方式进行支付。网络支付省去了旅游消费者的现金流动，省略了旅游交易中的很多开销。网络支付必须要由银行或信用卡公司及保险公司等金融单位提供网上操作支持。电子账户管理是其基本的组成部分。信用卡号或银行账号都是电子账户的一种标志，而其可信度需配以必要的技术措施来保证。

（五）传递服务

对于已付款的客户，应将其订购的货物或服务尽快地传递到他们的手中。对于旅游商品等实物，可以通过分销系统及其他方式进行传递。而对于旅游产品、旅游信息服务等无形商品，最适合在网上直接传递，可以从电子仓库中提取货物，用最快的速度发送到用户端。

（六）交易管理

交易管理涉及旅游商务活动的全过程，牵涉到整个交易中的人、财、物，以及旅游企业和旅游企业、旅游企业和旅游消费者及旅游企业内部等诸方面的协调和管理。如旅游电子商务通过互动界面能十分方便地采用网页的"选择""填空"等格式文件收集旅游企业或旅游消费者对销售服务的反馈意见，以提高服务的水平，进一步拓展旅游市场。

四、旅游电子商务的优势

当前国际旅游需求的新特点是对旅游消费的快速反应和旅游产品的灵活机动性。我国传统的旅游经营方式是难以满足这一旅游新需求的，而旅游电子商务则可以有效地解决这一问题。因为,通过互联网,旅游经营者和旅游消费者可以在虚拟市场上进行互动,从而使得网上成团和网上拼团成为可能。旅行社通过这种操作就可以满足原来无法满足的需求,同时还可以开拓新的客源市场。具体来说,旅游电子商务的优势主要体现在以下四个方面。

(一)改变传统旅游业经营方式,为消费者提供便利服务

旅游电子商务可以改变传统旅游业的旅行社整合制,使其向着网站整合制方向发展,即由旅游网站汇集、处理、优化各类旅游信息。在这种模式中,旅游网站是中介机构或信息中心,而旅行社转变为带团出游及协调其他旅游企业,以完成旅游活动的服务性企业。消费者能够享受到旅游企业提供的各种服务,如通过B2C模式,可以了解到旅游服务机构的相关信息、旅游景点信息、旅游线路信息以及旅游常识等,利用在线预订服务,可以预订酒店客房、民航班机机票和火车票等。

(二)扩大旅游消费选择范围,开拓新的旅游客源市场

旅游电子商务打破了地区垄断,一个商家可以面对全球的消费者,而一个消费者可以在全球任何一个商家消费旅游产品。旅游面向的对象很大一部分是收入较高、喜欢新事物的年轻人,这些人中绝大多数是网民,旅游网络化必然使他们在网上频繁接触到各类旅游信息,将使他们出游观光的愿望更加强烈,从而造就一个新型的旅游客源市场。同时,通过网络先对向往的旅游目的地一饱眼福,可以激发更多的潜在旅游消费者。

(三)提供个性化、自助式旅游服务

通过互联网,游客们可以自由交流、自由选择自己所需要的信息、产品和服务。旅游者可以自由组团和选择参加者,自由选择路线、选择交通方式、预订酒店和导游。通过后台服务器的专家系统,旅游公司还可为缺乏旅游经验的消费者提供咨询等服务。

(四)提高整个旅游业的运行效率

任何一个旅游企业都需要选择一批"上游"和"下游"企业作为其业务合作伙伴。例如,一个接待旅行社需要若干个饭店、餐馆、航空及车船公司等企业提供其顾客所需要的服务,还需要有一批接近客源的旅行社为其输送旅客。而网络则可以增强这些旅游企业间的信息沟通,加强相互间的业务联系。旅行社可以省去挑选大量信息的工作,直接面对旅游目的地的旅游企业和客源地的消费者,从而提高组织能力和服务水平,并提高效率。

第三节 旅行社的信息化发展

一、以市场为出发点,旅行社需要发展信息化

(一)旅游消费的独特性是进行信息化的基础

旅游产品的消费与其他商品的消费不同,游客在实现旅游消费之前,是看不到旅游产品的实物的,当游客来到旅游目的地时,已经开始消费,如果游客认为实物与其期望值相差很远,则会出现与旅行社之间的纠纷,因此事先的旅游信息充分与否非常重要。信息化供全球

范围的消费者查询浏览,为游客提供大量的旅游信息。旅游消费与生产的同时性,为旅游电子商务运作、促成交易提供了很大的空间。

(二)发展旅游信息化是改善信息不对称和规范市场竞争的需要

旅游业的外向性决定了旅游市场信息不对称较为严重。就游客而言,旅游活动的跨地域性使游客获取信息的渠道较少、成本较高、不确定性也较大。从规范市场竞争、改善旅游业信息不对称的角度出发,旅行社应广泛采用信息技术,通过各种便捷的渠道使游客可以花很少的时间、以较低的成本获得各种旅游信息,在一定程度上达到信息对称,那么靠非正常价格进行不正当竞争的旅游企业就很难再瞒天过海。同时,在信息对称的情况下,游客在文化、休闲等方面可以得到更大的满足,会对旅行社产生认同感,帮忙进行良好的口碑宣传,形成良性客源循环。改善信息不对称,还可通过建立完善的双向信息系统,达到游客与旅行社的良好沟通,更好地、有针对性地开展活动。可见,旅行社对信息化的采用有利于加强销售力度和规范市场竞争秩序,能有效地解决旅游市场信息不对称的问题。

(三)旅游服务供应网络与旅游者在现阶段仍需依赖旅行社

对旅游服务供应网络建立的预订系统来讲,除交通行业之外,其他的网站更多的是起到一个宣传和预览的作用,最后的预订绝大多数还是通过旅行社来运作的。而且旅行社在对旅游者行为、偏好的反馈和掌握方面有较强的优势,可以在提供优良服务的同时对旅游者形成一定的影响。对于旅游者来讲,尽管信息时代旅游者拥有无数的旅游信息,但从旅游者的精力、时间和经验角度出发,无形的信息不可能完全代替专业的经验,还需要旅行社这样的专业机构为其量身定做其最需要的旅游服务。由此可见,旅行社的存在是必然的,但必须建立在信息化的基础上,顺应时代潮流的发展。传统旅行社只有通过信息化将传统的经营模式与先进的技术相结合,运用先进的信息技术手段为自己插上翅膀"飞"起来,才能成为信息时代的主人。

二、从旅行社自身出发,需要发展信息化

(一)旅行社对信息的极强依赖性促使其发展信息化

旅行社的主要功能就是收集各种信息并加以整理组合形成旅游产品,然后预售给旅游者。从某种意义上讲,旅行社是经营旅游信息的企业,信息是旅行社的生命线,没有信息,旅行社就成了无本之木、无源之水。这是因为旅行社具有信息密集性的特点,旅行社业务运作的过程就是其为游客提供吃、住、行、游、购、娱等多方面服务的过程。在实际运作中,旅行社必须将这些服务根据旅游者复杂多变的需求加以包装和组合。然而,旅行社并不是在物质上将旅游住宿、汽车出租、航空预订等传递给游客的;相反,此间交流和加工的是有关服务的可获得性、价格、质量、位置、便利性等方面的信息。作为运行系统的灵魂,信息在旅行社业中的重要性是无与伦比的。从内部看,旅游产品的综合性要求旅行社有效获取信息,协调旅游六要素,以保证顾客满意。可见,旅游就是在信息流基础上的人流。从本质上来说,旅行社经营的就是信息,没有信息和信息技术的利用,旅行社将难以为继。

(二)旅行社经营的特性适合发展信息化

旅游产品具有无形性和不可储藏性,决定了其生产和销售是在服务过程中完成的,不太

需要考虑物流配送,这就为旅游电子商务提供了便利的条件。同时,假日旅游带来的规范化、个性化服务与网络经营所具有的个性化特点不谋而合。所以,旅行社发展信息化具有先天优势。

（三）旅游网站的建设情况需要旅行社发展信息化

我国旅游网站主要有三类:一为传统旅行社的网站,只是简单地介绍旅游企业和现成的旅游线路,预订系统大多只能提供查询,还谈不上信息系统化。二为综合性网站开展的旅游业务,但IT产业的网站,缺乏专业资源的支持,没有传统旅行社的人脉和关系,所以竞争力不强。三为专业旅游网站,如携程、途牛等。新兴网络旅游公司得"新经济"之天时,传统老牌旅行社则占有景点资源、营销网络等地利,两者若相辅相成、优势互补,将会使旅行社经营发生革命性的变化。所以,信息化并不是与旅行社经营完全对立的,关键问题是旅行社如何在经营过程中利用信息技术,参与市场竞争。

第四节　旅行社信息化的安全保障

同所有的电子商务一样,网络安全性是实施旅游电子商务的关键。旅游电子商务网站存储和传输的信息中常常包含有关企业和客户的重要数据和机密信息,只有确保网络系统的安全,确保数据信息在存储和传输中的安全,才能保证旅游电子商务的安全、可靠,为网络旅游赢得更多的发展空间。以下简单介绍几种在电子商务中常用的网络安全技术。

一、防火墙技术

在企业开展电子商务的过程中,为了防止非授权人员对企业电子商务网站服务器的访问,应在企业内部网与外互联网之间建立防火墙,执行指定的安全策略,防止外部非法用户侵入,保护企业内部网的信息资源。设立防火墙的主要目的是根据本企业的安全策略,对网络上交流的数据进行检查,符合的通过,不符合的拒绝,既能防范非法用户,同时也能防止互联网上的危险在企业内部网上的蔓延。

二、入侵检测技术

入侵检测技术主要根据网络的活动建立统计模型,分析出网络正常工作的状态,通过对网络使用者的行为或资源使用状况的实时监控来判断是否有入侵行为,而不依赖于具体行为来检测。异常检测基于统计方法运行,使用系统或用户的行为模式来检测入侵。行为模式由一组统计参数组成,通常包括CPU和I/O的利用率、文件访问、出错率、网络连接等。系统运行时,异常检测程序产生当前行为模式并同原始模式进行比较,当发生显著偏离时即认为是入侵行为。基于行为的检测往往是实时的,通常有可能检测出以前从未出现过的新攻击,进行主动防御。

三、密码技术

密码技术就是利用技术手段对电子商务交易双方的重要信息进行重新组合,达到目的后再用相同或不同的技术还原。信息加密的目的是保护网内的数据、文件、口令和控制信息,确保网上传输的数据不被非授权用户搭线窃听或破坏,并能有效对付恶意软件的攻击。

四、认证技术

认证技术、人脸认证,如指纹认证在电子商务安全技术中占有非常重要的位置,与其相关的技术有身份认证、数字签名、数字时间戳、信息完整性校验等技术。认证的目的是防止非法用户对电子商务系统进行攻击、对信息进行窃取和篡改,保证数据的真实性、完整性、保密性和不可抵赖性。

第五节 发展我国旅游信息化的应对策略

针对我国旅游信息化发展的特点及其存在的问题,结合现代信息化技术的发展,我们可以从以下几个方面来加快我国旅游信息化的发展。

一、完善旅游电子商务的宏观环境

体制、法律、理念等是我国旅游电子商务发展的最大瓶颈。所以,应建立一个以企业竞争为基础,以联合竞争为主体,以国家直接参与和组织竞争为龙头的"大电子商务"体系。政府主管部门应成为全国旅游电子商务应用方面的组织者,在旅游信息网络建设、旅游信息开发、旅游信息网络上的电子商务等各个方面提供法律和政策的保障,制定旅游业信息化发展的全局性和长远性的总体规划,确定其法律地位,以促进旅游信息网络的建设和旅游信息的开发。另外,要加快制定、完善和修正旅游电子商务的相关政策和法律,如有关电子合同的法律,要对电子合同的法律效力予以明确,对数字签名、电子商务凭证的合法性予以确认,对电子商务凭证、电子支付数据的伪造、变更、涂销做出相应的法律规定,消除制约旅游电子商务发展的政策和制度瓶颈。同时逐步完善网络安全性控制,加强对网上黑客的防范并制定打击电脑黑客的相关法规。通过政府的力量完善旅游电子商务的软、硬件环境和法律环境,建立中国旅游业共用的电子交易系统,采取降低税收等价格杠杆来促进旅游电子商务的发展。

二、建立全国性旅游资源数据库,实现旅游数据共享

旅游资源数据库是旅游电子商务发展的基础和依据,而互联网可以使旅游信息得以迅速地传递。旅游电子商务的有关部门和企业应积极加快自身的信息化建设,同时配合国家级电子商务网和旅游资源数据库建设,实现旅游数据的共享。

三、以服务为本,进行特色定位

旅游网站的以网站为中心的理念应向以消费者为中心的理念转变,尽最大可能去满足消费者的个性化需要,缔造个性化的旅游网站,如根据地理、风俗、文化等差异来设计个性化的旅游产品。同时,要为消费者提供实时交互的服务,动态地满足消费者的需求。

四、培养旅游电子商务发展的复合型人才

由于旅游电子商务是旅游和电子商务的整合,所以,应加快对具有电子商务和旅游知识的复合型人才的培养。只有这样,才能将电子商务的技术、功能和模式密切地与旅游行业的组织、管理、业务方式及其特点相联系,优化旅游电子商务的整体功能。

五、传统旅行社要为旅游电子商务的发展做后盾

拥有强大产业资源的各大旅行社,要积极开辟网上旅游市场,只有这样才会在竞争中立于不败之地,我国的旅游电子商务也才会更快、更好地发展起来。在这方面做得比较好的就是青旅,它是第一家拥有自己网站的旅行社。"青旅在线"以青旅资源作为强大的后盾,曾是我国最大也是最为专业的旅游网站,在为青旅创造价值的同时也创造了社会效益。

六、加强横向联合,整合旅游资源

旅游网站应与传统的旅游行业实行战略联盟,加快彼此间的网络化进程。旅游网站利用互联网平台,面向营销环节,提供方便快捷的旅游服务;而传统旅行社则主要面向操作环节,进行市场调研、产品开发,提供接待保障,使旅游网站与旅行社业务能有机地整合,相辅相成。只有巧妙运用传统旅游企业强大的产业资源,才能实现真正意义上的旅游电子商务。旅游网站可以与旅游企业组建企业集团,借助资本运营实现资源的优化组合。

第六节 旅行社信息化的未来发展

纵观旅游电子商务和旅行社电子商务的发展历程,未来的旅行社电子商务将具有以下引人注目的特征。

一、旅行社专业电子商务网站将稳健发展

旅行社网络化已经成为一种必然趋势。旅游企业与旅游电子商务接轨,将从根本上改变旅游企业小作坊式的手工操作方式,使企业整体利益的最大化和运作效益的最优化成为可能。一些实力雄厚的旅行社将建立国际顶级域名或国内独立域名。如春秋国旅在国内31个大中城市设有全资公司,每个全资公司大都有2—10个连锁店,拥有"纯玩团""春之旅""中外宾客同车游""自由人""爸妈之旅"等多种特色旅游产品。真正做到了"散客天天发,一个人也能游天下"的便利的散客即时预订服务。

二、有些旅游专业网将呈现旅行社功能与特色或组建专业的网络旅行社

同程网上旅行社自2002年12月向全国市场推出以来,因为其"实用、易用"受到了广大旅行社同行的广泛好评,平均每天有一家旅行社申请加入。同程网上旅行社更是提出了"让中国每一个旅行社都拥有自己的网站,让每一个网站都产生效益"的口号。同程网上旅行社

将业务对象定位为商务散客与休闲客人,提供酒店、机票、休闲度假产品预订、旅游信息和特约商户信息服务,凭借的是互联网和电话呼叫中心互补的优势。除经营旅游代理业务外,专业旅游网站还利用技术或资讯开辟盈利渠道,如为旅游企业提供电子商务解决方案、出版旅游图书等。

三、网络经营与传统经营的互补与合作将不断加强

对于中小型旅行社来说,与门户网站或专业旅游网站建立合作(或称第三方代理)关系,可以避免自建网站的投资风险和网站推广的困难,达到旅行社电子商务化的目的。许多专业旅游网站和地方性旅游网站凭借其技术优势推出面向中小旅游企业的ASP(应用服务提供商)和PSP(网络促销服务商)业务,包括主页制作、网络信息实时发布、建设企业网站、网站推广、提供专业旅游预订及管理系统、网络工程、操作培训等。这些服务为旅游网站创造了动态旅游服务信息的重要来源。对于旅游网站来说,依靠旅行社提供的详尽、准确的第一手旅游资料,可使网站内容富有鲜明独特的个性和服务风格。

四、旅游网站还可以通过为旅行社服务收取费用达到盈利的目的

旅行社与旅游网站联盟的战略与策略是一个双赢的举措。其联盟方式可以是多元化的,既可以通过资本手段进行战略性重组,造就大型企业集团,也可以委托旅游网站完成旅行社的网络化,实现资源的优化组合,便于管理和运作,达到与大企业竞争的实力。如携程旅行网在2003年与中国旅行社总社就度假产品达成业务合作,中旅作为"特约产品信息提供者",每月提前将下月新推出的网上旅游产品在携程旅行网上公布,同时作为互换,携程旅行网将自己开发的下月机票加酒店套餐提供给中旅,供中旅各营业部销售,并且携程旅行网代理组织的网友国内外自助旅行活动,也将优先选择中旅的地接社作为合作伙伴。

五、政府主导旅行社电子商务发展

旅行社旅游目的地营销是对旅游目的地进行整体的、抽象的一种理性综合,向旅游客源市场宣传整个旅游目的地的形象。从2002年起开始实施的国家旅游信息化工程——"金旅工程"把建设"旅游目的地营销系统"作为电子商务部分的发展重点,计划将"旅游目的地营销系统"建设成为信息时代中国旅游目的地进行国内外宣传、促销和服务的重要手段。在这一系统国家—省—市—旅游景区或企业的多层结构设计中,各个层次的旅游目的地信息组织有序,并逐级向上汇总。在完善建设国家级网站的同时,以省、市层次为建设重点,主要建设内容包括目的地网络形象设计、目的地旅游网建设、目的地信息系统、旅游电子地图系统、旅游企业黄页系统、旅游行程规划系统、旅游营销系统、电子邮件营销系统、三维实景系统等,通过这些功能的有效组合形成旅游目的地网上宣传平台。

本章小结

本章对信息化、旅游信息化进行了阐释,叙述了现代信息化技术在旅游行业中的应用。明确旅游电子商务的概念、特性、功能以及发展优势。

对于国内外的旅游以及旅行社信息化发展状况做了分析比较,并具体举例进行进一步的说明。

阐述了信息技术对于旅游业和旅行社发展的影响,以及当前旅游信息化建设中存在的问题,分析了其应对对策,以及今后的发展趋势和方向。

关键概念

旅游信息化　旅游电子商务　网络安全

复习思考题

□讨论题

1. 什么是信息化?
2. 现代信息化技术在旅游行业中有哪些应用?
3. 当前的旅行社信息化发展状况如何?
4. 什么是旅游电子商务?
5. 旅游信息化建设中存在哪些问题?如何解决?
6. 简要叙述旅行社信息化建设中的安全保障。

案例分析

春秋国旅如何实现企业信息化

【问题】

春秋国旅是如何运用现代信息化技术发展的？

分析提示：

1. 春秋国旅将春秋旅游网从简单的信息发布网站改造成为能够进行旅游电子商务的网站。
2. 春秋旅游网推出新的电子商务策略。
3. 春秋国旅通过网络拓展业务。

参考文献

References

[1] 戴斌.旅行社经营管理[M].3版.北京:旅游教育出版社,2010.
[2] 王正华.现代旅行社管理[M].北京:中国旅游出版社,2002.
[3] 贺学良.现代旅行社经营管理[M].上海:复旦大学出版社,2007.
[4] 丁力.旅行社经营管理[M].北京:高等教育出版社,1998.
[5] 梁智.旅行社运行与管理[M].3版.大连:东北财经大学出版社,2006.
[6] 郑双庆.香港旅行社管理与运作[M].北京:旅游教育出版社,2001.
[7] 易伟新.中国近代旅游业兴起的背景透视——兼析中国第一家旅行社诞生的条件[J].求索,2004(3).
[8] 杜江.中国旅行社业发展的回顾与前瞻[J].旅游学刊,2003(6).
[9] 张凌云.我国旅行社行业分类制度成因的再探讨——对姚延波"我国旅行社行业分类制度及其效率研究"一文的补充研究[J].旅游学刊,2001(3).
[10] 谢世川.中国旅行社市场环境与对策分析[J].四川商业高等专科学校学报,2002(3).
[11] 杨丹辉.中国旅行社业市场结构与产业绩效的实证分析[J].首都经济贸易大学学报,2004(4).
[12] 郭华.我国内资旅行社核心能力问题探讨[J].广州市财贸管理干部学院学报,2002(4).
[13] 盖玉妍,赵达薇.培育核心能力:中小旅行社生存与发展的关键[J].科技与管理,2003(2).
[14] 张涛.旅游业内部支柱性行业构成辨析[J].旅游学刊,2003(4).
[15] 赵波.旅行社在垄断竞争市场中的调整对策研究[J].企业经济,2004(5).
[16] 尹敏,谢兆元.欧美旅行社一体化进程对我国同业的影响[J].江西社会科学,2005(2).
[17] 李天元,王娟.我国旅行社业垂直分工体系缘何难以实现?——对我国旅行社业发展垂直分工问题的思考[J].旅游学刊,2001(5).
[18] 郑晶.旅行社质量保证金赔偿问题研究[J].旅游学刊,2010(1).
[19] 吕莉.顾客价值与旅行社竞争力提升的匹配研究[J].企业经济,2010(3).
[20] 易伟新.中国近代企业集团的人本管理述论——以中国旅行社为例[J].湖南科技大学学报(社会科学版),2010(3).

[21] 张卫,张晓艳.完善海南省旅行社管理立法的思考[J].海南大学学报(人文社会科学版),2010(4).

[22] 耿莉萍.河南省旅行社行业人员素质提升研究[J].企业经济,2010(8).

[23] 易婷婷,儇惠玲.旅行社服务质量管理模式及其应用——以广之旅为例[J].旅游论坛,2010(6).

[24] 马润花.旅行社质量保证金动态管理制度浅议[J].旅游论坛,2010(6).

[25] 卢明强,徐舒,王秀梅,等.基于数据包络分析(DEA)的我国旅行社行业经营效率研究[J].旅游论坛,2010(6).

[26] 汤治.民法解释在处理旅游合同纠纷中的作用——以孟元诉中佳旅行社旅游合同纠纷案为例[J].旅游科学,2010(6).

[27] 廖钟迪.广西旅行社信息化建设及发展策略[J].广西社会科学,2010(12).

[28] 张海鸥.旅行社竞争力排行综合评价体系的构建[J].山西大学学报(哲学社会科学版),2008(2).

[29] 吴涛,张衔.论高峰期旅行社应对能力培养的重要环节[J].桂林旅游高等专科学校学报,2008(1).

[30] 宋子千,宋志伟.关于旅行社面向商务旅游转型的思考[J].商业经济与管理,2008(5).

[31] 岑成德,张雯雯.顾客期望管理及其对旅行社员工认同感、胜任感、责任感的影响——以广州为例[J].旅游科学,2008(2).

[32] 范英杰,赵玉宗,马晓芳.基于员工维度的旅行社业绩评价体系研究[J].旅游学刊,2011(2).

[33] 周学军,李建蓉.基于IPA理论的旅行社服务质量实证研究——以"三峡游"为例[J].资源开发与市场,2011(3).

[34] 褚秀彩,贾士义,林长春.基于市民参与的旅行社经济发展对策——以忻州市为例[J].企业经济,2011(5).

[35] 丁苹,何丽娟,魏军.基于关系营销的旅行社供应链管理[J].资源开发与市场,2011(7).

[36] 龚敏,郑焱.近代企业集团标准化管理特征分析——以中国旅行社旅馆集团为例[J].重庆大学学报(社会科学版),2011(3).

[37] 李晓莉.中国奖励旅游经营的特征、问题与思考——基于旅行社的访谈分析[J].旅游学刊,2011(11).

[38] 王友明.基于价值链理论的旅行社核心竞争力培育途径研究[J].旅游论坛,2011(6).

[39] 王健民.旅行社网站的蒙昧与混沌[J].旅游学刊,2007(4).

[40] 李柏槐.民国时期的四川旅行社[J].四川师范大学学报(社会科学版),2007(3).

[41] 刘书葵.浅谈我国旅行社危机管理的几个误区[J].经济问题,2007(6).

[42] 赵波,倪明.旅行社绩效考核指标分解探析[J].经济管理,2007(14).

[43] 舒波.旅行社在动态供应链中的不确定性分析与"鲁棒性"判别[J].旅游科学,2007(6).

[44]　肖晓燕.旅游电子商务在我国旅行社业务应用中的探析——以武汉市电子商务旅行社业务为例[J].湖北社会科学,2012(4).

[45]　杨重庆.大型品牌旅行社网络化经营的模式分析与路径选择[J].北京工商大学学报(社会科学版),2012(2).

[46]　陈国平,边二宝,李呈娇.服务补救中自我调节导向对顾客感知公平的调节作用——基于旅行社的实证研究[J].旅游学刊,2012(8).

[47]　龚敏,郑焱.近代企业集团连锁经营研究——以中国旅行社招待所业务为例[J].中国社会经济史研究,2012(3).

[48]　范英杰.旅行社集团内部业绩评价体系研究[J].旅游学刊,2009(2).

[49]　王真慧,张佳.旅行社实施电子商务经营管理模式创新探讨[J].生产力研究,2009(5).

[50]　苗学玲.旅行社品牌忠诚度细分研究[J].旅游学刊,2009(5).

[51]　周晓丽,张金燕,高林.《旅行社条例》及其影响述评[J].旅游论坛,2009(6).

[52]　郭颂宏.论旅行社制贩分离分类管理制度的建设——兼评《旅行社条例》[J].旅游论坛,2009(6).

[53]　王健.我国旅行社立法的回顾与前瞻[J].旅游科学,2009(6).

[54]　钱亚妍,姚延波,胡宇橙.基于游客知情权的旅行社信息披露制度探讨[J].旅游学刊,2013(10).

[55]　姚国荣,陆林.旅行社联盟伙伴选择研究[J].西南民族大学学报(人文社会科学版),2014(9).

教学支持说明

高等院校应用型人才培养"十四五"规划旅游管理类系列教材系华中科技大学出版社"十四五"期间重点教材。

为了改善教学效果,提高教材的使用效率,满足高校授课教师的教学需求,本套教材备有与纸质教材配套的教学课件(PPT 电子教案)和拓展资源(案例库、习题库视频等)。

为保证本教学课件及相关教学资料仅为教材使用者所得,我们将向使用本套教材的高校授课教师赠送教学课件或者相关教学资料,烦请授课教师通过电话、邮件或加入旅游专家俱乐部QQ群等方式与我们联系,获取"教学课件资源申请表"文档并认真准确填写后发给我们,我们的联系方式如下:

地址:湖北省武汉市东湖新技术开发区华工科技园华工园六路

邮编:430223

电话:027-81321911

传真:027-81321917

E-mail:lyzjjlb@163.com

旅游专家俱乐部 QQ 群号:306110199

旅游专家俱乐部 QQ 群二维码:

群名称:旅游专家俱乐部
群　号:306110199

教学课件资源申请表

填表时间：_____年___月___日

1. 以下内容请教师按实际情况写，★为必填项。
2. 根据个人情况如实填写，相关内容可以酌情调整提交。

★姓名		★性别	□男 □女	出生年月		★职务	
						★职称	□教授 □副教授 □讲师 □助教

★学校		★院/系	
★教研室		★专业	
★办公电话		家庭电话		★移动电话	
★E-mail（请填写清晰）				★QQ号/微信号	
★联系地址				★邮编	

★现在主授课程情况	学生人数	教材所属出版社	教材满意度
课程一			□满意 □一般 □不满意
课程二			□满意 □一般 □不满意
课程三			□满意 □一般 □不满意
其 他			□满意 □一般 □不满意

教 材 出 版 信 息				
方向一		□准备写 □写作中 □已成稿 □已出版待修订 □有讲义			
方向二		□准备写 □写作中 □已成稿 □已出版待修订 □有讲义			
方向三		□准备写 □写作中 □已成稿 □已出版待修订 □有讲义			

请教师认真填写表格下列内容，提供索取课件配套教材的相关信息，我社根据每位教师填表信息的完整性、授课情况与索取课件的相关性，以及教材使用的情况赠送教材的配套课件及相关教学资源。

ISBN（书号）	书名	作者	索取课件简要说明	学生人数（如选作教材）
			□教学 □参考	
			□教学 □参考	

★您对与课件配套的纸质教材的意见和建议，希望提供哪些配套教学资源：